U0939430

海洋经济与南海开发论丛

“一带一路”战略下的
区域经贸发展

海南岛、北部湾与环南海

The Development of Regional Economic and Trade under the Belt and Road Strategy

from Hainan Island, Beibu Gulf to South China Sea Rim

李世杰◎编著

中国经济出版社
CHINA ECONOMIC PUBLISHING HOUSE
北 京

图书在版编目（CIP）数据

“一带一路”战略下的区域经贸发展：海南岛、北部湾与环南海／李世杰 编著．北京：中国经济出版社，2017．4

ISBN 978－7－5136－4604－8

Ⅰ．①一…　Ⅱ．①李…　Ⅲ．①区域贸易—经济发展—研究—东亚　Ⅳ．①F753．1

中国版本图书馆 CIP 数据核字（2017）第 023357 号

责任编辑　赵静宜
责任审读　贺　静
责任印制　巢新强
封面设计　华子图文

出版发行　中国经济出版社
印 刷 者　北京力信诚印刷有限公司
经 销 者　各地新华书店
开　　本　710mm×1000mm　1/16
印　　张　16．25
字　　数　234 千字
版　　次　2017 年 4 月第 1 版
印　　次　2017 年 4 月第 1 次
定　　价　65．00 元
广告经营许可证　京西工商广字第 8179 号

中国经济出版社 **网址** www.economyph.com **社址** 北京市西城区百万庄北街 3 号 **邮编** 100037
本版图书如存在印装质量问题，请与本社发行中心联系调换（联系电话：010－68330607）

　服务热线：010－88386794

“一带一路”战略下的
区域经贸发展

项目资助情况：

国家自然科学基金项目（批准号：71663014、41361029）、教育部“中西部高校综合实力提升工程计划项目（海南大学）”、海南省特色重点学科建设项目，为本书部分研究成果、相关学术研讨活动，以及著作出版发行提供了经费资助。

目 录

序言

2013年底，中国政府提出共建丝绸之路经济带和21世纪海上丝绸之路的倡议，并于2015年博鳌亚洲论坛年会期间，发布了《推动共建丝绸之路经济带和21世纪海上丝绸之路的愿景与行动》。宏伟的“一带一路”被上升为国家战略，战略核心是“五通三同”，“五通”包括政策沟通、设施联通、贸易畅通、资金融通、民心相通，“三同”是指利益共同体、命运共同体、责任共同体。“一带一路”国家战略的提出，昭示着中国今后将更加积极、主动地参与各种全球性或地区性经济合作事务，更加坚定地推动中国深化经济体制改革、更加持续地扩大对外开放。

海南省地处中国最南端，内靠粤、港、澳、深、华南经济圈，外临东南亚地区，处于中国—东盟自由贸易区的地理中心位置。作为中国最年轻的省份和最大的经济特区，海南完全可以以更为开放、包容的姿态，积极发展同“一带一路”沿线国家的友好关系，参与国际交流与合作。国家“一带一路”的韬略国策，不仅给海南带来难得发展契机，更为海南经济腾飞提供战略支点。党十八届三中全会提出“加快同周边国家和区域基础设施互联互通建设，推进丝绸之路经济带、海上丝绸之路建设，形成全方位开放新格局”，进一步指明努力的方向。布局于全岛产业转型与经济升腾，绸缪于中国海洋发展战略先行试验田，海南义不容辞！

海南大学一大批学者自2014年起开始关注“一带一路”国家战略问题，研究团队所呈交的“海上丝绸之路”建设方略提案，得到习近平总书记批示，更加振奋和鼓舞了团队成员的研究热情。依托海南省“南海政策与法律研究中心”、海南大学经济与管理学院海洋经济研究中心，举办各种学术会议，邀请国内外学者围绕“一带一路”建设的政策、法律等方面的关键问题和热点问题展开研讨；先后主办、承办了南海法律高端论坛、南海区域合作论坛、海南省海洋经济研讨会、南海海洋科技论坛等学术活动，日益受到国内外海洋法律、社会和经济学领域学者的关注。

海南省在国家“一带一路”宏伟蓝图的建设、实施中大有可为，海南大学在“一带一路”国家战略的研究解读方面亦大有可为。期待这一块“扎根海南、立足南海、面向全国”的学术研究阵地在今后能够绽放光彩。

王崇敏

第一篇

一带一路”战略与区域经贸关系

21世纪“海上丝绸之路”建设：经贸纽带与战略支撑

李世杰，王成林
（海南大学　经济与管理学院）

一、引言

自2013年10月国家主席习近平在访问印度尼西亚时提出21世纪“海上丝绸之路”构想后，政界、商界、学界都给予高度关注，并从不同角度对21世纪“海上丝绸之路”进行各种解读[1]。

我国学者近年来对“海上丝绸之路”问题的研究主要着眼于以下几个方面。其一，关注“海上丝绸之路”的形成发展史，如黄颖对海上丝绸之路形成的历史进行考察[2]。其二，“海上丝绸之路”是历史与文化意义。陈惠平研究认为，“海上丝绸之路”就是中华文化与世界各国、各名族文化相互传播、碰撞、融合和不断创新的历史，其诞生、发展演变及至衰落正是中国由“亚洲之国”到“世界之中国”的缩影[2]；陈志宏则从文化意义角度指出，“海上丝绸之路”是历史上连接东西方重要的海上通道，也是一条沟通人类物质文明和精神文明的对话之路，海上丝绸之路将古代亚洲、欧洲和非洲的古文明联结在了一起，对世界各国的社会发展产生了不可估量的影响[3]。张一平深入探讨了海上丝绸之路对南海海域及周边国家（地区）的影响，认为“海上丝绸之路”在促进南海海域内部联系性和统一性发挥了重要作用[4]。周长山研究发现，日本学者由早期海上丝绸之路（如航线测定等实物形态研究），逐渐转向海上丝绸之路背后的文化交流与碰撞等精神层面的研究[5]。当然，既有文献中也有研究对“海上丝绸之路”予以战略解读。例如，马勇对东盟与海上丝绸之路的相互关系做了论证[6]，占豪阐述了两条丝绸之路的战略意义及影响[7]，陈万灵对21世纪“海上丝绸之路”经贸定位及后期的建设做了论述[8]。上述成果为后续的研究工作开展留下了重要线索。

21世纪“海上丝绸之路”设计了一个通达“五洲四海”的全方位对外开放蓝图，是中国与东盟国家构建“命运共同体”的战略抓手和经贸纽带，对于促进我国与东盟国家合作共赢、繁荣与共具有十分重大的战略意义。本文尝试解读“海上丝绸之路”国家战略提出的深刻时代背景及其作为中国—东盟之间的经贸桥梁和纽带，并对海南省如何融入“海上丝绸之路”建设中提出若干政策建议。

二、“海上丝绸之路”战略的时代背景解读

当前“一带一路”国家战略的提出绝不是偶然。这既是出于对当前国际复杂背景及各种现实掣肘的深入思考，又是对中国未来经济和社会发展的蓝图设计。

（一）国际背景

（1）美国主导下的TPP（Trans - Pacific Partnership agreement）挤压了亚太诸国的战略互惠空间。近几年，美国高调重返“亚太”以来，积极推动TPP战略，以此为突破口，建立以美国为主导的横跨太平洋的亚太经济合作伙伴体系，试图推行对自己有利的贸易标准，全方位介入亚太地区经济整合的进程，以主导亚太地区未来政治、经济等格局的变化，削弱亚太国家经济联合发展的主动权。中国与亚太诸国要想摆脱这种束缚，就得依靠各自优势，深化合作，共同建立符合自身利益的发展战略。“海上丝绸之路”国家战略无疑是在中国和平崛起时代背景下中国的责任担当，是以发展经济为核心目标和基本内容的亚太乃至世界新格局的建构根基。

（2）“中国威胁论”妖魔化中国和平崛起。自实行改革开放战略以来，中国经济发展快速，综合国力空前提升，在国际上的影响力增强。

于是，以日本、美国为首的部分国家认为中国崛起会威胁到本国的利益，而有意抛出“中国威胁论”，试图妖魔化中国，在舆论等方面遏制中国。“海上丝绸之路”战略的提出，正是在释放中国和平崛起的积极而善意的信号，消除世界上对中国的误读，打消别有用心国家对中国的舆论诽谤。“海上丝绸之路”本质上是一条和平之路、合作共赢之路；带动“海上丝绸之路”沿线国家共同富裕，共享中国“和平崛起”所带来的利益。

（3）南海争端恶化中国和平崛起的周边环境。菲律宾等个别国家借口“南海问题”向中国发难，并有意挑拨南海周边部分国家在领土主权、海洋资源开发、海运航线开发和维护等方面向中国提出主张。建设21世纪“海上丝绸之路”，有助于推动中国—东盟自贸区的加速发展，也有助于南海周边诸国搁置争议，共同开发，寻求历史文化吸引力和认同感。

（二）国内背景

（1）国内过剩产能释放需要新的突破口。欧美国家将产能利用率作为衡量产能利用情况的评判基准，并认为健康而且能够创造利润的产业产能利用率在85%以上；而根据国际货币基金组织测算，中国所有产业产能利用率在65%以下。事实如此，如今中国有许多行业都面临产能过剩的困扰，在钢铁、水泥、光伏等9大领域更是突出。另外，中国以往的出口目标国比较单一，欧洲、日本、美国等是中国商品出口的主要目标国，然而这些国家的国内市场已趋于饱和，增量空间较小。为解决中国当前的国内产能过剩问题，有效的方式就是开拓新的出口市场。据相关统计，“海上丝绸之路”辐射沿线国家总人口达到30多亿人，市场潜力巨大，通过“海上丝绸之路”与沿线国家开拓新的出口市场，提高我国产能利用率，解决我国产能过剩问题，可见，“海上丝绸之路”是未来中国产能释放的突破口。

（2）巨额外汇储备亟待利用出路。中国目前拥有4万亿美元外汇储备。以美元作为外汇储备风险低，但收益极差，并且不能用于民生，国内建设等。随着21世纪“海上丝绸之路”建设方略的逐步展开，中国可以将过多的外汇储备，用于对“海上丝绸之路”沿线国家提供经济援助，对沿线国家基础设施，交通运输等薄弱环节进行投资。如此一来，既可以盘活我国超额的外汇储备，又能为我国过剩的产能输出找到新出路。“海上丝绸之路”沿线国家对此持积极态度，包括中国、印度等在内的21个国家签约成立亚洲基础实施投资银行，其中中国出资500亿美元，持股50%。亚投行成立后，将致力于为“丝绸之路经济带”沿线国家提供融资扶持，也为“海上丝绸之路”新航路建设提供金融保障。

三、新“海上丝绸之路”建设内洽了国际经贸纽带

通过以经济贸易和海上运输为依托的21世纪“海上丝绸之路”，将对中国开展与“海上丝绸之路”沿线国家的经贸合作发挥重要的桥梁、纽带作用。

（一）当前中国与“海上丝绸之路”沿线诸国的经贸格局

“海上丝绸之路”正是中国在经贸关系上联通沿线诸国的海上桥梁。历代海上丝绸之路分三大航线：一是东洋航线，由中国沿海港至朝鲜、韩国和日本的航线；二是南洋航线，由中国沿海港至东南亚诸国的航线，是“海上丝绸之路”开辟最早的、也是最主要的航线；三是西洋航线，由中国沿海港至南亚、西亚和东非沿海及至美洲诸国的航线，开辟大航海时代，现已成为亚太地区与美洲新大陆海洋交通的主要航线。

中国以往的对外经贸关系主要是通过陆上进行的；而现在，中国已是世界第二大经济体，对外经贸交流不再局限于沿海地区或者邻近的海域，已经涉及世界上每个角落，涉及每条海上的经营道路，每个港口[9]。事实上，“海上丝绸之路”沿线各国在中国对外贸易中占有重要位置，同时沿线国家和地区之间的经贸合作也日益密切。据统计，2012年中国对西洋航线国家双边贸易额达到2334.54亿美元，占中国对外总贸易额的6%，其中，中国与西洋航线上中亚五国的贸易总额从1992年的4.6亿美

元到2012年的460亿美元，增长了近100倍（见表1）。特别地，中国与南洋航线上的东盟各国经贸关系密切，自中国—东盟贸易区启动以来一直保持着增长态势，2012年双边贸易额达到4001.46亿美元，占到中国对外总贸易额的10%。由此可见，在新的历史时期，作为东西方经贸纽带的21世纪“海上丝绸之路”，其建设对于促进区域合作、共赢发展等，将发挥巨大作用。

表1 2012年中国对“海上丝绸之路”沿线国家贸易总体情况

单位：亿美元

依托航线	进出口总额	进口总额	出口总额	贸易差额
南洋航线	4001.46	2042.55	1958.92	83.63
西洋航线	2334.54	910.94	1423.60	-512.66
东洋航线	591.90	242.83	349.08	-106.25
对外总贸易额	38671.20	20487.10	18184.1	2303.10

资料来源：《中国统计年鉴·（2013）》。

（二）依托“海上丝绸之路”推动中国—东盟自贸区升级

东盟诸国既是我国陆上的近邻、又是我国海上的近邻。中国—东盟自由贸易区的建立，使中国和东盟乃至亚太地区的经贸合作掀开历史新篇章，有力地推动了双边经贸关系的快速发展[10]。随着“海上丝绸之路”沿线国家的互联互通，中国—东盟自由贸易区将在合作形式和内容上实现“版本升级”，自贸区内流畅的经贸关系必将给中国—东盟带来多赢效应。

据国家统计局数据显示，中国已成为东盟第一大贸易伙伴，东盟成为中国第三大贸易伙伴。2012年中国—东盟双边贸易额突破4000亿美元，双边贸易额占到中国对外贸易总额的10.3%（见表2）。到2013年，中国—东盟双向投资规模进一步扩大，相互累计投资超过1000亿美元。随着“海上丝绸之路”战略逐步展开，中国—东盟自由贸易区水平无疑将进一步提高。预计到2020年中国—东盟双向投资可达到1500亿美元，双边贸易额可达到1万亿美元，让中国—东盟国家更多地从经贸畅通中获得“1+1>2”的利益。

表2 中国与东盟各国2012全年经贸数据

单位：百万人，亿美元

对象国	GDP	人口	双边贸易	进口	出口	双向投资	对外投资
马来西亚	2239.1	29.3	585.3	287.7	297.6	5.17	1.99
新加坡	2765.6	5.3	831.9	439.7	392.1	78.24	15.19
泰国	3655.6	66.8	697.03	384.83	312.19	5.57	4.79
印度尼西亚	9282.7	246.9	510.5	216.6	293.9	14.25	13.62
越南	1360.0	88.8	410.0	121.00	289.0	3.53	3.49
菲律宾	2420.2	96.7	362.99	167.73	195.26	2.08	0.75
缅甸	529.0	52.8	69.74	13.01	56.73	7.53	0.04
柬埔寨	140.4	14.9	29.23	0.22	27.08	5.77	5.60
文莱	169.5	0.5	16.08	3.56	12.52	0.17	0.09
老挝	94.19	6.7	94.2	0.71	4.46	8.11	8.09

注：以上数据按名义汇率计算得出。
资料来源：根据《中国统计年鉴（2013）》以及中国海关网站数据整理而成。

本文在此以中—泰为例。据泰国财政部报告，2012年泰国GDP 3655.64亿美元；其全年进出口额为4771.1亿美元，比2011年增加5.7%，其中出口总值累计2295.2亿美元，增长3.12%；进口总值累计2475.9亿美元，增长10.82%，对外投资478.6亿美元，利用外资77.72亿美元。从投资领域看，中—泰双边投资规模不断增加，2012年中国对泰国直接投资净额4.79亿美元，占泰国所有外资的6%，比2011年增加近一倍之多，已成为泰国重要的外资引进国。同时，双方企业的互相投资也呈持续上升趋势，投资规模逐年增大，不仅双方企业投资数量增加，并且越来越多的企业选择在对方国家建厂，发展实体经济。从两国经贸关系方面来看，中—泰双边贸易规模不断增加，据中国海关数据统计，2012年中国与泰国进出口总额达697.03亿美元，较2011年同期增长7.7%，占中国与东盟十国贸易总额的17.4%，是中国在东盟的第二大贸易伙伴。根据中泰2012年4月20

日签署的“关于建立全面战略合作伙伴关系的联合声明”，到2015年实现中—泰两国的双边贸易额将达1000亿美元。

四、新“海上丝绸之路”为强化中国—东盟合作关系的战略支撑

随着东南亚经济发展步入快速发展的轨道，具有代表性的泰国、马来西亚、印度尼西亚和菲律宾被誉为“亚洲四小虎”。其重要的地缘位置、丰富的自然资源、6亿多人口的新兴市场引起世界的关注，甚至许多国家将其作为推动本国经济发展的重要引擎，通过各种手段全方位强化对东盟的战略关注力度。对中国而言，稳固与南海周边国家的经济、贸易、政治、文化和社会各方面的合作，无疑具有更为重要的意义。而21世纪“海上丝绸之路”无疑成为强化中国—东盟战略合作“命运共同体”的重要支撑和抓手。

（一）东南亚地区成为世界大国战略博弈焦点

东南亚地处全球东西与南北海上通道的节点，其地理区位优势突出，包括中国，东北亚至欧洲、地中海、非洲抑或大洋洲航线，均绕不过这一必经航路和中转枢纽[11]。相比于冷战时期，后冷战时期的东南亚地区战略格局呈现出不同态势。当前而言，东盟加快推进经济共同体的建设进程，中国、美国、日本、印度、俄罗斯等多个大国则以不同方式加强在这一地区的存在与影响，从而形成了一个形式上以东盟为主体，各大国展开博弈的复杂的战略格局[12]。显然，拥有独特区位优势使东南亚成为世界诸大国的“必争之地”。

首先，美国的战略重心转移。“9·11”事件发生之前，美国对东南亚的态度一直是不管不问；20世纪90年代，美国对马来西亚前总理马哈蒂尔提出关于建立东亚经济论坛的倡议表示公开反对，认为会损害美国的利益，挑战美国的霸权。奥巴马执政以来，美国政府对东南亚的态度发生180度转变，高调宣布“重返亚太”战略；并在2010年把“重返亚太”策略修正为对亚太的“战略再平衡”。近年来，美国采取政治、军事

等多种方式不断宣示和强化其亚太属性。例如，积极参加东盟峰会，强化与传统盟友的安全合作积极介入东亚合作机制，拉拢区域内国家，参加并试图主导 TPP，不断介入到地区热点议题和所谓的“南海争端”之中。这一系列举措充分昭示美国对于亚太地区的高度关注。

其次，俄罗斯与东盟的积极合作。俄罗斯在亚洲外交政策的优先考虑之一就是深化与东盟的合作。俄罗斯 1994 年加入东盟地区论坛，1996 年正式成为东盟的对话伙伴国，2004 年加入《东南亚友好合作条约》。2010 年，时任俄罗斯总统梅德韦杰夫在其国情咨文中明确表示：俄罗斯在亚太地区拥有重大的战略利益，发展与亚太国家的关系，与亚太地区实现经济一体化是俄罗斯最为迫切的任务之一。综观近年来俄罗斯的亚太战略及东南亚政策，可以很明显发现，亚太及东南亚地区在俄罗斯的整体战略棋盘上正在扮演着越来越重要的角色。

最后，印度在亚太区域日趋活跃度。近年来，印度打着所谓“印度崛起”的旗号，逐渐增加在亚太区域的活动参与。1992 年，印度首次提出“向东看”战略，并正式成为东盟的对话国，1995 年升级为全面对话伙伴关系；2012 年，印度与东盟 10 国将合作关系升级为“战略伙伴”关系。印度总理曼莫汉·辛格表示：印度与东盟国家建立连接网络，可激发地区的巨大经济潜能。印度一直试图强化对东盟乃至整个亚太地区的经济、政治影响。

此外，日本从未放松对东南亚的战略关注。长期以来，东南亚就是日本主要的援助对象；第二次世界大战后不久，日本提出“亚洲马歇尔计划”，主张通过援助拉拢东南亚各国。1966 年，日本战后主持召开的“东南亚开发部长级会议”，会上日本提出每年将拿出 GDP 的 1% 援助东南亚。20 世纪七八十年代，日本提出“雁阵效应”理论，以此为依据，将本国的落后产能逐级向东南亚国家转移。近几年，出于政治和经济等层面的考虑，日本领导人密集访问东盟国家政治层面，与美国“重返亚洲”战略保持一致。经济层面，东南亚作为世界经济中最有活力的地区之一，对拉动日本经济增长的重要性不言而喻。2013 年日本与东盟缔结经济合作协定（EPA）主在进一步扩大经贸合作，从 20 世纪 90 年代起，日本对东南亚的战略开始转向政治和安全问题，主要围绕东盟地区论坛和安保对话机制，核心则是与逐步强大起来的中国争夺东南亚话语权。

（二）21 世纪“海上丝绸之路”成为中国强化与东盟诸国战略关系的支撑

2013 年是中国—东盟建立战略伙伴关系十周年。十年前，中国在诸域外大国中率先加入《东南亚友好合作条约》，并与东盟建立“面向和平与繁荣的战略伙伴关系”，不仅开启了双方关系的新阶段，也由此迈出了胡锦涛时代“外交十年”的有力步伐。随着新领导层的就位，中国已跨入又一个“外交十年”的门槛。伴随着中国—东盟自贸区“黄金十年”向“砖石十年”进发的目标，而 21 世纪“海上丝绸之路”将扮演在中国与东盟之间探索建立新型战略关系的关键阶梯和重要抓手，对于中国—东盟在未来十年里的战略关系走向具有极重要的影响。

（1）站在中国的角度。自改革开放 30 多年来，中国取得了巨大的成就，成为全球第二大经济体，人民生活水平日益提高，但是这些取得的成果仍需深化，中国以往的经济发展驱动力大部分都是通过陆路实现的，而在今天，海洋经济潜在潜力的发掘及海洋在经济全球化、区域经济一体化中所担当的关键角色，已成共识。中国经济发展的驱动力正从陆上向海洋转变。“海上丝绸之路”正是搭载中国全方位对外开放的载体，是经济重心转向海洋的云梯，加强海上深层次潜力发掘，壮大海洋产业发展。21 世纪“海上丝绸之路”建设，不仅能进一步扩大中国对东盟的投资范围、获得更多商机，更能在加强与东盟国家关系的基础上，建设“一个更加紧密的中国—东盟命运共同体”，使周边国家对我们更友善、更认同、更支持，从而消除东盟国家对中国的误解及戒备，拉近与邻国之间的关系，传播和平崛起的理念，隔空回击了国际上别有用心国家居心叵测散布的“中国威胁论”论调。

（2）站在东盟的角度，只要符合东盟诸国的经济利益，东盟国家就没有理由不积极参与。通过 21 世纪“海上丝绸之路”与中国更紧密地联系在一起，泛亚铁路、南宁—新加坡经济走廊、中国—马来西亚钦州产业园、中越跨境经济合作区等一批跨国、跨境经济园区正在紧锣密鼓的进行中。21 世纪“海上丝绸之路”战略的核心与落脚点是在东南亚区域，普遍惠及东盟国家，促使东盟国家能够更好地搭上中国发展的便车，带动本国各大产业的发展。

（3）中国与东盟之间至少可以在以下层面开展深层次的战略合作。首先，在政治合作层面：积极推进商签《中国—东盟国家睦邻友好合作条约》；尽快签署《东南亚无核武器区条约》议定书；启动制订《中国—东盟面向和平与繁荣的战略伙伴关系联合宣言》第 3 份行动计划（2016—2020）等，将中国—东盟关系建立在更加稳固的法律基础上。其次，在经济合作层面：借力 21 世纪“海上丝绸之路”平台，共同打造中国—东盟自由贸易区“升级版”；共建 21 世纪“海上丝绸之路”；成立亚洲基础设施投资银行；加强中国与湄公河流域国家对话合作；对基础设施薄弱国家提供经济援助及政策扶持，缩小东盟发展差距。最后，在海上安全合作层面：探索将 2015 年确定为“中国—东盟海洋合作年”，将海洋经济、海上联通、海洋环境、海洋防灾减灾、海上安全、海洋人文等作为重点领域；加强南海沿海国对话合作，探讨创新的合作机制与模式，通过对话协商共同维护海上安全。

五、海南融入 21 世纪“海上丝绸之路”建设之中的政策建议

海南虽是陆地小省，却是一个海洋大省，其所管辖的南海诸岛及附属海域是“海上丝绸之路”的重要航道和交通要冲[13]。海南省地处中国最南端，内靠粤港澳深华南经济圈地，外临东南亚地区，处于中国—东盟自由贸易区的地理中心位置。作为“海上丝绸之路”的重要一站，海南省本应该在国际贸易中发挥重要作用。但一直以来，无论是运输自中国出口的纺织品，还是转口来自日韩的汽车电子产品，浩浩荡荡的远洋船队进入南海前的最后一站，要么靠岸广州，要么驻泊香港，极少选择停泊在环海南岛的港口。究其原因，广州开埠时间悠久，富有盛名船舶停靠其间，可获得大量物质补给；而香港拥有极为优良深水港且较先进的码头设备，并因其在历史上“海上丝绸之路”的重要地理位置，而逐

渐演变成为当前远东地区国际贸易的重要转口口岸。于是，尽管海南岛扼守“海上丝路”的交通要道，却长期处于被忽视和边缘化的尴尬窘境。

作为中国最年轻的省份和最大的经济特区，海南完全可以以更为开放、包容的姿态，积极发展同“海上丝绸之路”沿线国家的友好关系，参与国际交流与合作。正所谓“时来天地皆同力”。国家层面重启21世纪新“海上丝路”的韬略国策，不仅给海南带来难得的发展契机，更为海南经济腾飞提供了战略支点；党的十八届三中全会所提出的“加快同周边国家和区域基础设施互联互通建设，推进丝绸之路经济带、海上丝绸之路建设，形成全方位开放新格局”，更进一步指明了未来努力的方向。布局于全岛的产业转型与经济升腾，绸缪于中国海洋发展战略的先行试验田，海南当前大有可为。

（一）主动嵌入“海上丝绸之路”经济格局

“海上丝绸之路”是通过海洋与各国建立互联互通的支点。海南省可凭借地处南疆海域、临近东南亚诸国的特殊地理位置，在中国—东盟贸易自由区的构建中发挥积极作用。转型升级传统支柱产业，调整优化产业结构，着力发展若干涉海产业，依托“依海兴琼”规划，充分发挥自身临海优势，将海洋渔业、海洋旅游业、海洋交通运输业、海洋油气业等打造成为海南四大支柱产业。进一步扩建洋浦临港工业区，以此为依托试点建设自由贸易区；如果条件成熟，亦可推动全省成为自由贸易区。同时，探索如何深化“博鳌论坛”对海南经济发展的直接作用，推动海南岛不断嵌入中国面向东南亚国家的对外贸易链条，并逐渐成为中国—东盟经贸合作的重要纽带。总之，海南省应该做足“海洋文章”，通过大力发展涉海产业、建设临港经济区，主动嵌入到“海上丝绸之路”经济格局当中。

（二）着力打造“海上丝绸之路”驿站

据海关统计，全球贸易的1/3、我国贸易的3/4都要从南海经过，而海南自古以来在南海“海上丝绸之路”中扮演着中转枢纽的作用，为航运的正常运输提供补给。海南应该主动嵌入“海上丝绸之路”经济格局，环岛建设若干喂给港、补给站甚至枢纽港。一方面，在全岛新建或者扩建港口码头，提高主要港口的货运吞吐能力，拓展海上运输线路，并逐渐完善现代化的海运物流体系。另一方面，可依托主要货运港口，有选择、有重点地布局和建设若干临港经济区或产业园区，充分利用产业的集群化发展优势，夯实海南省的现代工业基础。在此过程中，海南省应当借助各市优势，如文昌的乡情基地，博鳌的文化基地，三亚的服务基地，洋浦的油气加工与出口基地，三沙的中继站和海上服务基地等。依托新建、扩建的港口和码头资源，发展船舶修理与制造业，让海南岛成为名副其实的“海上丝绸之路”驿站。

（三）建设成为文化交流窗口

在文化领域，海南应传承复兴古代“海上丝绸之路”的开拓精神与和平友好、平等互惠的外交原则，弘扬和继承古丝路的历史文化价值，通过历史遗迹和学术活动、庆祝纪念活动可以开发相关旅游产品，增强海南品牌的宣传力度，塑造海南海洋岛屿文化，同时，海南省可以借力挖掘“海上丝绸之路”历史遗迹，落实“旅游立省”和“文化强省”方略。经权威考古考证，西沙、中沙、南沙群岛岛礁及附近海域是古代“海上丝绸之路”的必经之路，水下文物遗存丰富。海南可考虑在“海上丝绸之路”沿途岛礁周边划定省级物质文化遗产保护区，并跟紧水下考古工作进展，及时扩大保护区的覆盖范围。另外，举全省之力做好国际舆论宣传工作，将古代“海上丝绸之路”以“人类海洋开发的典范”为主题，申请列入《世界文化遗产名录》。以申遗为抓手，挖掘海南岛屿文化与海洋文化的历史传承和深刻内涵，提高海南省的文化竞争力。依托古代“海上丝路”申遗，做足“海洋旅游文章”，策划“重走海上丝路”主题系列旅游活动。近途可开发以西沙、南沙诸岛为旅游地的精品短线旅游，远线可拓展辐射东南亚各国的豪华邮轮度假游。无疑，“海上丝路”申遗及后续开发工作，将极大助力于海南“旅游立省”“文化强省”的发展战略。另外，以自身区位优势在海南搭建国际文化交流平台，着力将海南省打造成为“海上丝绸之路”面向世界的国际文化交流窗口。

（四）维持在南海区域的经济存在和文化存在

海南国际旅游岛建设作为国家海洋区域发展战略定位，与21世纪共建“海上丝绸之路”有相当大的交集[14]。海南应本着国家“蓝色战略”大局出发，将国际旅游岛战略、海洋战略等融入到“海上丝绸之路”战略中。通过“海上丝绸之路”的建设，主动嵌入国家“中国—东盟合作”战略、南海战略。通过科学规划、机制创新等，提升战略优势，实现海南高效、高速、高成就的发展；并以各种方式尽力扩展中国在南海区域的经济存在和文化存在，以和平方式确权南海争议海域及相关岛礁的归属，服务于中国经略南海周边、实现蓝色崛起的宏大战略。

［本文发表于《海南大学学报》（人文社会科学版）2015 年第 2 期］

参考文献

［1］黄颖．海上丝绸之路形成的历史考察［J］．炎黄纵横，2014（2）：23－25.

［2］陈志宏．泉州海上丝绸之路滨海史迹的研究与保护［J］．南方建筑，2006（9）：63－65.

［3］陈惠平．“海上丝绸之路”的文化特质及其当代意义［J］．中共福建省委党校学报，2005（2）：68－72.

［4］张一平．古代海上丝绸之路对南海区域的影响［J］．新东方，2010（3）：17－24.

［5］周长山．日本学界的南方海上丝绸之路研究［J］．海交史研究，2012（2）：92－99.

［6］马勇．东南亚与海上丝绸之路［J］．云南社会科学，2001（6）：77－81.

［7］占豪．两条丝绸之路的战略考量［J］．社会观察，2014（1）：39－41.

［8］陈万灵，何传添．海上丝绸之路的各方博弈及其经贸定位［J］．改革，2014（3）：74－83.

［9］王赓武．海上丝绸之路与华商经济［N］．中国海洋报，2014－04－17（4）．

［10］吕余生．共同建设 21 世纪海上丝绸之路［N］．广西日报，

2013 - 12 - 26（10）.

[11] 柏澜. 如何让东南亚变得更安全？[N]. 中国经营报，2014 - 03 - 15（6）.

[12] 贺圣达. 东南亚地区战略格局与中国 - 东盟的关系 [J]. 东南亚南亚，2014（1）：97 - 108.

[13] 郝思德. 海南：打造21 世纪海上丝绸之路桥头堡 [N]. 海南日报，2014 - 06 - 21（3）.

[14] 李仁君. 海南尽快加入海上丝绸之路申遗行列 [N]. 海南日报，2014 - 01 - 10（3）.

21世纪“海上丝绸之路”贸易便利化合作与能力建设

毛艳华1，杨思维2
（1. 中山大学自贸区综合研究院，中山大学港澳珠江三角洲研究中心；2. 中山大学管理学院）

一、研究问题与现实意义

长期以来，世界贸易组织（WTO）及其前身关税与贸易总协定（GATT）致力于各成员国扩大市场开放和推动贸易自由化，世界平均关税水平已大幅下降，大量非关税贸易壁垒被削减，传统的关税与非关税壁垒对国际贸易的影响正逐渐减小。与此同时，“贸易的非效率”作为一种“隐形”的市场准入壁垒日益受到众多国际组织、各国政府和贸易界的普遍关注，促使人们开始高度重视旨在清除跨国交易过程中的机制性和技术性障碍、减少交易成本和困难的贸易便利化问题（曾铮、周茜，2008）。UNCTAD（1994）以全球为样本开展的贸易成本估算表明，国际贸易活动中海关、交通运输、信息通信等环节的综合交易成本占到了商品货值的7%～10%。Asian Development Bank（2008）的估算也认为，贸易便利化方面的交易成本大约占到国际贸易货值的1%～15%。因此，复杂的海关程序和法规被APEC评估为与关税等同的最大难题（APEC，2000）。目前，在WTO的多边贸易体制下，贸易便利化的谈判内容已从“以削减关税为主”的第一代贸易政策转向“以国际贸易的国内管理体制改革为主”的第二代贸易政策。与这一趋势相一致，贸易便利化的内涵和外延已从单纯的边界措施（at - the - border issues）向边界内措施（behind - the - border issues）拓展（沈铭辉，2011）。2015 年 1 月，WTO 总理事会通过了《贸易便利化协定》议定书，将《贸易便利化协定》纳入《世贸组织协定》附件 1A① 中，赋予了《贸易便利化协定》作为一项货物贸易多边协定的法律地位②。

共建 21 世纪“海上丝绸之路”是中国国家主席习近平在 2013 年 10 月访问东盟国家时提出的倡议。中国提出建设 21 世纪“海上丝绸之路”，是为了适应经济全球化和国内经济转型的新形势，以政策沟通、设施联通、贸易畅通、资金融通和民心相通为主要内容，扩大与相关沿线国家的经贸交流与合作，实现沿线各国的共同发展和共同繁荣。因此，共建 21 世纪“海上丝绸之路”倡议受到国际社会的高度关注，得到沿途各国的广泛支持③。21 世纪“海上丝绸之路”建设是一项宏大系统工程，涉及政治、经济、文化、外交等多个领域，需要开展多学科研究与决策咨询。从经济学研究层面来看，现有大量文献主要集中在优势互补的战略研究、合作构想和经贸定位等（蔡春林，2014；全毅、汪洁、刘婉婷，2014），而国际贸易视角的贸易便利化合作与能力建设问题则极少关注。在国际贸易的实践中，贸易便利化具有合作领域广泛、方式灵活、各方分歧较小以及合作效果明显等优势，既能满足沿线各国继续扩大贸易规模、创造新经济增长点的要求，也符合沿线各国积极推进内部经济结构改革的需要（李文韬，2011）。事实上，21 世纪“海上丝绸之路”是一条由沿线节点港口互联互通构成的、辐射港口城市及其腹地的贸易网络和经济带（陈万灵、何传添，2014）。因此，建立高效的贸易便利体系应该是 21 世纪“海上丝绸之路”建设的重要内容之一，也是实施“互联互通”战略的主要着力点。

自 2008 年全球金融危机爆发以来，“海上丝绸之路”沿线各经济体在全球贸易投资体系中占有越来越突出的地位，且贸易投资的增长性普

---

① 目前，《世贸组织协定》附件 1A 包含了《1994 年关税与贸易总协定》《农业协定》《技术性贸易壁垒协定》等 13 个货物贸易多边协定（参见 http：//www. wto. org/english/tratop_ e/tradfa_ e/tradfa_ e. htm）。

② 参见 http：//www. fdi. gov. cn/1800000121_ 21_ 74140_ 0_ 7. html.

③ 参见 http：//www. cssn. cn/hqxx/yw/201502/t20150210_ 1512003. shtml.

遍较强，都强烈希望扩大经贸合作以促进自身贸易投资增长和经济复苏。根据商务部的统计数据，2012 年我国与“海上丝绸之路”沿线各国贸易总额约 6900 亿美元，占我国外贸总额的 17.9%①。其中，与东盟、南亚和海湾合作委员会的贸易总额分别为 3262.18 亿美元、905.81 亿美元、1551.11 亿美元。相比于“海上丝绸之路”沿线各国的人口规模和市场规模，中国与这一区域的经贸合作显然还有待深化。因此，如何促进中国与沿线各国的商品、资本、信息、物流、交通等的自由流通，实现中国与沿线各国经贸相互促进的发展是 21 世纪“海上丝绸之路”建设的重大课题。本文就 21 世纪“海上丝绸之路”贸易便利化合作与能力建设问题开展研究，在对 21 世纪“海上丝绸之路”沿线的贸易便利化水平进行评估的基础上，探讨了沿线开展贸易便利化合作面临的主要障碍，最后提出促进沿线区域贸易便利化能力建设的政策建议。

二、沿线各国贸易便利化水平及存在的问题

在国际贸易的实践中，贸易便利化涉及的范围非常的宽泛，既有跨国因素，也有国内因素②。而且，贸易便利化相关数据收集统计难度很大，还没有专门针对贸易便利化的统计数据。现有文献主要根据世界经济论坛发布的《全球贸易促进报告》和《全球竞争力报告》对贸易便利化水平开展评估与实证研究（Wilson，Mann and Otsuki，2003；孙林、徐旭霏，2011；张晓倩、龚新蜀，2015），本文根据《全球贸易促进报告》的相关数据对 21 世纪“海上丝绸之路”沿线国家的贸易便利化水平进行评价。另外，“海上丝绸之路”沿线涉及的经济体数量众多，本文根据中国与沿线国家的经贸合作关系密切程度，选取相关对象国开展贸易便利化水平的评价。其中，东盟区域选取的国家：印度尼西亚、马来西亚、

① 参见 http：//news. china. com. cn/2014lianghui/2014 －03/12/content_ 31764373. htm.

② 从贸易便利化的谈判内容来看，贸易便利化涵盖的范围包括：立法政策的透明与理顺，机构之间的协调和效率，海关程序的改进，基础设施、设备、信息、通信技术等方面的提高，人员培训，技术援助和信息分享等方面。除此之外，许多国家把与贸易相关的市场准入、国内政务环境改善等也包括在内，而且电子商务已经成为贸易便利化的新热点（参见李文韬，2011）。

菲律宾、新加坡、泰国、越南；南亚区域选取的国家：印度、巴基斯坦、孟加拉国、斯里兰卡；中东海湾区域选取的国家：阿联酋、巴林、卡塔尔、科威特、沙特阿拉伯、伊朗；非洲沿海区域选取的国家：埃及、肯尼亚、坦桑尼亚、莫桑比克、南非。

世界经济论坛每两年发布《全球贸易促进报告》，对全球各经济体促进贸易发展的表现做出评估及排名。该报告的贸易促进指数主要衡量有关促进货物跨境自由流动并运达目的地的各项制度、政策和服务的水平。促进因素包括四点：市场准入、边境管理、交通通信设施以及商业环境，并依次细分为9个分项：国内和国际市场的准入，海关的行政管理效率，进出口手续办理的效率，边境管理的透明度，交通通信设施建设的配套程度和质量，交通服务的运力和质量，信息通信技术的普及程度，监管环境和人身安全。贸易促进指数及各项因素取值范围均为1—7分，数值范围内数值越高则表明贸易便利化程度越高。鉴于篇幅所限，本文仅整理《2012年全球贸易促进报告》中“海上丝绸之路”沿线相关经济体的贸易便利化水平及各具体指标数值（见表1和表2），结合2008年和2010年的相应指标数据，可以大致看出“海上丝绸之路”沿线相关经济体的贸易便利化现状呈现以下几个特点：

（1）从总体上来看，沿线各国的贸易便利化程度处于比较低的水平，但近5年来贸易便利化水平呈稳步上升趋势，区域贸易便利化状况有了较为明显的改善。表1显示，按照世界经济论坛《2012年全球贸易促进报告》的7分制评价标准体系，“海上丝绸之路”沿线国家贸易便利化的平均得分仅为4.17，个别国家仅为3.31。因此，沿线各国的贸易便利化程度总体上处于比较低的水平。近5年来，“海上丝绸之路”沿线经济体中有6个国家的贸易便利化水平处于世界前50位，其中新加坡、马来西亚及部分海湾国家的贸易便利化程度一直处于世界领先水平，包括开放的贸易政策、运作良好的边境管理、优良的基础设施、有利于贸易和投资的商业环境。其他国家的贸易便利化程度也在近5年有所改善，越南、菲律宾、沙特阿拉伯、坦桑尼亚等经济体的改善程度较为明显，排名均上升超过10位。自2008年全球金融危机爆发以来，亚洲和太平洋地区成为全球经济增长最快的地区，"海上丝绸之路"沿线各个新兴经济体大都受益于贸易增长，并将贸易作为经济增长战略的核心组成部分。因此，内外部环境变化为"海上丝绸之路"沿线经济体加快改善贸易发展环境提供了动力。

表1 2012年"海上丝绸之路"沿线相关经济体的贸易便利化水平状况

国别	贸易便利化水平		市场准入		跨境管理		交通通讯设施		商业环境	
	评分	排名	评分	排名	评分	排名	评分	排名	评分	排名
中国	4.22	56	3.55	108	4.42	45	4.27	48	4.63	45
印度尼西亚	4.19	58	4.86	17	4.06	65	3.72	77	4.12	77
马来西亚	4.90	24	4.62	32	4.68	39	5.25	20	5.03	30
菲律宾	3.96	72	4.90	14	3.90	72	3.41	91	3.61	107
新加坡	6.14	1	6.20	1	6.53	1	6.06	1	5.75	5
泰国	4.21	57	4.03	59	4.41	47	4.30	46	4.13	76
越南	4.02	68	4.37	41	3.45	94	4.04	56	4.24	69
印度	3.55	100	2.60	130	3.82	77	3.58	84	4.20	74
巴基斯坦	3.39	116	2.95	128	3.92	71	3.35	95	3.34	123
孟加拉国	3.46	109	3.96	65	3.33	100	2.74	123	3.82	95
斯里兰卡	3.95	73	3.68	103	3.89	73	3.65	81	4.59	47
阿联酋	5.07	19	3.69	102	5.71	11	5.30	18	5.58	12
巴林	4.80	30	4.22	52	5.19	26	4.46	41	4.13	76
卡塔尔	4.74	32	3.87	95	4.84	34	4.65	34	5.61	11
科威特	4.19	58	3.83	96	3.82	78	3.82	70	4.80	36
沙特阿拉伯	4.84	27	4.02	61	5.09	30	4.55	36	5.70	8
伊朗	3.31	117	2.17	132	3.44	96	3.61	82	4.01	83
埃及	3.78	90	3.48	113	3.86	76	3.94	60	3.83	93
肯尼亚	3.52	103	4.49	37	2.76	119	3.24	99	3.59	108
坦桑尼亚	3.69	94	4.65	30	3.35	99	2.87	114	3.88	90
莫桑比克	3.65	97	4.63	31	3.52	87	2.77	120	3.69	102
南非	4.10	63	3.95	66	4.19	59	4.04	55	4.22	71

（2）从区域层面来看，东盟各国及中东海湾国家的贸易便利化程度较高，而南亚国家及非洲沿海国家的贸易便利化程度则较低，中国的贸易便利化水平处于全球中等位置，贸易促进能力有较大的提升空间。进一步分析可知，近5年来，得益于东盟贸易自由化，沿线东盟国家的贸易便利化指数呈平稳上升态势，在2012年的市场准入、跨境管理、交通通讯设施和商业环境四项具体指标得分均超过了2008年的水平。其中，新加坡的贸易便利化水平继续排名全球第一位，泰国、印度尼西亚和菲律宾分别位列57名、58名和72名。因此，东盟区域贸易便利化进程稳步推进。南亚四国中除了孟加拉国的贸易便利化指数有明显的上升态势外，其他各国均无明显上升，其中印度及巴基斯坦两国呈下降趋势，印度的贸易便利化水平全球排名由2010年的84位下跌至2012年的100位，其面临的主要挑战是限制性的贸易政策。中东海湾各国贸易便利化指数呈平稳缓慢上升态势，区域贸易便利化状况不断改善；非洲各国贸易便利化指数也呈平稳缓慢上升态势，区域贸易便利化进程稳步推进。例如，作为海湾和非洲的典型新兴经济体，沙特阿拉伯和南非的贸易便利化水平排名分别从2010年的47名和66名上升至2012年的27名和63名。2012年中国的贸易便利化水平仅获得4.22分，远低于新加坡的6.14分，排名处于132个参评经济体中的56位。作为全球第一贸易大国，中国在每一项系数中都有相当大的提高空间，近年来也采取了相对积极的措施促进贸易便利化。但是，进入海外市场相比以前变得更困难，跨境管理效率相对较低和缺乏透明度，物流服务和实体安全也未跟上整体发展步伐，这些都是中国促进贸易发展面临的主要挑战。

表2　2012年“海上丝绸之路”沿线相关经济体的跨境管理指标状况

国别	海关管理效率		进出口程序效率		边境管理透明度	
	评分	排名	评分	排名	评分	排名
中国	4.50	45	5.17	37	3.59	59
印度尼西亚	4.10	69	5.15	38	2.94	88
马来西亚	4.48	47	5.47	26	4.09	42

续表

国别	海关管理效率		进出口程序效率		边境管理透明度	
	评分	排名	评分	排名	评分	排名
菲律宾	4.25	62	4.99	48	2.47	117
新加坡	6.61	1	6.44	1	6.53	3
泰国	4.68	36	5.53	20	3.00	82
越南	2.81	124	4.91	54	2.63	105
印度	4.10	70	4.38	79	2.99	84
巴基斯坦	4.20	66	4.86	56	2.69	101
孟加拉国	3.26	103	4.22	86	2.52	115
斯里兰卡	3.76	85	5.02	47	2.89	92
阿联酋	5.56	17	6.02	7	5.57	20
巴林	5.66	12	4.98	49	4.93	30
卡塔尔	3.78	84	5.05	44	5.68	16
科威特	3.04	110	4.34	81	4.07	44
沙特阿拉伯	5.10	29	5.49	24	4.68	36
伊朗	3.50	91	3.74	99	3.07	77
埃及	3.85	80	4.88	55	2.83	94
肯尼亚	2.59	129	3.27	110	2.41	121
坦桑尼亚	4.68	36	5.53	20	3.00	82
莫桑比克	3.71	87	3.82	98	3.03	81
南非	4.92	33	3.69	100	3.97	47

（3）从具体指标来看，中国及南亚、中东海湾国家在市场准入因素的得分偏低，并且2012年的评分相较于2008年有所下降，但东盟及非洲沿海国家的市场准入排名均有较为显著地上升。这主要是东盟和非洲二个区域近来年都加快了区域经济整合的步伐，区域经济一体化和与域外签署的诸边经贸协定大大提高了区域内各经济体的市场开放水平和出口竞争力。2012年，中国、南亚以及中东海湾国家的市场准入评分基本都

低于4.00分，且排名基本位于90名之后，因此，相关经济体仍需加快区域经济整合的步伐，积极稳妥地开放国内市场，放宽对贸易领域市场准入限制，为跨国贸易创造良好的条件。在交通通信设施方面，沿线各国都有不同程度的改善，所有经济体在2012年的评分都超过了2008年和2010年的水平，这说明沿线各国政府在交通通信设施方面的投入都起到了较为显著地效果。相比之下，沿线各国的商业环境指标的平均分在近5年都有所下降，2008年至2012年，沿线各国商业环境的总体平均分从4.56分下降到4.37分。其中东盟及非洲国家恶化程度较为明显。因此，沿线各国应调整对企业的监管制度，对商业活动表现得更为宽松友好，为跨国贸易提供良好的商业环境。在跨境管理方面，南亚和中东海湾国家近5年来管理效率均有了较大的改善。除了新加坡、马来西亚、泰国、中国及大部分中东海湾国家以外，其他国家在该指标的排名处于相对靠后的位置，问题集中于海关管理效率低下，边境管理透明度不高，由此导致贸易成本大幅度上升。由表2可以进一步看出，大部分沿线经济体的海关管理效率偏低，而东盟及非洲国家的边境管理透明度明显低于其他国家。因此，沿线经济体要加大力度提高海关管理效率，通过海关管理的现代化推进贸易便利化，着眼于构建以形成整体功能为目标的海关管理体系。

总之，尽管“海上丝绸之路”沿线大部分经济体的贸易便利化状况不断改善，贸易便利化水平稳步提高，但沿线发展中经济体和新兴经济体面临的共同问题是边境手续烦琐、基建设施薄弱、安全状况堪忧等，未来各国应在扩大市场开放、提高海关效率以及改善商业环境等方面加大推进力度，以使贸易便利化取得更大成效。

三、推进贸易便利化合作面临的主要障碍

全球金融危机爆发后，“海上丝绸之路”沿线国家普遍认识到，加强区域经贸合作对抵御金融危机，促进经济可持续发展具有重要的作用。相应地，区域经贸合作的重要性与迫切性对沿线各经济体开展贸易

便利化合作提出了更高的要求。但是，“海上丝绸之路”沿线各国属于不同的关税区，各自的发展水平、经济体制、社会制度以及执法程序不同。当前，推进沿线各国的贸易便利化合作面临以下四个方面的困难与障碍。

（1）沿线各国的经济发展水平和经济发展阶段差异较大。一般而言，一国经济越发达、人均 DGP 越高、对外贸易与投资的能力越强，其对贸易便利化的认知程度也越高，从而推进贸易便利化合作的积极性也越高。反之，落后经济体则担心贸易便利化合作会导致其市场过度开放，担心国内产业和经济的可持续发展遭受严重的外部冲击（李文韬，2011）。实证文献也表明，欧美等发达国家和“亚洲四小龙”基本位于贸易非常便利和比较便利的行列，而拉丁美洲的委内瑞拉、阿根廷和亚洲的印度等经济贸易欠发达的国家则处于一般便利和不便利国家的行列（曾铮、周茜，2008）。在“海上丝绸之路”沿线国家中，卡塔尔、阿联酋、新加坡三个经济体的人均 GDP 全球排名都进入了前十位，如海湾国家卡塔尔 2012 年的人均 GDP 高达 102211 美元。除此之外，在东盟、南亚、非洲沿海等区域的相关国家大多数都为发展中经济体，经济发展水平还很落后，个别国家的人均 GDP 在全球排名中甚至垫底，如非洲的莫桑比克 2012 年人均 GDP 仅 1169 美元。这种差异性既决定了各国的贸易便利能力的差异，也决定了各国在合作过程中目标诉求的差别。

（2）沿线各国的经济自由化程度不均衡且总体处于较低水平。研究表明，提高贸易政策的透明度和减少腐败有利于促进贸易便利化，降低贸易成本和获得福利收益（佟家栋、李连庆，2014；谢娟娟、岳静，2011）。而经济自由化程度往往决定着贸易政策的透明度，进而影响一国参与国际经济合作程度、吸引外资水平和经贸持续增长。“海上丝绸之路”沿线各国的经济开放和市场化程度极不均衡，既有新加坡这样市场高度开放的自由港型经济体，又有缅甸这样市场相对封闭的经济体。沿线各国在法规制度、海关程序、劳工标准以及安全与技术标准等领域千差万别。根据世界经济论坛《2013—2014 年全球竞争力报告》的数据，除新加坡排名全球第二外，其他沿线各国的综合经济自由化程度均相对落后，将近一半的沿线国家排名位于世界100名之外。在百分制的评价标准体系中，“海上丝绸之路”沿线国家经济自由化指数的平均值仅为58.21（见图1）。具体来看，政府管理效率不高、贸易政策不透明、金融自由度低、存在不同程度的贸易管制，而且各个国家在不同的项目中存在很大差距。这些问题将导致双边贸易成本大幅度上升，给沿线各国开展贸易便利化合作带来很大的障碍。

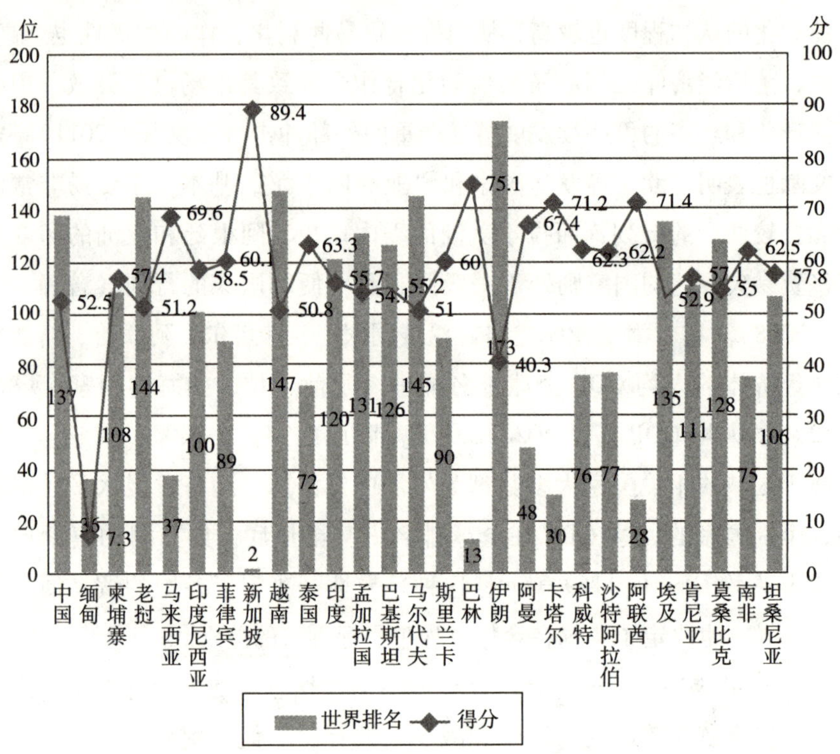

图1 2013年“海上丝绸之路”沿线各经济体的经济自由度水平及排名

（3）贸易便利化合作缺乏基础设施与资金支持。交通、通信、港口和物流等基础设施是贸易便利化合作的基础。例如，无纸化通关应用、电子商务发展、口岸管理平台建设，以及各国政府间的信息交流等都要求相对完善的基础设施。便利与完善的基础设施可以提高商品或资本的流动效率、减少贸易与投资成本、降低企业间的联系成本，甚至能够加强贸易与投资的乘数效应（曹监平，2012）。从总体上来看，沿线国家的海上运输、港口设施、信息通信与物流设施等还比较落后。世界经济论坛发布的《全球竞争力报告》将港口、航空运输以及互联网基础设施的数量和质量作为考察各国基础设施水平的主要指标，《2013—2014年全球竞争力报告》显示，除新加坡、马来西亚和海合组织的主要成员国以外，沿线大部分国家的基础设施都未达到相关的标准，特别是沿线的发展中国家，其基础设施非常薄弱。另外，与贸易便利化相关的信息基础设施的建设、维护、改造和更新都需要大量资金投入。例如，简化海关程序需要购买现代化的硬件设施，还涉及电子数据交换系统和相应软件的更新与升级，便利通关的海关、检验检疫和边检部门的信息共享需要安全高效的互联网设施支撑。但是，对于经济发展水平相对滞后的沿线部分经济体来说，凭借其自身的经济实力和技术水平很难满足贸易便利化对基础设施的要求。因此，缺乏资金是当前制约沿线各经济体交通通信设施条件改善的关键因素。

（4）贸易便利化合作还缺乏有效的法律基础与机制保障。开展贸易便利化合作的主要目标是构建区域内更加透明、便捷和高效的贸易管理体系。这就需要强化区域内经济体之间的相互协调与相互协作，以便各经济体积极主动地对内部相关法律、法规进行修订，并开展经济体制改革以便加强市场体制对接。目前，我国搭建了中非合作论坛、中国—海合会国家经贸合作论坛等非约束性合作机制，签署了中国—东盟自由贸易协定、中国—巴基斯坦自由贸易协定、中国—新加坡自由贸易协定等制度性合作机制，并与沿线其他国家正在协商建立自由贸易区。此外，还搭建了中国—东盟商品博览会、中国—东盟海上合作基金及十多个境外经济合作区等合作平台。但是，就整个沿线区域的经贸合作来看，贸易便利化合作还仅仅停留在口头承诺上，仍然缺少一个有效的法律基础、政策协调机制以及独立的日常监管机构。在目前相对松散的合作形式下，贸易便利化的推进没有明确的目标与原则，没有具体的实施纲要与行动计划，相关倡议对参与各方并没有强制的约束力。因此，对于在政治体制、社会制度、法律框架等各方面存在差异的沿线各经济体来说，要统一协调错综复杂且标准不一的法规政策体系，将是短期内无法完成的任务。

四、深化沿线贸易便利化合作的对策建议

21世纪“海上丝绸之路”是我国适应经济全球化新形势下加快培育参与和引领国际经济合作竞争新优势的重要平台，对开创我国全方位对外开放新格局、促进地区及世界和平发展具有重大意义。从国际贸易的理论和实践来看，开展贸易便利化合作是短期内建设21世纪“海上丝绸之路”最有可能取得显著成效的领域。因此，我国应积极参与沿线贸易便利化合作，在组织机制建设、基础设施互联互通、海关口岸管理、贸易便利化能力建设、开放型经济建设等诸多合作领域提出明确立场，协调沿线各国的力量，消除贸易通道和贸易制度的障碍，促进货物和人员畅通，提升贸易自由化水平，推动区域贸易便利化合作取得实质性进展。

（1）搭建贸易便利化合作的组织机构和协作机制。首先，应搭建以政府为主导的多渠道交流合作机制。针对沿线各国普遍存在的贸易管理程序和操作手续复杂、执法人员的素质和操守参差不一等问题，开展贸易便利化合作就是要尽可能地简化行政程序，协调政策和技术标准。因此，贸易便利化合作应突出政府的主导作用，促进沿线各国政府行政执法水平和职能部门管理水平的提高。除加强和完善政府部门间的联系合作机制外，应积极支持行业领域相关的半官方机构、非官方机构和业界在促进经贸合作中发挥作用。为确保“海上丝绸之路”贸易便利化合作的顺利开展，中国应倡议组建具有实体功能的“海上丝绸之路贸易便利化合作高官指导委员会”，加快沿线各经济体在贸易便利化领域合作的协调工作。其次，应确定贸易便利化的优先合作领域。在内容设计上，拟就贸易投资促进，通关便利化，商品检验检疫、食品安全、质量标准，电子商务，法律法规透明度等领域开展贸易便利化合作，各项贸易便利化的具体措施，应有助于加快沿线区域内商品、服务、人员、资本的便捷流动。最后，应倡导采取灵活的协作机制和参与方式。由于沿线发达经济体和大量发展中经济体在贸易便利化合作中的利益诉求存在差异，

而且贸易便利化合作领域众多，行动计划与具体项目纷繁复杂，既涉及相关国家之间的相互协作，还会涉及相关国家内部法律法规修订与体制改革。因此，灵活多样的参与原则不仅有利于解决合作各方的差异性，而且有利于在合作中激发各方热情从而形成示范作用和经验传授带动效应。

（2）加快沿线各国基础设施的互联互通。基础设施互联互通有利于提高沿线便利化水平，从而扩大沿线货物贸易量和降低贸易成本，因此实现基础设施互联互通是21世纪“海上丝绸之路”建设的优先领域。要加强对沿线基础设施互联互通的规划，科学评价沿线区域内港口、航道、公路与铁路互联互通的优先项目。例如，在东南亚和印度洋沿岸国家中具有战略重要性的港口、铁路、公路等基础设施项目，以及非洲沿海国家的港口和铁路项目，宜优先立项建设。要抓住“海上丝绸之路”沿线的关键通道、关键节点和重点工程建设，促进海上交通互联互通。例如，与沿线经济体加强航道合作，共建港口、码头、通信网络以及相关的公共服务设施，为过往贸易船只提供安全保障，促进“海上丝绸之路”的货物流通和信息畅通，降低贸易交易成本，促进海上贸易便利化。同时，要鼓励电信、通信、互联网企业加强与“海上丝绸之路”沿线国家企业开展合作，推进电子商务和互联网建设，构筑沿线国家海上互联互通网络。港口建设与基础设施互联互通需要巨额资金，如何消除这一制约“瓶颈”是实现“海上丝绸之路”基础设施互联互通的关键。因此，要以建设融资平台为抓手，科学设计好亚洲基础设施投资银行、中国东盟海上合作基金及中非合作基金的治理结构，通过创新融资和利益分配机制，发挥市场机制作用动员更多的国家参与海上丝绸之路基础设施建设。

（3）深化沿线各国的海关口岸管理合作。从区域贸易协议的实施来看，推动海关口岸管理现代化是广大发展中国家扩大对外经贸合作的共同途径，而海关程序一致化是实现区域贸易秩序规范化的重要基础。例如，我国在通关便利化领域推行了“网上报关”“绿色通道”等便捷措施，基本实现了无纸贸易，大大提高了货物和商务人员的流动效率，给进出口商创造了一个良好的通关环境。再如，统一海关程序能够消除“灰色清关”，有利于区域整体贸易环境的改善，从而促进区域整体贸易便利化状况持续好转。在海关管理合作方面，沿线各经济体应建立通关管理的政策法规相互通报制度，加强海关数据联网和电子清关系统的合作，及时沟通协商解决因通关制度差异造成的通关环节障碍问题，提高海关监管水平和通关效率。在口岸管理合作方面，沿线各经济体应加强商品检验监督、动植物检验检疫和粮食食品安全等领域的合作，开展卫生检疫的学术交流与合作研究，促进检验监督人员的培训合作，探讨往返沿线各港口的船舶卫生监管问题。从发达国家经验来看，海关口岸是现代高技术产品最先被使用的领域之一，21 世纪“海上丝绸之路”沿线各经济体应有计划地加大对边境口岸基础设施的投资，将先进的设备优先应用于海关通关及口岸检验检疫，为提高通关效率和降低贸易成本创造保障条件。

（4）加强沿线各国贸易便利化的能力建设。与贸易便利化有关的能力建设是近年来各类区域经贸协定的重要内容。只有不断提升沿线发展中经济体参与贸易便利化合作的能力，才能提高沿线各经济体的贸易便利化水平。我国应倡导沿线贸易大国和少数发达经济体通过召开分享最佳范例研讨会，帮助沿线发展中经济体特别是落后经济体选择最符合其国情的贸易便利化行动措施，并对沿线发展中经济体的行政官员提供技术培训，提升这些经济体的贸易便利化能力。此外，我国还应倡导“海上丝绸之路”与世界贸易组织（WTO）、世界银行（IBRD）、世界海关组织（WCO）、国际标准化组织（ISO）、经合组织（OECD）及亚洲开发银行（ADB）等国际经济组织在贸易便利化领域的能力建设合作，寻找可以借鉴的经验，推动沿线各经济体的贸易便利化能力建设。沿线发展中经济体大多缺乏基础设施投资建设的资金，经济结构和产业技术水平较低，贸易监管和法律体系有待完善，靠自身能力无法在短期内实现贸易便利化水平的提升。中国是全球第二经济大国和第一贸易大国，作为全球负责任大国的形象，应加强对区域经济治理的公共产品输出。例如，发起成立亚洲基础设施投资银行、中国—东盟投资合作基金、设立海丝基金等，对沿线落后国家的基础设施进行投资，提供资金和技术援助，加快这些国家发展电子商务、改进通关制度等能力建设，帮助他们掌握现代化的贸易管理方式。

（5）推动沿线各国开放型经济体制机制创新的合作。由于“海上丝绸之路”沿线各经济体的市场化程度极不平衡，贸易便利化水平普遍较低。因此，借鉴市场经济发达和对外开放水平较高国家的改革经验，加强开放型经济建设与体制机制创新的合作是沿线各国贸易便利化合作的重要方向。在 WTO 规则下，为消除贸易障碍，可以通过建立自由贸易区、自由贸易园区、海关特殊监管区或保税区、出口加工区等，推动区域贸易一体化。一方面，应倡导“海上丝绸之路”沿线国家加快建设出口加工区和物流保税港区，发展外向型经济，提高经济开放水平；条件成熟的经济体之间可探索建立双边或诸边自由贸易区，为深化贸易便利化合作提供“先行先试”载体，积极探索贸易便利化合作领域和合作模式，着力消除现有开放领域中的体制机制障碍，为企业开展经贸合作营造高效、透明的营商环境，深化沿线国家的经贸合作。另一方面，目前全球范围内正在进行的多边经贸协定谈判（TPP、TIPP 和 RCEP）都以建设高标准和综合性的贸易投资体系为目标。因此，共建 21 世纪“海上丝绸之路”就是要在沿线现有的各类自由贸易区的基础上，“以点带面，从线到片，逐步形成区域大合作”，构建起“海上丝绸之路”经济带。这个经济带通过中国与沿线各经济体的贸易便利化合作将中国的市场与各经济体的市场连接为一体，从而在经济带内实现要素、货物、服务、交通、制度的畅通无阻，形成要素自由流动、资源高效配置、市场深度融合的区域经济合作新格局。

（本文发表于《国际经贸探索》2015 年第 4 期）

参考文献

［1］蔡春林．新兴经济体参与新丝绸之路建设的策略研究［J］．国际贸易，2014（5）．

［2］曹监平．泛北部湾区域贸易与投资便利化合作［J］．国际经济

合作，2012（9）.

［3］陈万灵，何传添．海上丝绸之路的各方博弈及其经贸定位［J］．改革，2014（3）.

［4］李文韬．APEC 贸易投资便利化合作进展评估与中国的策略选择［J］．亚太经济，2011（4）.

［5］全毅，汪洁，刘婉婷．21 世纪海上丝绸之路的战略构想与建设方略［J］．国际贸易。2014（8）.

［6］孙林，徐旭霏．东盟贸易便利化对中国制造业产品出口影响的实证分析［J］．国际贸易问题，2011（6）.

［7］沈铭辉．金砖国家合作机制探索——基于贸易便利化的合作前景［J］．太平洋学报，2011（10）.

［8］佟家栋，李连庆．贸易政策透明度与贸易便利化影响——基于可计算一般均衡模型的分析［J］．南开经济研究，2014（4）.

［9］谢娟娟，岳静．贸易便利化对中国—东盟贸易影响的实证分析［J］．世界经济研究，2011（8）.

［10］张晓倩，龚新蜀．上合组织贸易便利化对中国农产品出口影响研究——基于面板数据的实证分析［J］．国际经贸探索，2015（1）．

［11］曾铮，周茜．贸易便利化测评体系及对我国出口的影响［J］．国际经贸探索，2008（10）.

［12］APEC. Economic Leaders’ Declaration：Delivering to the Community. Bandar Seri Begawan：Brunei Darussalam，2000（11）.

［13］Asian Development Bank. Designing and Implementing Trade Facilitation in Asia and The Pacific，Mandaluyong City，Philippines：Asian Development Bank，2008.

［14］UNCTAD. World Trade and Development Report 1994. New York and Geneva，1994.

［15］Wilson J. S.，Mann C. L.，Otsuki T. Trade Facilitation and Economic Development：A New Approach to Quantifying the Impact. The Word Bank Economic Review，2003，17（3）.

“一带一路”战略视域下自由贸易区与自由贸易园区的嵌入机制

高　健1，李世杰2

（1. 海南大学土木建筑工程学院；2. 海南大学经济与管理学院）

一、引言

在中国新一轮对外开放的道路上，中国选择了不同于其他发达国家或发展中国家的发展模式，独特的发展模式特征之一就是中国经济极大程度地融入到世界市场[1]。当前不断崛起的中国，提出了宏伟的“一带一路”国家战略，倡议打造“五通三同”、积极主动参与各种全球性或地区性经济合作组织，完成或正在进行和一些国家签订自由贸易区协定、在国内根据功能需要建立符合国情、省情的自由贸易园区等。这些都是中国持续扩大对外开放推动中国改革的重大举措，引起学术界的研究热潮。

当前我国学者对“一带一路”战略既有的文献研究可分为三个阶段。在第一阶段，2013 年 10 月国家主席习近平访问印尼首次提出“一带一路”战略构想之后到 2014 年，“一带一路”战略开始频繁见诸各类媒体。从研究层面来看，由于“一带一路”战略的具体内容、所涉及标志性路线等并未有明确的阐释。学者大多依据自身对“一带一路”战略的理解，从不同层面予以解读。在这一阶段，各地政府的关注点主要集中在“一带一路”战略的经济、政治和文化内涵方面考虑，深度挖掘本地区在“一带一路”战略中的历史存在和现实价值，便于从“一带一路”战略中获得更多利益。学者在这一时期对“一带一路”的研究成果涌现，涉及多个方面。例如，在战略考量层面，袁新涛探讨“一带一路”国家战略的重大意义及建设过程中所面临的机遇与挑战[2]；刑广程认为，“一带一路”是中国构建与国际社会命运共同体的战略之梯[3]；陈万灵与何传添论述了新时期“一带一路”战略下的经贸定位及国家间的博弈[4]。在参与建设方面，吴崇伯结合福建资源及区位优势，提出福建参与“一带一路”建设的优势、挑战与对策[5]；邹立刚从法学的角度，探讨了海南省应在中国—东盟共建南海“海上丝绸之路”的战略上发挥重要作用[6]。

以建立丝路基金和亚投行为标志，“一带一路”战略研究进入第二阶段。中国政府所提出的“一带一路”战略构想，在国际上获得许多国家的积极响应。2014 年 11 月国家主席习近平宣布，中国将出资 400 亿美元成立丝路基金，并建立亚洲基础设施投资银行，欢迎亚洲区域内外投资者的积极参与。这一阶段，学界开始聚焦探讨寻找推进“一带一路”建设的切入点。刘翔峰认为亚投行和“一带一路”目标一致，互为支撑、相互呼应，实现两者的顺利对接是推进“一带一路”建设和亚投行发展的关键[7]。张建平和刘景睿认为通过建立丝路基金启动一批重大建设项目，可推动“一带一路”建设从倡议走向实质[8]；王凤山在分析“一带一路”战略意义的基础上，探讨了宁波—舟山港作为浙江的龙头港口参与“一带一路”建设的必要性和优势，并提出了以龙头港口对接国家“一带一路”战略[9]。

2015 年 3 月博鳌亚洲论坛上《“一带一路”愿景与行动》的发布，表明“一带一路”战略已不再只是一句空洞的“口号”，而是一系列实实在在、摸得着的具体措施。相应地，对之的研究也进入了第三阶段。这一阶段是国家务实推进“一带一路”建设及国内各地区对接国家“一带一路”战略规划的关键时期。在国家层面，“一带一路”战略的内容被高度概括为“五通三同”，其中经贸畅通属于核心要义，也是推进“一带一路”建设的关键一步。关秀丽认为自贸区与“一带一路”相互之间关系紧密，加强彼此间的有机对接和战略联动，将为我国新一轮对外开放提供有力支撑[10]；王勇提出“珍珠链”，将各个自贸区比如每个珍珠，而“一带一路”是串起这些珍珠的丝线，提出推进落实“一带一路”，较为可行的途径是将自贸区与“一带一路”战略对接[11]。

已有研究成果明确指出，自由贸易区应当是“一带一路”战略的重要组成部分，但对于自贸区对接到“一带一路”战略的机制尚未有所解读。本文梳理了学者对“一带一路”战略的研究脉络，试图分析自由贸易区、自由贸易园区与“一带一路”国家战略之间的深层关系，以期为今后“一带一路”战略的更深层次研究提供一点线索。

二、自由贸易区、自由贸易园区嵌入“一带一路”战略机制分析框架

2015 年全国两会期间的总理政府工作报告中提出，把“一带一路”建设与区域开发开放结合起来，并将“一带一路”建设与自由贸易区、自由贸易园区建设都列为构建全方位对外开放新格局的内容。本文认为，自由贸易区、自由贸易园区与“一带一路”国家战略存在战略内洽性。自由贸易区是“一带一路”国家战略的外部依托平台，自由贸易园区是“一带一路”国家战略的内在落实基点。

（一）自由贸易区与自由贸易园区的内涵辨析

自由贸易区与自由贸易园区虽只一字之差，但却是两个不同的概念范畴。然而，笔者在文献梳理过程中发现，不少文献中对两者不加区分，都统一简称为“自贸区”。因此，本文首先对自由贸易区与自由贸易园区内涵进行辨析，从定义与功能两个角度论述其内在差别。

按照世界贸易组织（WTO）对自由贸易区的定义：自由贸易区（Free Trade Area，FTA）是指“由两个和两个以上关税领土所组成的，对这些成员领土间的产品的贸易，已实质上取消关税或其他贸易限制的集团”。《京都条约》对自由贸易园区也有细致的解释：自由贸易园区（Free Trade Zone，FTZ）是指“一国的部分领土，在这部分领土内运入

的任何货物就进口税及其他税而言，都被视为在关境之外，免于实施惯常的海关监管制度。”显然，两者在概念上存在本质性区别。从定义上来看，自由贸易区是两个或者两个以上国家或地区之间通过签署具有法律效力的贸易协定来规定双方之间的优惠政策。自由贸易园区是在一国之内由该国单方面自主给予的优惠政策，无他国参与，也不需要与相关国家和单独关税区签订具有法律效力的协定。从功能上来看，自由贸易园区可作为一国在制度政策等方面创新的“试验田”。例如，以探索制度创新为核心、金融为重点、融资租赁走在全国最前列的中国（天津）自由贸易园区，以探索投资贸易便利化为核心任务的中国（上海）自由贸易园区等。而自由贸易区内相关制度政策在贸易协定签署之后便已经敲定，不具有自由贸易园区的灵活性，却在双方提升经贸水平上发挥重要作用。例如，中国—东盟自由贸易区 2014 年双边贸易额为 4803.94 亿美元，而未签署自贸协定前中国—东盟的双边贸易额仅 1561.08 亿美元。

（二）FTA、FTZ 与“一带一路”国家战略中的内洽关系

“一带一路”国家战略的提出由着深刻的时代背景。从国内层面来看，中国经济运行放缓，内生动力不足，亟须为过剩产能的释放寻找新的突破口；同时，中国巨额的外汇储备并未给实体经济带来任何红利，反而推高了国内通胀率。从在国际层面看，以美国为首的部分西方国家为主导亚太地区未来政治、经济等格局，削弱亚太国家经济联合发展的主动权，自行推出标准更高的 TPP 和 TTIP；中国经济快速增长引起别有用心国家的污蔑并以“中国威胁论”妖魔化中国和平崛起；南海争端恶化中国和平崛起的周边环境。

面对国内外的复杂政治、经济格局，中国迫切需要新的对外开放战略来应对，而“一带一路”战略正是统筹国内、国外两个大局，谋划世界经济和中国经济的重大战略设计[12]。同时，2008 年金融危机至今，世界经济复苏较为缓慢，各国都在想方设法扩大对外投资和贸易，走出经济低迷的困境。中国经济较之前处于低潮阶段，但对比于世界其他国家，中国经济仍然处于上升期，而一个上升中的大国更加愿意推动国际贸易

体系的开放[13]。

中国经济要跟上全球自由贸易区发展的趋势，参与国际经贸规则制定、在世界经济新格局中拥有话语权，提出并推行“一带一路”，无疑是画龙点睛的战略之举。其中，重塑自由贸易格局的自由贸易区战略，将有助于中国拓展中国与“一带一路”沿线国家的贸易链条；打造国内自由贸易园区，将是深化国内改革、接轨世界市场的关键之举，使“一带一路”国家战略在中国有了根植土壤。自由贸易区、自由贸易园区与“一带一路”国家战略间存在的内在逻辑关系（见图1）。

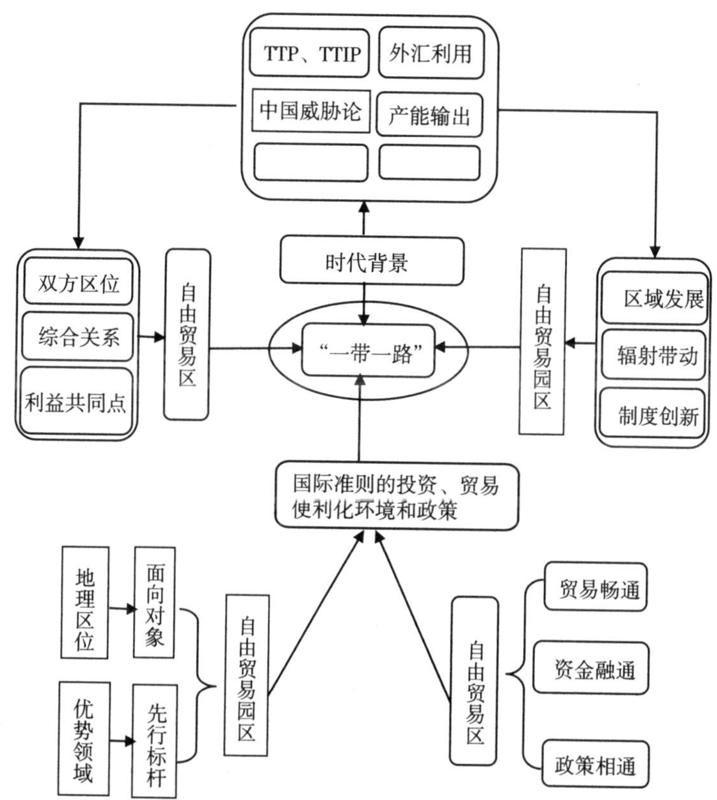

图1 自由贸易区、自由贸易园区与“一带一路”国家战略的内在逻辑关系

1. 自由贸易区嵌入“一带一路”国家战略的机制分析

在国际层面，与“一带一路”沿线国家建立更多的双多边自由贸易区，开拓新市场。就中国而言，“一带一路”沿线国家大多属于发展中国家，拥有丰富的资源，然而国内基础设施较为落后，需要强国伸出援手来改善国内恶劣的环境，更需要参与到更多的自由贸易协定当中，从中获得更大的利益，提高本国经济的增长。同样，中国的发展也离不开这些发展中国家，其一，通过与“一带一路”沿线国家建立自由贸易区，是我国全面深化改革、构建外向型经济新体制的不二选择；其二，输送国内过剩的产能，获取发展中国家丰富的资源，为人民币成为世界“硬通货”迈出坚实的一步；其三，树立良好的“大国”形象，向世界昭示“和平崛起”，“一带一路”是和平之路、共赢之路，是将中国改革的红利、经济增长的动力向沿线国家传递。就“一带一路”沿线国家而言，据相关资料显示，“一带一路”辐射53个国家、94个城市，而各个国家在投资贸易上均有符合自己国家国情的相关标准及规则，制度上的障碍难以逾越，另外，在WTO也无法满足大多数国家的利益诉求时，继而寻找新的“自由贸易区”合作模式成为各个国家共同的心声。中国作为世界第二大经济体，有责任、也有能力在世界经济之中发挥引领主导作用，通过“一带一路”战略向周边、沿线国家甚至全球传递中国声音，建立以实现“五通三同”为主要目标、沿线各国共享、无任何歧视及附加条件的大区域自由贸易网，为中国及沿线各国创造构建符合自身利益的机遇。

在考虑双方之间区位地理条件（主要是为了在建立自由贸易关系的同时是否可借此机会开拓与其他国家建立自由贸易区，如中国与哈萨克斯坦建立自由贸易区，为中国深化与中亚其他国家经贸合作提供了机遇）、综合关系以及利益共同点的基础之上建立双多边自由贸易区，通过自由贸易区的功能：贸易畅通、货币流通、政策相通等融合“一带一路”国家战略所倡议的“五通三同”，逐步构建起“一带一路”沿线上的自由贸易区域链条。

2. 自由贸易园区嵌入“一带一路”战略的机制分析

在国内层面，根据我国战略布局需要，探索和建立以制度创新为核心的自由贸易园区，“一带一路”统筹的是国内、国外两个大局，将全国各个省份和地区都考虑在内的全国性战略，在国内建立自由贸易园区，是各个省份和地区挖掘自身优势，参与到“一带一路”沿线区域经济合作的重要抓手，也是各个省份和地区探索机制体制创新，转变经济发展方式的重大引擎。目前在我国国内已建立四大自由贸易园区，分别为：上海、福建、广东、天津自由贸易园区，其中，上海、广东、福建自古以来就在“一带一路”中扮演着重要作用，而天津作为北方的国际航运中心、经济中心以及新亚欧大陆桥东端起点，对“一带一路”的国内核心区域和相关国家均具有较强的经济辐射与联动作用[14]。

首先，在各地地理区位的基础上，明确本地区建立自由贸易园区所面临的有效对象（如福建自由贸易园区明确表示要突出对台优势，广东自由贸易园区以京津冀协同发展作为主要突破口）。其次，挖掘本地区的优势产业及领域，成为建立自由贸易园区先行先试的一块标杆。再次，以优势产业及领域为主，在自由贸易园区内探索为之配套服务的可行政策、促进经济增长的创新发展模式及能够在国际上通行的国际规则，以制度创新为核心，辐射带动本地区及其他地区产业协同发展。最后，自由贸易园区内成熟的经验政策、发展新模式及规则大面积向“一带一路”沿线经济区域推广。在设立自由贸易园区区的同时需要考虑三个方面，一是，是否有利于解决中国区域发展不平衡问题；二是，是否有利于为政策制度创新提供“试验田”；三是，是否有利于辐射带动其他地区或其他产业的协同发展。

三、自由贸易区是“一带一路”战略的依托平台

在《“一带一路”愿景与行动》中，国家赋予“一带一路”准确的战略定位，即实现“五通三同”。“一带一路”国家战略提供的是一个全面的综合性合作框架，体现的是合作领域、合作机制、合作宗旨的融合。

如果将“一带一路”战略比作成一张拼图，各个分散的图版都是其中不可或缺的一部分，在拼图时，我们总是先找出核心图版进行定位，作为拼图的第一步，并由第一步决定下一张版图的位置，相互之间环环相扣。同理，“一带一路”战略中的核心要义是贸易畅通，通过建立自由

贸易区作为推进“一带一路”建设优先启动的有效途径。依据是，自由贸易区与“一带一路”战略存在“交叉”之处（政策沟通、贸易畅通、资金融通），这也是以自由贸易区融合到“一带一路”国家战略的关键所在。总体而言，自由贸易区作为推动“一带一路”建设中的应有之义，理应成为构筑“一带一路”国家战略的依托平台。

根据统计，截至2015年底，中国已正式签署15个国家间的自由贸易区，正在进行谈判的自由贸易区有7个，正在研究的自由贸易区有2个（见表1）。

表1　中国与部分国家已签署自由贸易协定情况

自由贸易区	开放水平	利益共同点	作用
中国—东盟	到2018年，对东盟自贸区和中国—东盟自贸区所有成员国零关税	地缘、政治、安全等方面存在较多利益共同点	中国—东盟经济一体化
中国—新加坡	取消所有原产于中国的进口产品关税；中国取消97.1%原产于新加坡进口产品关税	中方“中国—东盟”——新方“参与中国区域经济发展,促进中国‘企业’走出去”	区域经济一体化；中国—东盟自由贸易区建设
中国—澳大利亚	澳大利亚对中国所有产品关税最终均降为零，中国对澳大利亚绝大多数产品关税最终降为零	中方“一带一路”——澳方“面向亚洲”	亚太经济一体化
中国—巴基斯坦	各自零关税产品占税号和贸易量的比例均达到90%	中方“一带一路”——巴方“与中国建立全天候伙伴关系”	深化南亚经贸合作
中国—瑞士	瑞方就将对中方出口商品的99.7%实施零关税，中方将对瑞方出口的84.2%最终实施零关税	中方“中欧”经贸——瑞方“企业进入中国市场”	深化中欧经贸合作
中国—韩国	双方货物贸易自由化比例均超过“税目90%、贸易额85%”	中方“中国—东盟”——韩方“韩国—东盟”	亚太区域一体化；中国东北亚自由贸易区成长成为现实

资料来源：根据中国已签署自由贸易协定及各国政府官网整理。

表1中列举部分与中国已签署自由贸易协定的国家。这些国家均处于“一带一路”沿线上，利益共同点是双方签署自由贸易协定的基本根基，在推进“一带一路”建设上能够发挥重要作用。以中国—澳大利亚自由贸易区为例。2015年6月17日，中国与澳大利亚正式签署自由贸易协定，在WTO贸易原则的基础之上实施更优惠的政策条件，协定规定，在开放水平上，澳大利亚对中国所有产品关税最终均降为零，中国对澳大利亚绝大多数产品关税最终降为零。中澳自由贸易区的建立存在一定必然性，在这里有必要了解澳大利亚的“面向亚洲”战略，澳大利亚基延执政期间提出：澳大利亚必须继续提高其贸易实绩，而这就需要日益成为亚洲的一个部分。中国作为亚洲最大的发展中国家，拥有巨大的市场潜力，无疑是澳大利亚争取经贸合作的不可或缺的伙伴之一，而中国倡议的“一带一路”战略更是为澳大利亚“面向亚洲”战略提供了更广阔的发展空间，中国“一带一路”的建设需要澳大利亚的支持，澳大利亚“面向亚洲”战略也离不开中国，在这种共同利益导向下，双方决定成立中澳自由贸易区，共同推进亚太经济一体化进程。

从总体来看，目前“一带一路”建设的推进离不开与“一带一路”沿线国家自由贸易区的建立，因为，通过建立自由贸易区可拉紧双方的经贸关系、政治关系、货币流通等。而这恰好也是中国“一带一路”战略宗旨。因此，要以建立自由贸易区利益共同点为切入点，立足周边，逐步向“一带一路”沿线辐射，积极参与到更多的双边或多边自由贸易区谈判中，来突破“一带一路”的建设。例如，中韩自由贸易区的建立，将会成为“一带一路”在东北亚区域打造自由贸易区的标杆，带动更多东北亚国家参与其中。

四、自由贸易园区是“一带一路”国家战略的落实基点

在中国国内，目前已形成各有侧重、各有战略重心的四大自由贸易园区（见表2）。四大自由贸易园区主要任务不同，在定位上也有所区别，但是四大自由贸易园区的最终目标是一致的，就是嵌入到“一带一

路”战略，服务“一带一路”建设，自由贸易园区是“一带一路”国家战略落实基点。为更好地衔接“一带一路”战略，四大自由贸易试验区根据自身优势，发挥自身优势，深入探索各具特色的对外开放的新高地。

表2 中国四大自由贸易园区情况

省区	主要任务	面向地	定位
上海	加快政府职能转变；扩大投资领域的开放；推进贸易发展方式转变；深化金融领域的开放创新；完善法制领域的制度保障	世界各国	投资贸易便利化、货币兑换自由、监管高效便捷以及法治环境规范等方面担当先行者
广东	营造法治化国际化营商环境，优化法治环境；推进粤港澳服务贸易自由化，扩大对港澳服务业开放；强化粤港澳国际贸易功能集成，推进贸易发展方式转变；推动适应粤港澳服务贸易自由化的金融创新；推动投融资汇兑便利化	侧重港澳合作	依托港澳、服务内地、面向世界，打造“粤港澳深度合作示范区、21世纪‘海上丝绸之路’重要枢纽和全国新一轮改革开放先行地”
天津	制度创新—突出天津特色，为国家试制度；服务京津冀，为新区谋发展；重点发展新金融；融资租赁业在全国走在前列	京津冀协同发展	成为京津冀协同发展高水平对外开放平台、全国改革开放先行区和制度创新试验田、面向世界的高水平自由贸易园区
福建	建立有利于科学发展和深化两岸交流合作的体制机制；发展高新技术新产业和新服务业，构建区域性国际贸易中心；发展现代临港产业，完善配套的服务体系	突出对台自由贸易	“制度创新的试验田、深化两岸经济合作的示范区和建设21世纪‘海上丝绸之路’的核心区”

资料来源：根据中国四大自由贸易园区实施方案整理。

（一）上海自由贸易园区

上海作为国内经济、金融、贸易和航运中心，也是全国首个获批的自由贸易园区，“将继续在投资贸易便利化、货币兑换自由、监管高效便捷以及法治环境规范等方面担当先行者”，围绕服务“一带一路”战略，把扩大开放与机制体制创新相结合、把自贸试验区功能与政策创新相结合，形成与国际投资、贸易通行规则相衔接的制度框架。必须指出一点，“一带一路”战略旨在全球视野下构建中国对外开放新格局，那么，上海自由贸易园区则是在投资自由化、贸易便利化、金融国际化、行政管理简化等方面先行先试，立足于自由贸易试验区内先行先试的政策，待试验区政策逐步成熟、放开，慢慢变成其他区域共享的政策，即大面积向外推广试验区成熟的政策，适用到其他自由贸易园区和自由贸易区中，更好的服务于国家的“一带一路”战略，为我国扩大开放、深化改革探索新思路和新途径。

（二）广东自由贸易园区

广东毗邻港澳，一直以来广东与港澳在经贸、文化交流等方面联系密切，与此同时，广东也是古“海上丝绸之路”上的重要一部分，广东自由贸易园区战略定位“依托港澳、服务内地、面向世界，打造粤港澳深度合作示范区、21 世纪“海上丝绸之路”重要枢纽和全国新一轮改革开放先行地”，推动中国内地与港澳经济深度合作。具体体现在以下三个方面：一是，在贸易方面，推进粤港澳贸易标准和规则相衔接，打造新型国际贸易规则园区，探索对接国际高标准的规格体系，共同加强与 21 世纪“海上丝绸之路”沿线国家和地区的贸易往来，开拓国际市场。二是，在航运方面，建立自由贸园区与粤港澳海空港联动机制，建设 21 世纪“海上丝绸之路”物流枢纽，探索具有国际竞争力的航运发展制度和协同运作模式。三是，在金融方面，推动以人民币作为主要货币在自由贸园区与港澳地区及国外跨境大额贸易中的结算，推动自由贸易园区金融服务业对港澳地区进一步开放等。

（三）天津自由贸易园区

天津作为中国北方最大的沿海开放城市、近代北方最早对外开放的沿海城市之一，天津自由贸易园区确立以“制度创新为核心任务，以可复制可推广为基本要求，努力成为京津冀协同发展高水平对外开放平台、全国改革开放先行区和制度创新试验田、面向世界的高水平自由贸易园区的战略定位”，天津自由贸易园区旨在以制度创新为核心，探索促进区域经济发展创新模式，促进京津冀协同发展来辐射带动国际一流自由贸易园区，推进租赁业政策制度创新，形成与国际接轨的租赁业发展环境，打造具有天津特色的金融租赁管理新模式。

（四）福建自由贸易园区

福建作为“一带一路”建设核心区，与台湾隔海相望，突出的地理区位优势使福建自由贸易试验区的战略定位“围绕立足两岸、服务全国、面向世界的战略要求，充分发挥改革先行优势，营造国际化、市场化、法治化营商环境，把自贸试验区建设成为改革创新试验田；充分发挥对台优势，率先推进与台湾地区投资贸易自由化进程，把自贸试验区建设成为深化两岸经济合作的示范区；充分发挥对外开放前沿优势，建设21世纪“海上丝绸之路”核心区，打造面向21世纪“海上丝绸之路”沿线国家和地区开放合作新高地”。福建自由贸易园区着力加强闽台交流机制体制的创新、闽台产业合作的新模式、闽台服务业深度开放等，以此来推进对外开放和深化两岸经济合作。

五、研究结论

本文依托“一带一路”国家战略的研究成果，在对自由贸易区和自由贸易园区内涵进行细致区分和辨析的基础上，厘清自由贸易区、自由贸易园区与“一带一路”国家战略的深层次逻辑关系；构造自由贸易区、自由贸易园区与“一带一路”国家战略内洽机制框图，并分别解析国际层面上自由贸易区与国内层面的自由贸易园区，嵌入“一带一路”国家战略的内在机制。进一步结合中国已签署自由贸易协定国家情况及中国国内设立四大自由贸易园区的发展定位，讨论了以自由贸易区融合、以自由贸易园区嵌入为基本依托的“一带一路”国家战略驱动机制。研究表明，作为“一带一路”国家战略中的重要有机组成部分，自由贸易区建设是“一带一路”国家战略的对外依托平台；自由贸易园区建设是

“一带一路”国家战略的对内落实基点；自由贸易区、自由贸易园区两大战略支点，共同构成了“中国版”世界自由贸易政策框架，并成为当前中国推进“一带一路”国家战略落地、建设的最有效途径。

[本文发表于《海南大学学报》(人文社会科学版) 2016 年第 4 期]

参考文献

[1] Christopher A. . McNally, “Sino - Capitalism: China’s Reemergence and the International Political Economy” [J] . World Politics, 2012 (4): 741 - 776.

[2] 袁新涛. 丝绸之路经济带建设与21 世纪海上丝绸之路建设的国家战略分析 [J] . 东南亚纵横, 2014 (8): 3 - 8.

[3] 邢广程. 海陆两个丝路: 通向世界的战略之梯 [J] . 学术前沿, 2014 (4): 90 - 95.

[4] 陈万灵, 何传添. 海上丝绸之路的各方博弈及其经贸定位 [J] . 改革, 2014 (3): 74 - 83.

[5] 何崇伯. 福建构建21 世纪海上丝绸之路的战略优势、挑战及对策 [J] . 亚太经济, 2014 (6): 109 - 113.

[6] 邹立刚. 中国—东盟共建南海海上丝绸之路的战略思考 [J] . 海南大学学报 (人文社会科学版), 2014 (4): 39 - 45.

[7] 刘翔峰. 亚投行与“一带一路”战略 [J] . 中国金融, 2015 (9): 41 - 42.

[8] 张建平, 刘景睿. 丝路基金: “一带一路”建设的启动器 [J] . 国际商务财会, 2015 (5): 9 - 13.

[9] 王凤山, 丛海彬, 冀春贤. 宁波—舟山港对接“一带一路”的探析 [J] . 经济论坛, 2015 (1): 57 - 62.

[10] 关秀丽. 加强“一带一路”与自贸区战略对接 [N] . 经济日报, 2015 - 03 - 24 (9).

[11] 马勇. 将“一带一路”与自贸区战略无缝对接 [N] . 上海证券报, 2015 - 03 - 25 (2).

[12] 李世杰，王成林.21 世纪“海上丝绸之路”建设：经贸纽带与战略支撑［J］.海南大学学报（人文社会科学版），2015（3）：17－23.

[13] Stephen D. Krasner. “State Power and the Structure of International Trade”［J］. World Politics，1976（3）：317－347.

[14] 张倪. 四大自贸区对接“一带一路”开启强强联合新思路［N］. 中国经济报，2015－03－17（2）.

21世纪“海上丝绸之路”建设背景下的海南—东盟经贸合作研究

高　健[1]，刘景涛[2]，李世杰[2]

（1. 海南大学土木建筑工程学院；2. 海南大学经济与管理学院）

一、绪论

习近平主席在出访东盟国家时，提出中国愿同东盟国家共同建设21世纪“海上丝绸之路”。古老的“海上丝绸之路”自秦汉时期开通以来，一直是沟通东西方经济文化交流的重要桥梁，而东南亚地区自古就是“海上丝绸之路”的重要枢纽和组成部分。习近平总书记基于历史，着眼于中国与东盟建立战略伙伴十周年这一新的历史起点上，为进一步深化中国与东盟的合作，构建更加紧密的命运共同体，为双方乃至本地区人民的福祉而提出的战略构想。

位于中国最南端、地处改革开放前沿的海南，是中国最大的经济特区和唯一热带岛屿省份。自中国—东盟自由贸易区全面启动以来，海南省也在不断加大对东盟市场的开拓力度，经贸合作发展迅速，进出口贸易逐年增多。2013年，海南对东盟贸易额为168.5亿元；2014年海南对东盟贸易额为174.1亿元，其中出口贸易额97.9亿元，增长82.6%，是海南最大出口市场。海南与东盟各国在气候、资源、产业发展上的相似性，使海南在与东盟开展多领域合作方面具有较好的基础和独特的优势。近年来，海南积极凭借中国—东盟博览会和泛珠三角区域合作与发展等平台，加强与东盟各国的合作。

随着我国对外经济开放的不断深入和建设21世纪“海上丝绸之路”的提出。中国与东盟之间的经贸往来变得越来越频繁。海南是连接中国和东盟经贸往来的重要桥梁，研究21世纪“海上丝绸之路”背景下海南—东盟的经贸合作，不仅有利于海南在新的形势下拓展与东盟诸国的全面经贸合作，促进海南区域经济快速发展；同时，也有助于推动海南不断嵌入中国面向东南亚国家的对外贸易链条，并逐渐成为中国—东盟经贸合作的重要纽带；而且，作为拥有最大海域的省份，海南肩负着率先践行国家海洋战略的历史重任任务，有责任在深化与东盟经贸合作、拓展海洋经济发展空间等方面给国内其他沿海省份提供经验借鉴和示范样板。更重要的是，基于海南处于南海航线桥头堡和“一带一路”沿线支点地区的特殊战略位置，海南应当利用“海上丝绸之路”建设契机，推动与南海邻邦地区的经贸交流与合作开发，不断拓展在南海区域的经济存在和文化存在，服务于中国经略南海周边、实现蓝色崛起的宏大战略。总之，海南省不断嵌入“海上丝绸之路”经济格局，发展与东盟诸国的经贸关系，不仅仅是推动海南省经济增长的需要，而且已成为捍卫中国海洋权益的紧要任务，成为中国海洋大国战略的重要组成部分。

本文旨在基于对海南与东盟当前经贸发展现状的分析，运用SWOT分析法探索其发展对外经贸合作的优劣势，发现海南在开展与东盟经贸合作过程中所遇到的问题，以探索并最终提出全方位的，有针对性的对策建议，既服务于国家宏观战略，又可促进海南经济快速发展。

二、海南与东盟诸国的经贸合作现状及存在问题

（一）经贸合作现状

1. 双边贸易额持续快速增长

自中国—东盟自由贸易区建设启动以来，海南与东盟贸易合作持续快速增长，双向互动交流的进程加快，合作范围不断扩大，合作的空间与内

容不断拓展，双边经贸关系蓬勃发展。海南与东盟的进出口贸易日益频繁且贸易额持续快速发展。2013 年东盟成为海南第一大贸易伙伴，海南对东盟贸易额为 168.5 亿元，创历史新高，增长 62.3%，增长速度在沿海省市位居第一名。2014 年海南对东盟贸易额为 174.1 亿元，其中出口 97.9 亿元，增长 82.6%，是海南最大出口市场；自东盟进口 76.2 亿元，下降 22.2%；贸易顺差 21.7 亿元，而去年同期为逆差 40.83 亿元。

2. 积极“引进来”和“走出去”

海南充分发挥地缘优势和人员优势，加大招商引资力度，积极吸引东盟各国投资，利用外资规模不断扩大，同时积极鼓励企业走出去。目前东盟十国共有 7 个国家来琼投资，共设立企业 800 多家，合同外资 38. 26亿美元，实际投资 16. 42 亿美元。东盟十国投资企业主要从事酿酒、造林、造纸、饲料加工、印刷、房地产、酒店经营等领域。与此同时，海南已有一些有实力的企业逐步“走出去”，开始进军东南亚市场。例如，金鹿农机发展股份有限公司在印度尼西亚和马来西亚设厂，椰岛集团、绿晨香蕉研究所在老挝投资农业种植加工项目，科思实业有限公司在柬埔寨投资房地产，四行通信工程有限公司在柬埔寨投资电信项目，海南亚龙木业有限公司投资越南中密度纤维板公司等。

（二）存在的主要问题

1. 贸易规模偏小，现代服务业基础薄弱

自中国—东盟自贸区启动以来，海南与东盟国家的贸易规模逐年扩大。2014 年，海南与东盟双边贸易总值达 174.1 亿元，而同时期的广西为 1221.8 亿元，广东为 6832.8 亿元，海南的优势地位没有发挥出来。在现代服务业方面，海南没有建立起一个对东盟的现代服务体系，现代服务业的基础设施薄弱，服务业企业实力较弱，层次较低，整个现代服务业发展速度较慢，服务贸易从业人员专业人才少，缺少复合型人才。

2. 出口市场相对集中，出口商品结构有待优化

海南的东盟市场主要在越南，2014 年海南与东盟贸易总额为 174.1 亿元，其中越南进出口贸易总额达 78.9 亿元，约占海南与东盟双边贸易总额的 45.3% ，为海南在东盟的最大贸易国。2014 年海南省出口总额为

271.38 亿元，其中对东盟出口 97.9 亿元，占出口总额的 36.1%，海南的出口市场比较集中，这对于分散国际贸易风险十分不利。海南对东盟出口以成品油、机电产品、尿素和电线电缆，主要为中、低附加值的资源密集型和劳动密集型产品为主，出口商品结构不合理，使出口规模不宜扩大，创汇能力较弱。

3. 市场竞争激烈，文化创新不足

随着美国高调重返亚太，美、日、澳、新和欧盟等发达国家依靠自身雄厚的资本和先进的技术，以经济援助或者直接投资等方式，扩大东盟市场，争取与东盟实现贸易自由化，与东盟国家发展经贸关系，部分国家还附带政治意图。同时新兴大国的印度，也非常重视与东盟发展贸易关系，积极推行东进战略，占领东盟市场。国外竞争激烈，国内省份也没有闲下来，也在积极采取措施加强与东盟经贸关系，广东省与东盟隔海相望，是著名的侨乡，而且经济发达，一直是国内与东盟贸易的第一大省；云南省、广西省与东盟的陆路相连，地缘优势也很优越。2014 年与东盟贸易额分别达到 879.3 亿元、1221.8 亿元，另外湖南、四川、重庆等周边省市纷纷加大与东盟经贸力度，拓展东盟市场，海南面临来自国内外的多重挑战。在文化方面，由于对文化产业性质认识模糊，海南与东盟文化交流的发展相对滞后，如对文化交流市场作用的认识不够充分，文化体制改革滞后，整体创新能力不强，没有建立起资金、技术、人才等各个方面的竞争机制，使文化管理体制及文化市场发育相对滞后，文化事业的投入偏小，文化设施缺乏，并不平衡，文化产业科技含量不高，制约文化的交流和发展。

三、海南—东盟诸国经贸合作的 SWOT 分析

中国—东盟自由贸易区建设启动以来，海南利用自身的优势，采取各种方式发展与东盟的经贸合作关系，取得较好的成效。但要清醒地看到，在发展与东盟的贸易合作中，广西、广东、云南三省抢先行动，在经贸合作的领域和成效方面都远远地超过了海南。建设 21 世纪“海上丝

绸之路”是海南的又一次重大发展机遇，特殊的历史、区位、政策、外交、人文优势，使海南在建设21世纪“海上丝绸之路”、深化与东盟经济合作的进程中，具有不可替代的重要地位和作用。要充分发挥海南的这些独特优势，积极争取海南纳入国家21世纪“海上丝绸之路”建设总体规划和部署。同时也不能忽视其劣势，要恰当利用有些劣势并转化成优势，立足本土特色，趋利避害。准确定位找到契合国家战略和海南自身优势的产业模式、重点项目。为此，我们必须对海南与东盟经贸合作做客观科学的SWOT分析。

SWOT分析法即态势分析法，经常用来分析区域战略制定、竞争和对手分析场合，可以帮助区域把资源和行动聚集在自己的强项和发展最大机会的项目和领域。SWOT分析实际上是对区域的内外部条件各方面因素进行比较、综合和概括，进而分析竞争优势和劣势，面临的竞争机会和威胁的一种方法。海南与东盟经贸合作的SWOT分析如下：

（一）独特优势（Strengths）

1. 深厚历史文化基础

海南扼古代“海上丝绸之路”之要冲，是古代“海上丝绸之路”的重要开拓者、参与者和管理者。唐宋时期，海南岛就成为中西商船往来的避风港、补给港以及大陆、东南亚国家及本岛特产的重要中转集散地；明朝郑和下西洋，七次经过海南岛；海南历代渔民根据远航经验手绘的《更路簿》，是古代“海上丝绸之路”的重要历史航经；南海大量的古代外沉船和出水文物，是古代“海上丝绸之路”重要的历史见证；近代以来，以东南沿海为通道的商贸以新的形式进行，但海南作为中转、补给、避风的交通枢纽地位并没有改变。

2. 战略区位优势

海南位于亚太经济圈的中部地带，还处在泛珠三角经济圈和东盟自由贸易区两大最具活力的经济区域之间。方位上北临以广州、香港、深圳为中心的珠三角，南临东盟自由贸易区。这些在世界经济增长中最为活跃、最有生气、最具潜力的经济区域的生长壮大，必将会带动海南经济社会发展。随着世界经济区域化、集团化的进一步发展，海南与东盟各国在经济上的联系和依赖将不断加深，使各经济主体在自由贸易区中迅速捕捉各种经济发展机遇，重构以产业链、价值链为纽带的新型经济关系而形成新的合作增长区。

3. 先行先试的政策优势

海南处在国家海洋强国战略、“海上丝绸之路”战略、海南国际旅游岛建设战略三大战略的重合点上。这是海南发展与东盟经济合作的最大优势。国家政策支持是海南深化与东盟各国经济合作的强大后盾；“三大战略”的贯彻落实，会使海南享有更多的对外开放优惠政策；海南可利用国家赋予南海海域的管辖权，加强对东盟的睦邻友好合作，在国家授权下，搁置争议，共同开发，共同发展。

4. 广泛拓展的外交优势

我国周边外交、多边外交的重要平台——博鳌亚洲论坛已经成为海南的特色品牌，在亚洲地区特别是在“海上丝绸之路”沿线国家中具有重要影响并日益发挥着增强政治互信、凝聚合作共识的重要作用；三亚首脑外交和休闲外交基地潜力正在不断凸显，岛屿观光政策论坛、中非合作圆桌会议平台，已经成为海南开展对外友好合作新的重要平台。这都为海南打造面向东南亚的21 世纪“海上丝绸之路”区域开放合作平台和前沿基地打下坚实基础。

5. 文化相通的人文优势

琼籍华侨主要集中在东南亚各国，人数达200 多万。华人群体一般在当地都比较富裕，为数不少的华人还是当地政教商界的头面人物。他们大多会说海南话，具有共同的文化心理，其宗族和乡情观念很强，各种海南同乡会馆遍布东南亚各地。海南与东盟各国由琼籍华侨带动，在历史上一直有着密切的经济文化交往。血浓于水的乡土情结所形成的巨大凝聚力，将是海南与东盟各国进一步发展合作深厚的人文渊源基础。

6. 地理毗邻区位优势

海南紧靠东盟各国，横隔在中国大陆和东盟各国之间，是中国与东盟联系的重要枢纽。地理和人缘上的相靠相依、相近相亲，使海南容易作为一个相对独立的地区融入东盟经济圈，也将成为联结东盟与中国内地市场的重要桥梁和纽带。另外，海南与东盟在气候、资源、区位、人文等方面浑然一体，这是一种天然合作条件。海南可利用气候、资源相同等优势，加速与东盟构建产业协作体系，有效地在东盟经济圈内整合和利用资源，以发展海南的优势产业和特色产品。

（二）相对劣势（Weaknesses）

1. 相似的气候、资源条件

海南与东盟各国同处热带地域，气候和地理环境条件极为相似，资源结构、经济结构、产业结构和产品结构雷同或差异小，出口商品具有较高的重合度，弱化了资源和市场的互补性，削减了互通有无的贸易机会。

2. 同水准的经济技术条件

海南与东盟大部分国家均属于发展地区，在相似的资源条件下，以农业和劳动密集型产业为主，产品档次低、附加值小，各自的比较优势不明显，相互之间用于贸易的产品种类少、结构简单，制约着贸易规模的扩大。

3. 岛屿型经济市场条件

海南与东盟多国同属岛屿型经济。海南人口少，岛内市场狭小，容量有限，相互的贸易需求不足，进出口商品受制约。另外，岛屿型经济往往受诸多封闭因素影响，发展加工贸易也会因成本相对增加而受到制约。

4. 相对落后的运输条件

海南没有完全建立联通大陆内地的货运通道，使优良港口的作用大大减弱，无法最大化地发挥背靠大陆、面向东南亚的双向直接辐射带动作用。发展转口贸易则要加大货物起落、存储和运输等成本，削弱了进出口商品的竞争力。

5. 海南经济整体实力弱

海南省比较年轻，属于我国欠发达省份，经济总量和规模较小，人口数量不大，交通相对不便，经济技术水平低，自主创新能力不足等。

（三）重要契机（Opportunities）

1. 海南是中国最大经济特区，享有多种优惠政策

建设国际旅游岛，海南将成为外国游客进入中国旅游、中国公民前

往东盟各国旅游或东盟各国进入内地旅游的国际旅游集散地，促进海南与东盟旅游服务贸易的发展。届时，海南也必将成为国内外游客购物的商品集散地，引发对海南和东盟各国特色产品的大量需求，促进海南与东盟货物贸易的发展。

2. 海南实行"两大一高"的产业发展战略

海南实施"大企业进入、大项目带动、高科技支撑"的产业发展战略，中石化、中海油等大企业的进入，洋浦保税港区建设，大大增强了海南产品的出口能力和原料的进口能力。依托文昌航天基地建设将兴起一批航天科技等高技术产业，促进海南产业结构的优化和升级，海南经济技术条件的进步会快于东盟，比较优势将逐渐显现，增强海南对东盟贸易合作的竞争力。

3. 海南可以利用对南海海域的管辖权加强与东盟合作

南海是中国与东盟临南海国家领土和权益争端的焦点，海南利用国家赋予南海海域的管辖权，加强对东盟的睦邻友好合作，在共同发展的旗帜下，在国家授权下搁置争议，共同开发，争取与物流、运输、商务等更多领域的合作，真正融入东盟经济圈，不断形成新的合作增长点，从中争取更多的贸易合作的机会。

（四）面临挑战（Threats）

1. 零关税的实行加剧了市场竞争

自由贸易区建成后实行零关税，不仅加剧了海南与东盟各国同类产品在东盟市场上的竞争，而且还会让东盟各国的热带水产、热带作物、热带水果、瓜菜等通过各种渠道进入中国内地市场，挤占海南农产品的内地市场和份额并将造成很大的冲击。

2. 海南对外贸易发展水平较低

在发展与东盟贸易合作中，国内各省市交通先行，会展先行，使海南在贸易市场竞争中处于弱势。海南港口物流因必须转口而加大成本，容易被广西的港口以及直通越南的陆路通道所代替；技术性产品贸易，容易被兼具地利和市场纵深的广东所垄断。

3. 海南地区外向型企业实力弱小

海南的大企业凤毛麟角，小企业没有品牌，缺乏核心技术和自主知识产权，不了解国外市场和国际游戏规则等，海南的企业实力、产品质量都无法适应自由贸易区建成后的剧烈市场竞争，使海南在发展东盟贸易合作中处于十分被动的地位。

四、海南深化与东盟经济合作的对策建议

（一）加快构建与东盟的产业协作体系

首先，以两个市场、两种资源为依托，制订区域经济合作规划。以海口、三亚、洋浦等为轴心，推进泛北部湾城市发展合作联盟的形成，构建面向东盟的北部湾城市群；以石化、机械、冶金、信息、船舶、渔业等产业合作为纽带，推进形成泛北部湾跨国产业集群；积极与有优势互补的东盟企业“联姻”，开发热带水产、热带农产品及热带资源型的品牌产品打开外销市场；利用自身的优势，与东盟建立长期稳定的资源供应机制，进口椰子、桉木片、煤炭、原油、天然气等原料发展海南的特色产业或优势产业；通过充分发挥海南—东盟海上通道的作用，加强和泛北部湾各国港口物流合作，加快产业合作与发展，促进相互贸易与投资，通过区域合作促进港口群和产业群发展。其次，探索设立临海加工贸易工业园区。可以考虑在洋浦设立内陆省市区专属经济园区，重点吸引东盟和内陆省市投资主体进入，建立电子、家电、纺织、机械、设备等零配件组装、来料加工、加工转口贸易等生产基地，广泛整合资源和技术，发展面向东盟的外向型飞地经济，推动产业集群发展和合理布局，形成产业对接走廊，开发优势产业和产品，占据东盟和内地两大市场。

（二）扶持外向型企业创建出口品牌发展与东盟的贸易合作

大力培育外向型中小企业以扩大东盟市场份额，制定促进中小企业出口和国际化战略的政策法规，建立为中小企业出口经营服务的组织机构，为企业提供商务信息、法律咨询、投资环境介绍和中介服务；支持中小企业积极开展与东盟的贸易，特别是要确立“一县一品”或“一乡

一品”的品牌战略，在保护好生态环境，不搞“遍地开花”的前提下，打造出自己的出口品牌。

（三）建设面向东南亚、背靠华南腹地的航运枢纽中心

加强港口体系建设，整合现有港口资源，以洋浦保税港、海口港两大港口为“双核”，以东方八所港、文昌清澜港、三亚港等为支撑，加快推进港口信息化、通关现代化建设，积极推动国际客运和大宗货种专业化码头建设，争取把海南重要港口建设成为中转港。进一步优化港口结构和布局，建立利益共享机制，实现港口、产业互动发展，重点打造一批在东南亚国家具有竞争力的港口和海运中心，将海南建设成为区域海上互联互通网络中心。

（四）推进海南与东盟金融领域合作体系建设

充分利用中国政府对中国—东盟自由贸易区支持的资金、亚洲基础设施投资银行和丝路基金的有利条件，推进海南与东盟金融领域合作体系建设。充分了解国际游戏规则，建立起符合国际惯例的外贸合作体制机制，以保证与东盟贸易合作稳定快速发展。优先允许符合资质的海南和东盟的金融机构在对方互设分支机构，参股对方金融企业。同时，利用中央赋予海南经济特区和建设国际旅游岛的先行试验权，放开手脚，采取更加开放灵活的政策，以国际化管理和经营的理念，完善通关、财税、信贷、结算等政策支持。

（五）争取中央项目和相关政策支持

海南在整体经济实力上较弱，财力有限。发展与东盟合作、充当中国—东盟合作的支点，是服务国家战略的行为，需要国家给予项目和相关政策支持。目前，应鼓励有条件的单位积极申报符合海南实际的相关基金项目，以项目促进与东盟各国在海洋经济、海上互联互通、海洋科研环保、防灾减灾、海洋文化与教育等领域的广泛交流与合作。

（六）加强海南和东盟国家的科技文化交流

首先，促进在科技研究、研究、应用等方面合作。加强在各方共同感兴趣的领域的科技合作。共同促进各方的有关行业的科技人员开展学术交流活动，鼓励各方高等院校、科研机构开展多种形式的科技交流活动。其

次，加强教育合作，形成长效交流机制；考虑设立东盟国家留学生奖学金，鼓励更多东盟留学生到海南学习。此外，可以发挥海南与东盟国家人文合作优势，加强文化体育、影视出版等方面的交流合作；推动建设文化产业园区，文化精品，传承历史文化，弘扬传统友谊，推动交流合作。

五、研究结论

近年来，海南与东盟对外经贸合作不断加深，东盟海南已成为海南最大的贸易合作伙伴。建设21世纪“海上丝绸之路”的提出为海南进一步深化与东盟经贸合作提供了契机，虽然海南与东盟地缘相近、人文相亲，双方有着悠久的往来历史，并且日益紧密，在发展与东盟的区域经贸合作上，海南有着得天独厚的优势。但也存在劣势和一些问题，如海南与东盟相似的气候资源条件、经济技术条件、海南整体实力较弱等劣势以及贸易额偏小、出口商品结构不合理、创新不足等问题。本文通过分析海南与东盟经贸合作现状及存在问题，提出深化海南与东盟经贸合作的对策建议。在21世纪“海上丝绸之路”建设过程中，海南应抓住这次重大机遇，找准自身定位，发挥区位优势和资源优势，以更积极的姿态开展与东盟诸国在经济、文化等领域的合作交往，全面深化与东盟经贸关系，把海南建成服务于“一带一路”战略的南海服务合作基地。

参考文献

［1］邹立刚．中国—东盟共建南海“海上丝绸之路”的战略思考［J］．海南大学学报人文科学版，2014，32（4）：115－120.

［2］杨会祥．以侨为桥建设21世纪“海上丝绸之路”的思考［J］．南方论刊，2014（12）：154－159.

［3］王双，张雪梅．沿海地区借助“一带一路”战略推动海洋经济发展的路径分析［J］．理论界，2013（11）：93－98.

［4］黄卫平．新丝绸之路经济带与中欧经贸格局新发展［J］．中国流通经济，2015（1）：187－192.

[5] 刘新生．携手打造新“海上丝绸之路”［J］．东南亚纵横，2014（1）：132－136.

[6] 吴涧生，张建平，杨长湧．我国与东盟共建21世纪“海上丝绸之路”的内涵、潜力和对策［J］．中国经贸导刊，2014（36）：56－61.

[7] 吕余生．深化中国—东盟合作，共同建设21世纪“海上丝绸之路”［J］．学术论坛，2013（12）：103－109.

[8] 吕余生．21世纪“海上丝绸之路”的产业合作探索［J］．东南亚纵横，2014（11）：39－44.

[9] 唐姣美，钟明容．广西打造21世纪“海上丝绸之路”的研究［J］．北方经贸，2015（2）：259－265.

[10] 吕余生．构建海陆交汇的新支点——广西在“一路一带”建设中的使命与战略［J］．城市观察，2014，34（6）：131－136.

[11] 陆芸．近30年来中国“海上丝绸之路”研究述评［J］．丝绸之路.2013（2）：332－337.

[12] 廖玉玲，黄优．浅析影响中国与东盟经贸关系因素［J］．钦州学院学报，2007（4）：89－94.

[13] 周苹，姜雅飞．中国—东盟经贸关系的发展与深化［J］．广西财经学院学报，2012（1）：27－33.

[14] 罗婕．中国—东盟自由贸易区背景下广西承接国际产业转移过程中的合作关系管理究［J］．企业技术开发，2015（1）：123－127.

[15] 周观琪．中国—东盟自由贸易区成立对云南—东盟农产品贸易的影响［J］．云南民族大学学报，2011，28（2）：145－149.

[16] 赵豫蒙．中国—东盟自由贸易区对海南经济发展的影响与对策建议［J］．国际经贸，2011，32（2）：59－63.

[17] 王相东．中国—东盟零关税对海南农业的影响与对策研究［D］．海口：海南大学，2012.

[18] 王桂程．中国—东盟主要贸易商品结构分析［J］．企业科技与发展，2010（12）：11－14.

[18] 罗婕．中国—东盟自由贸易区背景下广西承接国际产业转移过

程中的合作关系管理研究 [J]. 企业技术开发, 2015, 34 (1): 79-83.

[19] 陈小丽. 中国—东盟自由贸易区的构建对中国的经贸影响研究 [D]. 武汉: 武汉理工大学, 2005.

[20] 徐新华. 海南省与东盟多边贸易促进研究. [J]. 发展研究, 2012 (1): 41-48.

第二篇

一带一路”战略与南海资源开发

南海资源开发和服务基地建设在“一带一路”国家战略中的地位和作用

张　本（海南大学海洋学院）

根据国家发展改革委、外交部、商务部联合发布的《推动共建丝绸之路经济带和21世纪海上丝绸之路的愿景与行动》，“一带一路”建设旨在促进经济要素有序自由流动、资源高效配置和市场深度融合。结合海南的区位条件、资源优势和21世纪“海上丝绸之路”沿线国家与地区的市场需求，对南海资源开发和服务基地建设在“一带一路”国家战略中的地位和作用，提出以下构思：

一、在港口空间布局上，形成“四方五港”的临港产业物流园区的经济格局

“四方五港”即为北有海口港，南有三亚港，东有龙湾港，西有洋浦港和八所港，还有规划中的木栏港，高效配置全省港口资源，还可扩展至邻近的航空港资源，依托港口形成临港产业和物流网络结构体系，充分发挥港口在陆海统筹中重要作用，为南海资源开发提供全方位服务。“四方五港”中，重中之重是海口港，要加强基础设施建设，建成全省现代化水平最高、吞吐能力最强的综合性枢纽港口，大力发展临港产业和港口经济，带动琼北经济区的快速发展。三亚港以邮轮母港和规划建设中的三亚新机场及临空产业园区为核心大力发展滨海旅游产业，带动琼南经济区的快速发展。洋浦港和九所港以油气综合加工和储备为中心，为南海油气资源开发与勘探提供综合服务，推进南海油气资源的深度开

发。龙湾港依托博鳌亚洲论坛日益扩大的国际影响力，可望建成具有浓郁海南民族文化特色的龙湾港文化产业示范园区；龙湾港距离21世纪“海上丝绸之路”的国际海运主航道仅有55海里，区位优势突出，届时有希望建设成为国际中转港口。通过“四方五港”，主要瞄准东南亚、南亚、中东、非洲、南美等发展中国家和地区的市场，开拓经贸新线路，促进市场融合，以利于改变近年外贸出口下滑的被动局面。港口又是国际经济合作交流的重要平台，与“海上丝绸之路”沿线国家和地区互惠互利，共同发展，带动和推进海南在21世纪“海上丝绸之路”建设中的可持续发展。依港兴城，港城联动，富民强市，是世界港口城市发展演变的普遍规律。因此，可以说港口功能是滨海城市发展的核心功能，积极为国家大局服务、为海南扩大开放服务。

与港口和临港产业物流园区相配套的是运输船队和航道建设。海南要迎合21世纪“海上丝绸之路”沿线国家与地区的市场需求，大力开拓国际贸易，必须加大运输船队建设的力度。南海航道又是当今世界上最繁忙的国际航路之一，是21世纪“海上丝绸之路”必经之地，航行安全是最基本最重要的保障。在航路上，建设水文、气象观测预报站，环境保护监测站，浮标和灯塔等助航设施，海上搜救基地，防海盗基地等是海南义不容辞的担当。

二、以南海油气综合开发业为主导建设南海资源开发和服务基地

在已经发现的南海资源中，首推油气资源，南海蕴藏有数百亿吨石油、上百亿吨油当量的天然气、数百亿吨油当量的可燃冰。南海油气资源，不仅由于储量大而引人注目，而且因开发潜力大、产值高、经济效益显著、产业关联度大、带动面广而得到重视。油气的综合开发，能够全面带动和促进诸如油气和海盐化工业、海洋渔业、海洋交通运输业、海洋矿产深加工业、海洋旅游业等南海资源的开发，乃至海南全省国民经济的全面发展，推进区域经济的快速发展，有可能在较短时间内迅速

提升区域经济实力。做大做强油气综合开发业，是海南经济跨越式发展的重大举措。南海油气勘探和开发有国家的统筹计划，海南可在油气精深加工等下游产品和产业上大做文章，根据21世纪“海上丝绸之路”沿线国家和地区市场需求，生产出更多更好的产品，发展“海上丝绸之路”经贸经济。海南要突出“特”字，创新体制，扩大开放，加快发展，既更好服务国家战略，又促进地方经济的发展。所以，加快将海南岛建成南海油气综合开发和服务基地，不仅是21世纪“海上丝绸之路”建设的重要内容，而且有利于捍卫南海的海洋权益，有利于强省富民。

三、海洋旅游产业要形成本土特色，突出差异性

滨海旅游是海南国际旅游岛的龙头产业，总体上发展很快，但缺乏国际竞争力，境外游源开拓乏力。近几年，三亚和海口入境旅游收入下降，除了开放度较低和旅游管理不善之外，一个重要原因就是与东南亚和南亚热带滨海旅游景区缺乏异质性有关。吸引国际客源除了要有现代最高端的旅游设施和生态文明外，更重要的是深挖“海上丝绸之路”的历史文化元素，打造本土的黎族文化、南海文化，塑造海南人文独特魅力，形成自己特有的民族风情，让自然和人文共同绽放异彩。要着力研究开发具有热带海岛特色和地方文化艺术特色的旅游产品，建设旅游产品产业化生产基地，在提高竞争力上狠化功夫，创品牌，出精品。与此同时，还应集中有限的力量，重点开发三亚、海口、三沙等优势旅游景区，创建本土特色的旅游品牌体系，并在旅游资源开发和管理上的不断探索和创新管理模式，充分调动旅游者的自律性和管理者的能动性，使城市管理和旅游管理井井有条，既温馨又浪漫，在世界众多旅游名胜中脱颖而出，成为世界一流的海岛休闲度假旅游目的地。

要加大旅游开放力度，实行旅游免税购物、竞猜型彩票等开放政策，吸引境外旅客，为建设热带海岛旅游购物型自由贸易区创造条件，使其成为我国旅游业改革创新的试验区。旅游购物型自由贸易区是目前世界上对外开放层次最高、政策最优惠、功能最齐全、区位优势最明显的旅

游特区。如美洲加勒比海地区的旅游购物型自由贸易区。

四、发展高新科技，支撑南海生物资源综合开发

南海因地处热带，面积大、平均水深在1200多米，海洋生物资源物种多样性和生态多样性丰富而著称。

首先是海洋渔业资源急待深度开发。据中国水产科学研究院南海水产研究所新近的南海中南部渔业资源摸底调查初步发现，南海中沙、西沙中层海域蕴藏有巨量的渔业资源，特别是鸢乌贼资源量大，是我国当前乃至未来可以利用的大宗战略海洋生物资源。鸢乌贼资源如何深度加工利用，转化为有价值的营养食品和商贸产品，需要高新技术支撑。要加快三亚崖州中心渔港、文昌铺前中心渔港、东方八所中心渔港、儋州白马井中心渔港等中心渔港和西南中沙渔业补给基地的配套达标建设，加快发展外海捕捞业，加大水产增养殖业发展力度，进一步发展水产品精深加工与流通业，建设好桂林洋水产品精深加工产业化生产基地和水产品物流园区，拓宽水产品的美、欧、日、俄等国际市场，加快渔业现代化步伐。

南海有众多珊瑚礁礁盘，初步估算总面积达3.8万平方千米。珊瑚礁礁盘内外海洋生物资源丰富多彩，不仅是南海生物资源的宝库，而且也是不可多得的热带海洋旅游资源。要在珊瑚礁礁盘水产品增殖生产上组织科技攻关，发展礁盘生态经济。然而，珊瑚礁礁盘生态系统十分脆弱，如何科学保护与开发？须要高新科技支撑。南海深海区底部蕴藏有众多人们未知的深海生物资源，等待探索和开发。

更为诱人的是南海蕴藏有丰富的海洋生物药物资源，仅初步探索研究，至少有上万种潜在的芋螺毒素天然药物急待开发，被国际公认为是海洋药物资源的宝库。海南大学海洋学院“长江学者”罗素兰教授领军的科技创新团队从事芋螺毒素药物研究已历经十多个年头，已分离克隆到100多个新型芋螺毒素基因，已人工合成了20多种新型芋螺毒素，有的已获得国内外发明专利，且在亚太和国际毒素药物学术界有相当的影

响，等待开发成新药。这些毒素肽在镇痛、脑神经疾病、心脏疾病等多种疑难杂症治疗新药领域具有极好的应用前景。但从专利到产品之间还有一段漫长的路程，须要有大量人力和财力投入，产学研协同创新是关键，须要更好发挥政府的协调作用。

总而言之，南海生物资源深度综合开发，高科技、高投入、长周期、高效益、高产出，加快发展高新技术，产学研协同创新是必由之路。

五、深度开发石英砂等海洋矿产资源，开拓丝路沿线新市场

海南岛潮间带和近海海域是著名的石英砂富集区之一，储量位居全国之首，且具有矿层厚、二氧化硅含量高达97.4%的特征，属于优质石英砂矿。丰富的砂矿资源有利于发展石英砂开采和深加工、优质浮法玻璃深加工、高档日用玻璃、超白太阳能玻璃、信息基础材料等大型的综合性硅材料产业。海南已建有国内最大的高端特种玻璃生产基地——中航特玻。中航特玻将海南得天独厚的滨海石英砂、天然气、港口、洁净的环境资源和全球领先的节能环保玻璃制造工艺技术相结合，在澄迈马村建设生产高端节能玻璃、电子薄片玻璃、透明导电膜镀膜玻璃、光伏级超白玻璃、汽车玻璃、电子产品玻璃和和制镜玻璃基片等，可开发的后续产品还有很多，用途广泛，市场广阔，要打出“中国制造2025”走向全世界。以石英砂为基础材料的生产基地还有海南汉能和海南英利光伏产业。建立石英砂—工业硅—多晶硅—单晶硅—电池片及组件—太阳能光伏电站系统产业链，组成高科技绿色能源产业链，可以建成有较强市场竞争能力的光伏产业基地。光伏产品在当前欧、美、日市场竞争十分激烈的形势下，开拓21世纪“海上丝绸之路”沿线的光能资源丰富的发展中国家和地区产品市场，应引起重视。

海南滨海砂矿——钛铁矿、锆英石、独居石和石英砂常为共生或伴生，形成海滨复合砂矿床，且具有矿矿体大多出露地表，具有易开采、品位高、质量好的特点，为发展高附加值的材料工业提供了资源基础。钛和锆金属材料耐高温、耐腐蚀，是航天工业的重要原材料，是值得重

视的产业。除此之外，西沙群岛、南沙群岛和中沙群岛海底蕴藏有数量可观的锰结核和钴结核资源。它们富含锰、钴、镍、铜、金、铂等贵金属，是很有开采价值的海底矿床，据估算蕴藏量高达上万亿吨锰结核矿，是海洋未来产业需要开发的资源。

根据国家标准《海洋及相关产业分类》（GB/T 20794）以上石英砂等海洋矿产资源开发产业都归类于海洋产业，是不可忽视的，是“一带一路”建设中的国家重要财富。

六、海水资源大有开发前景

海水不仅是海水淡化取之不竭的资源，而且还有许多其他开发价值。南海海区海水盐度在32～35，比我国其他海区高出3～5千分点，而且南海的太阳辐射强度大，常风大，晒盐自然条件良好，食盐质量高，因而莺歌海盐场、莺歌海日晒优质盐，在华南地区首屈一指。海盐是基本化工原料，是“化工之母”。海水中还含有钾、溴、镁等80多种元素，开发前景良好。

以海水为生产载体的海水农业已经成为海洋新兴产业。海水农业的发展已超越了传统的海洋捕捞业和海水养殖业范畴，扩展到海洋牧场、礁盘增殖业、海水灌溉蔬菜、海洋休闲农业等，甚至连同它们产品的加工业形成的产业链为产业分支的新兴产业群。特别可喜的是，我国在海水稻选种育种和推广种植上已取得重大突破，海水灌溉大面积的水稻已成为现实，是对人类的重大贡献。鉴于南海海洋面积广阔，光能充足，大力发展海水农业，对推进食品、能源多元化进程，缓解气候环境保护压力，保障食品和能源安全和社会可持续发展均具有重大意义。

以海水为载体的海洋能——潮汐能、波浪能、潮流能开发已进入应用阶段。南海因水深和地处热带，表、底层海水温差大，为海水温差能的开发利用提供的优越条件，是海洋能利用的重要方向。此外，还有南海太阳能的开发利用等等，都是低碳、绿色、可再生能源。

综上所述，南海海洋资源开发前景美好，产业化生产将有重大进展，南海资源开发和服务基地在21世纪“海上丝绸之路”建设、海洋强国和海南海洋强省建设中的重要地位和作用，是不言而喻的。正因为如此，笔者将以上海洋产业入列海南海洋经济强省建设的战略性产业，旨在促进经济要素有序流动和产业结构升级，可望推进海南经济迈上新台阶。除此之外，南海的区位和资源优势在国家发展战略上的地缘价值、主权价值、国家安全价值、外交价值、经济价值等，都占有举足轻重的地位和作用。

“一带一路”国家发展战略对海南的发展是机遇又是挑战。为了实现以上发展战略，提出几点政策性建议：

（1）加强对21世纪“海上丝绸之路”沿线国家和地区的调查研究。要深入民情，相通民心，查明市场需求和进出口贸易政策等，做到知己知彼。要脚踏实地从海南的实际出发，在21世纪“海上丝绸之路”的建设中找准自己的定位，进一步挖掘我们的优势，优化贸易和旅游结构和政策，培育出独具特色和竞争力的商贸经济和旅游经济。

（2）建立交流与合作平台，加强21世纪“海上丝绸之路”建设的各种交流与合作。在查明情况的基础上，应有针对性联合举办丝路沿线兄弟省市的国际论坛、产品展销会等，开展多种多样的投资、贸易、文化交流活动，沟通交流机制，寻找共同点和合作点，推进互联互通，深化利益融合，促进共同发展，实现合作共赢。

（3）加强政府间政策沟通是21世纪“海上丝绸之路”建设的重要保障。丝路建设操作的主体是企业，操作方式是市场化。然而，中国政府统筹国内多种资源，各国政策法律又存在较大的差异，只有加强政府间合作，制定互相配套、相互适应的因地制宜的政策，才能为企业和市场提供更好的服务，催化市场深度融合。

（4）推动税收创新，增强国际竞争力，实行入境、投资、购物便利化、利率市场化等政策。整合形成商品国际转口贸易、仓储物流、商品展示、产品研发、出口加工以及相配套的金融、保险、国际信息交流等现代旅游经济综合功能，力争创建旅游购物型自由贸易区，促进海南国际旅游岛经济特区和旅游特区功能扩展。

（5）科技支撑，推动创新驱动发展。开拓21世纪“海上丝绸之路”沿线市场，竞争是必然的，竞争是永恒的，产品和产业指标的先进性首当其冲，源头是科技创新。科技创新，重在人才建设。海南缺少的是人才，是创新团队的建设。建议省委省政府尽快出台诸如《海南省高层次人才医疗保障实施办法》等吸引人才政策，尊重知识，关爱人才，充分调动科技人才的主观能动性。要搭建更多更好的科技创新平台，协调好产学研协同创新，加强科技支撑力度，推进创新驱动。

（6）狠抓城市的经营管理。作为省会城市海口、国际滨海旅游城市三亚在生态与环境等自然条件方面，具有无可比似的优势；但在城市交通管理、文化和文明素质、城市卫生等方面，差距较大。必须狠下决心，从今天抓起，从每件事情做起，奋起直追，让海南国际旅游岛跟上21世纪“海上丝绸之路”的时代步伐，越来越靓丽。

中国与南海争端各方油气资源“共同开发”的困境与破解

孙　鹏　（海南大学 经济与管理学院）

从历史上来看，中国是最早发现、开发经营、管辖包括西沙群岛和南沙群岛在内的南海诸岛的国家。根据国际法的“发现原则”“先占原则”和“禁止反言原则”，中国对南海的主权主张也是无可争议的。一直以来，南海周边国家对南海主权主张一般都是延续上一政权的主张，如越南声称对其法国殖民政府的历史继承权；菲律宾现在的主张与菲律宾独立后的官方非正式声明也存在一定的承接性，所谓的“南海问题”并不十分突出。但在20世纪60年代末70年代初，联合国亚洲和远东经济委员会会（ECAFE）的考察报告指出，南海海底蕴藏有大量的石油资源，此后1982年《联合国海洋法公约》又获通过，我国断续线内的部分海域与南海周边的其他国家可拥有的专属经济区、大陆架等所在海域重叠，周边各国开始对南沙群岛的全部或部分声称拥有主权，开始勘探开发那里的石油资源，使南沙群岛的主权纷争不断激化。在利益的驱使下，南海周边国家利用地理优势，不断侵入我国断续线内，侵吞油气资源。

一、南海油气开发的非合作博弈

（一）南海油气开发的纯策略博弈描述

本文首先建立完全信息下的纯策略动态博弈模型来分析当前南海油气资源开发的典型态势。我国对南海海域以及南海诸岛（尤其是南沙诸岛）拥有无可争辩的主权，对南海油气资源拥有勘探、开发权，博弈模型中属于主权方，南海周围国家利用其有利的地理优势对我南海诸岛以及丰富的资源不断地进行侵蚀和抢占，在博弈模型中当属侵占方。当前的情形是侵占者（如越南等国）对我国南海诸岛以及油气资源虎视眈眈，其有两种策略：侵占、不侵占；我国（主权方）为了保有最大的国家利益力争阻挠侵占方进入，也有两种策略：宣誓主权、军事卫权。假设侵占国进入之前国家利益为 x，侵占后国家利益为 y（双方各得$y/2$），侵占成本为 z，显然有关系 $x>y>z>0$。各种战略组合的博弈树如下图所示（侵占方收益在前，主权方收益在后）：

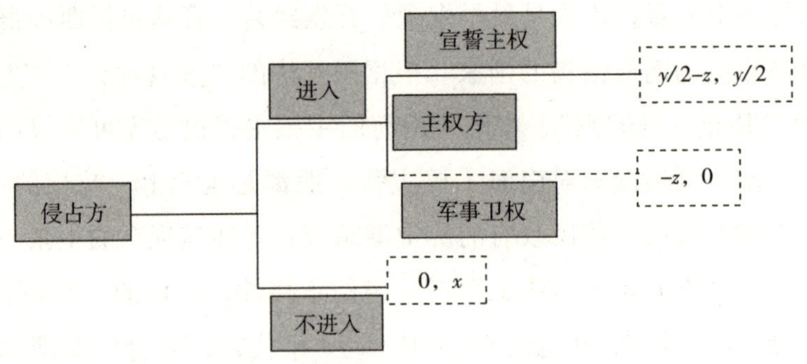

图1　南海油气资源开发博弈描述

该博弈的精炼纳什均衡是（进入，宣誓主权），与完全信息静态博弈相比，动态博弈剔除掉了（不进入，军事卫权）的纳什均衡，因为相对于一方先行动，另一方根据前行动方的行动而做出选择的情形下，主权方对侵占方的威胁（作出“你若进入我就军事卫权”的承诺）是不可置信的，一旦侵占方选择进入，主权方最优的选择是宣誓主权。此时，主权仅凭不可置信承诺无法实现国家利益最大化（x），侵占方会理性的预期到主权方的“虚张声势”，进而加紧对主权方资源的掠夺。

（二）南海油气资源开发的混合策略博弈描述

之前我们分析完全信息动态博弈条件下，主权方与侵占方的纯策略均衡结果。如果主权方并不是一定会选择宣誓主权或军事卫权，而是选择一定的概率进行军事卫权，此时将涉及混合策略均衡问题。假定主权方（中国）在给定的侵占国预期的军事卫权的概率条件下选择实际的军事卫权的概率，并且主权方还将考虑如果不采取军事卫权，油气资源被侵占方盗采将导致国家利益遭受损失。因此采用马龙（2010）设定的主权方的效用函数为①

$$U(\pi,y) = -\alpha\pi^2 - (y-ky')^{2'} \quad \alpha>0,k>1 \tag{1}$$

其中，π 为军事卫权的概率，y 为实际的国家利益，y'为发生油气资源盗采下的国家利益。$\alpha>0$ 表示为主权方轻易不会采用军事卫权策略，因为随着军事卫权概率的增加主权方的效用也是降低的。但军事卫权可以减少了油气资源的流失，一旦卫权收益大于卫权成本时，主权方将以一定的概率进行军事卫权。$k>1$ 表示为油气资源关乎主权方的国家利益，因此主权方国家利益的损失将高于资源流失的经济损失。② 国家利益与军事卫权的关系可以采用预期的线性菲利普斯曲线形式，即

$$y=y'+\alpha(\pi-\pi^e) \quad \alpha>0 \tag{2}$$

其中，π^e 为侵占方预期的军事卫权的概率。式（2）说明，实际的国家利益是军事卫权概率的增函数，但只有未预期到武装卫权才会影响实际得到的国家利益。

主权方是在给定侵占方预期军事卫权的条件下最大化自己的效用，即是约束条件下求效用最大化问题。式（1）、式（2）可以合写为

$$\begin{cases} U(\pi,y) = -\alpha\pi^2 - (y-ky')^{2'} \quad \alpha>0,k>1 \\ \text{s. t. } y=y'+\alpha(\pi-\pi^e) \quad \alpha>0 \end{cases} \tag{3}$$

解式（3）最优化问题可得均衡实际的武装卫权概率为

$$\pi^* = \frac{\alpha[\alpha\pi^e+(k-1)y']}{\alpha+\alpha^2} \tag{4}$$

式（4）即给定侵占方预期的军事卫权概率下主权方的反应函数。假定侵占方有理性的预期，即实际军事卫权的概率等于预期军事卫权的概率，将 $\pi^*=\pi^e$ 带入到式（4）中，求得军事卫权的概率为

---

① 马龙．南海争端的博弈分析［D］．西安：西安电子科技大学．2010.

② 事实上，侵占方侵入南海区域不仅威胁主权的矿产及生物资源，并且对主权方海上能源运输通道也造成巨大的威胁。

$$\pi^* = \frac{\alpha(k-1)y'}{\alpha} \tag{5}$$

式（5）得到了均衡时主权方进行军事卫权的概率。其表明主权国将资源流失提升到的国家利益的损失越高（k 越大），军事卫权的概率就越大；主权方国家利益对未预期到的军事卫权概率越敏感（α 越大），军事卫权的概率就越大；同时，主权方越不愿意军事卫权（或者军事卫权的成本越高，即 α 越大），军事卫权的概率就低。

下面分析侵占方的策略选择。假定侵占方选择以一定概率侵占主权方油气资源，如果侵占岛礁或海域没有油气资源，侵占方并不愿意进入，因为进入要付出一定的成本，但如果侵占后可以通过盗采资源弥补侵占成本，侵占方会选择一定的概率进入。设定侵占方的效用函数为

$$U(\theta,w) = -b\theta^2 - (w - gw')^2 \quad b>0, g>1 \tag{6}$$

其中，θ 为侵占方进入主权方岛礁或海域的概率，w 为侵占方实际的国际利益，w'为侵占方未进入时所遭受的资源损失条件下的国家利益①。$g>1$ 表明侵占方将潜在的资源盗采上升到高于国家利益的高度。同样，侵占方的国家利益与进入概率的关系为

$$w = w' + \beta(\theta - \theta^e) \quad \beta>0 \tag{7}$$

θ^e 表示主权国预期的侵占方进入的概率，式（7）表明只有为预期到进入概率才能增加侵占方的国际利益。侵占方在给定主权方预期进入概率条件最大化国家效用，因此也是约束条件下求极值问题。即

$$\begin{cases} U(\theta,w) = -b\theta^2 - (w - gw')^{2'} \quad b>0, g>1 \\ \text{s. t. } w = w' + \beta(\theta - \theta^e) \quad \beta>0 \end{cases} \tag{8}$$

求得均衡时实际的进入概率为

$$\theta^* = \frac{\beta[\beta\theta^e + (g-1)w']}{b+\beta^2} \tag{9}$$

假定主权方有理性的预期，即预期的进入概率与实际的进入概率相等，将 $\theta^* = \theta^e$ 代入到式（9），求得

① 与（1）式不同，实质是指侵占方未进入时的机会成本。

$$\theta^{*}=\theta^{e}=\frac{\beta(g-1)w'}{b} \tag{10}$$

式（10）得到了均衡时侵占方进入的概率。其表明侵占国将潜在侵占的油气资源提升的高度越高（g 越大），侵占方进入的概率就越大；侵占方对未预期到的进入概率越敏感（β 越大），进入的可能性就越大；同样，侵占方进入的成本越高，进入的概率就越低。

至此，混合策略博弈均衡的结果为（θ^{*}，π^{*}）即侵占方以 θ^{*} 的概率侵占主权方资源，主权方以 π^{*} 的概率进行军事卫权。参数的变化将决定最终的均衡结果。主权方既可以通过改变己方的参数提高武装卫权的概率，也可以间接影响侵占方得参数，降低其侵占我方资源的概率。① 后文还将具体分析这些策略。

二、南海油气开发的合作博弈分析

综观世界主要的海洋油气资源纷争，“搁置争议，共同开发”是最行之有效的解决纷争策略。有争议国家间能够实现共同开发不仅有利于尽快实施合作开发石油资源，也推动了合作国关系的发展。② 同时，“搁置争议，共同开发”也是我国多年来解决南海主权问题的一贯主张，此项主张被认为这是目前处理南海（尤其是南沙）争议的最现实可行的途径。③ 然而，为何这一有效主张在其提出了十几年之后仍未得到实现呢？各方学者都给出了很多不同的答案，一种比较流行的观点是由印度尼西亚外交官 Hasjim Djala 所提出，他将其原因归结为四点：①各声索国权益主张范围大量重叠且均不以自己声索范围为争议区域。②由于联合国海

① 诚然，本文考虑的仅仅是博弈双方间的策略以及影响最终博弈结果的行动。但现实中博弈主体受到的影响因素积极复杂，南海共同开发的背后其实不仅仅是中国和争端方的简单关系，而是涉及国际势力和不同国家国内政治因素的问题。但这些因素会间接的影响各参数变化，而只有博弈双方才能直接影响到参数变化。因此，为分析简便，本文有选择的过滤掉一些间接因素的影响。

② 胡德坤，杜婧文．二战后海洋油气资源勘探开发中的国际合作与争端研究［J］．武汉大学学报（人文科学版），2011（5）．

③ 丁宝忠，王星桥．钱其琛与东盟外长对话时指出中国同东盟各国永远是好朋友［N］．人民日报，1995－07－31（1）．

洋法公约对岛屿、岩礁的权利规定不明确，故有些声称者认为，在所有南沙岛礁全部能可以主张领海、专属经济区；另一些声称者则认为，在岩礁、暗礁上建筑设施可作为声称专属经济区和大陆架的依据。③许多声称者没有认真考虑海洋法公约中有关“半封闭海”的规定，特别是半封闭海有关再生资源的勘探与开发、海洋环境保护、海洋科学研究活动的合作等。④对共同开发的理解缺乏共识，在声称者中有一种强烈的倾向，即共同开发不能在自己的声索区域，只能在别人的声索区域，或在其声索区域之外。[①]

哈萨姆·加拉（Hasjim Djala，印尼前驻联合国、美国大使，南海冲突非正式研讨会召集人）固然提出“搁置争议，共同开发”主张在实践操作过程中所面临的一些困难，但他并没有深入剖析该项主张未能得到实现的深层次原因，也就是说即使他所提到的这四方面原因都得到了解决，是否“搁置争议，共同开发”的主张就能得以实现呢？回答这个问题还需要从有关博弈各方最本质的动机出发，我们用博弈论的视角重新审视这一主张的实施条件以及相应的解决对策。

之前我们分析的南海油气之争实质是一种非合作博弈，即争议的双方的利益是互不相容的，一方利益的增加必然伴随另一方利益的减少。主权方与侵占方都是在利益相互影响的局势中选择决策使自己的收益最大。而在南海尤其争端中我国一直主张的“搁置争议，共同开发”策略则是化解非合作博弈中负和博弈均衡[②]的有效手段。中国做出的“搁置争议，共同开发”的主张实质是做出了军事卫权的概率为零的承诺，此时由式（1）有，中国的效用水平为

$$U(\pi,y) = -(y-ky')2' \quad k>1 \tag{11}$$

由于侵占国是理性的，其预期的军事卫权概率与实际的军事卫权概率相等，则国家利益独立于军事卫权的概率（$y=y'$），说明中国采取了

---

① Hasjim Djala. The Relevance of the Concept of Joint Development to Maritime Disputes in the South China Sea［J］. The Indonesian Quarterly, 1999（3）.

② 负和博弈是指双方冲突和斗争的结果，是所得小于所失，就是我们通常所说的其结果的总和为负数，也是一种两败俱伤的博弈，结果双方都有不同程度的损失。争端是南海油气资源开发一种解决手段，其结果必然会导致两败俱伤，是争斗双方都不愿意看到的。

军事卫权但却无法从卫权中使国家利益的增加。此时将 $y=y'$ 代入到式（11）消去 y 得

$$U_h(\pi,y)=-(y-1)^2y'^2\quad k>1 \tag{12}$$

下脚标的 h 表示合作情形下效用水平。而如果中国未承诺军事卫权的概率为0，此时军事卫权的概率为式（5），将式（5）代入到式（1），求得此时的效用水平为

$$U_z(\pi,y)=-(k-1)^2y'^2(1+\alpha^2/\alpha)\quad k>1 \tag{13}$$

下脚标 z 表示争端情形下的效用。显然，经过比较有 U_z（π，y）$<$ U_h（π，y）。即中国选择最优军事卫权概率时的效用小于“搁置争议，共同开发”策略下的效用。那么为什么中国要选择一个大于0的最优军事卫权概率，而不选择零军事卫权概率的“搁置争议，共同开发”策略呢？这里主要是由于零军事卫权概率的承诺是不可置信的，我们假定侵占国相信中国的军事卫权概率为0，即 $\pi^e=0$。此时，由式（4）可知中国选择的最优军事卫权概率为

$$\pi^*=\frac{\alpha(k-1)y'}{\alpha+\alpha^2} \tag{14}$$

将式（14）、式（2）代入到式（1）中，此时的效用水平为

$$U_c(\pi,y)=-[1-\alpha^2(\alpha+\alpha^2)^{-1}(k-1)y']^2 \tag{15}$$

下脚标 c 代表中国没有兑现承诺时的效用水平。经比较可知，U_c（π，y）$>U_h$（π，y），即中国选择军事卫权概率大于零时的效用要大于军事卫权概率等于零时的效用水平。因此，即使中国承诺了零军事卫权概率，也没有动机实现，理性的侵占国会预期到这一点。所以对于其他侵占国来说，中国所做出的“搁置争议，共同开发”承诺是不可置信的。同样，站在侵占国的角度，其做出的进入概率为0的承诺也是不可置信的，理性的主权国会预期到侵占国将会选择以确定的最优概率 θ^* 进入。

综上分析，“搁置争议，共同开发”的主张无论对于主权方还是侵占方都是更优的解决办法（此时双方的效用都会得到提高），但由于缺乏行之有效的约束机制，“搁置争议，共同开发”没有生存的土壤，所以双方都陷入负和博弈的两败俱伤当中。因此，找到如何实现这一共赢主张的有效途径成为目前解决南海问题的当务之急。

三、南海油气资源开发的现实分析

我国南海油气资源被周边国家侵蚀由来已久。越南是南海油气开发中受益最多的一方，1974 年在巴地—头顿近海发现白虎、青龙和大熊三个油田之后，石油开发获得突破性进展。2006 年，越南石油产量为 36.2 万桶/天，已成为仅次于中国、印尼、印度、马来西亚、澳大利亚之后的亚太第六大石油生产国。当前其五大油田（白虎、青龙、大熊、红宝石和黎明）均已出油，但全国绝大部分原油仍产自白虎油田和青龙油田。其中，青龙油田处于中国拥有主权的海域之内，越南开发青龙油田严重侵犯了中国的主权和海洋权益。马来西亚是在南海争议海域钻井最多的国家，在 1979 年出版的一张领海和大陆架疆域图上，就把南沙海域东南部的 12 个小岛礁划为自己的范围。2005 年，马来西亚石油平均产量稳定在 80～100 万桶/日，其中天然气液体产量为 10 万桶/日左右。近年来，马来西亚不断与外国石油公司合作开发中国主权声张海域的油气资源，开发范围深入到中国传统疆界线以内 20 公里。菲律宾是最早动手侵占我国南海油气资源的国家。20 世纪 60 年代开始，菲律宾就引入石油公司，开始合作进行南沙油气资源勘探。1974 年，菲律宾将南海的礼乐滩租给瑞典石油公司进行勘探，共钻井 37 口，其中约有 7 口位于中国传统疆界线内。2003 年，菲律宾能源部开始海上新一轮公开招标，吸引了众多国际石油公司。该招标区域有近 10 万平方公里进入中国传统疆界线以内。文莱靠油气开发一跃成为南海区域人均 GDP 最高的国家。从 20 世纪 70 年代开始，文莱加强与外国石油公司的合作，对南海海域进行石油资源的勘探和开发，2000 年以来文莱的石油 95% 以上、天然气 85% 以上用于出口。文莱的石油和天然气是经济的两大支柱。印度尼西亚的石油、天然气的储量在世界上占有重要地位。石油储量约为 1200 亿桶，2007 年以来共获得 18 个新的油气发现，其中石油发现为 7 个，天然气发现为 11 个,海域为 5 个，陆上为 13 个。印尼为亚太地区唯一的欧佩克石油生产国，石油和天然气为国民经济的支柱产业，占政府收入的 20% 以上，油气出口收入占出口总收入的15%以上。

在南海周边国家加紧对南海油气资源掠夺的同时，中国一直致力于和平解决南海油气争端。自20世纪70年代中国提出在南海争议海域搁置争议共同开发的主张以来，南海争议各方向着最终的共同开发目标不断迈进，形成了一些趋向合作、协商方式解决南海油气争端的制度框架。但迄今为止，在南海争议区域内还尚未达成任何最终的共同开发协议。为何共同开发的合作机制迟迟未能达成？本节结合上文的动态博弈结果，针对南海区域的特性以及争议各方以及区域外大国等因素对南海油气资源开发博弈进行现实分析。

虽然南海油气资源共同开发的合作框架建立虽然进展缓慢，但争议各方逐渐认识到解决油气争端的最终解决办法还是共同开发，这实质是一种由非理性决策向理性决策、短视决策向长远决策的过渡。近年来中国、菲律宾、越南、马来西亚、文莱等争端国家不断加快合作步伐，向共同开发南海油气资源的目标迈进。有代表性的是2002年底中国与东盟国家签署的《南海各方行为宣言》，这一宣言又将原有处于冲突边缘的争议各方拉回到了合作的框架内。虽然宣言只是一个非常宽泛性的框架，约束力还存在一定限制，但这表明我国以及争议各方在南海问题上的态度和诚意，避免了由于短期的非理性而造成的无法挽回的冲突和突发事件。以宣言为契机，我国随后与菲律宾、越南、文莱开展了多项共同开发油气资源的前期准备工作和制度框架：如2003年11月11日，中国海洋石油总公司与菲律宾国家石油勘探公司签署意向，双方组成了联合工作委员会，联合勘探开发南海的油气资源；2004年9月，菲律宾总统阿罗约与我国领导人就南海问题达成了“通过和平方式，加强相互协调和沟通，共同开发利用南海资源”的共识，并签署了联合勘探南海资源的协议；2004年9月，文莱苏丹（国王）博尔基亚访华期间与中国签署了石油天然气合作协议；2005年3月14日，中、菲、越三国签署了《在南中国海协议区三方联合海洋地震工作协议》。这是继2004中菲双方签署在南海共同研究油气资源协议后，南海资源联合开发取得的又一新进展。2000年12月25日，中国与越南在北京正式签署了《中华人民共和国和越南社会主义共和国关于两国在北部湾领海、专属经济区和大陆架的划界协定》，结束了长达27年的北部湾划界谈判。北部湾油气资源丰富，地质构造复杂，为了避免出现跨界油气储藏区开采争端，协定的第7条中特别规定“如果任何石油天然气单一地质构造或其他矿藏跨越本协定第2条所规定的分界线，缔约双方应通过友好协商就该构造或矿藏的最有效开发以及公平分享开发收益达成协议”[①]。2006年11月16日，中国海洋石油总公司与越南石油公司签订合作协议，开始共同开发在两国海域内的北部湾油气资源。中越北部湾区域油气资源共同开发为南海油气资源的共同开发提供了一个良好的范本，在争议各方本着长远利益与合作意识的基础上，实现“搁置争议、共同开发”的合作博弈结果是完全有可能的。

但是，必须清醒地认识到，当前南海油气资源的共同开发制度框架的最终确立还面临诸多艰难和障碍，以至于谈判进展缓慢。谈判过程中，我国无法获取被他国非法侵占的南海油气资源，而外国侵占方利用谈判空挡加紧油气资源的掠夺。究其原因，主要存在以下几个方面的问题：

首先，缺乏制度约束，违约成本低廉以及争议各方利益短视阻碍了共同开发机制得以实现。前文说到，有关争议各方已经越来越认识到南海争议区域油气资源的共同开发将是未来的大趋势，也是最优的博弈结果。但问题是在合作开发的谈判过程以及最终的框架确定下，如何实现己方的利益最大化是各方争议的最终出发点，这也是导致世界各个争议区域合作谈判都旷日持久的根本原因。众所周知，南海诸岛自古以来就是中国领土，中国有充足的历史和法律文件来证明对这些岛礁拥有主权。我国提出的“搁置争议，共同开发”的主张已经得到了周边各国的积极响应和认同。但有关争议国出于短期利益最大化的考虑，允诺共同开发的同时，却一刻不停地加强对已占岛礁和海域的实际控制，并加快争议

---

① 资料来源于《中华人民共和国和越南社会主义共和国关于两国在北部湾领海、专属经济区和大陆架的划界协定》，参见中华人民共和国外交部网站 http：//www. fmprc. gov. cn/mfa_ chn/wjb_ 602314/zzjg_ 602420/bjhysws_ 603700/bhfg_ 603706/t556665. shtml.

海域油气资源攫取的步伐。2007 年 4 月，越南在南沙海域划定了部分油气招标区块，菲律宾近年来更是在南沙海域小动作不断。由上文的博弈分析可知，在纯策略博弈中，主权方对侵占方的威胁（作出“你若进入我就军事卫权”的承诺）是不可置信的，一旦侵占方选择进入，主权方最优的选择是宣誓主权。此时，主权方仅凭不可置信承诺无法实现国家利益最大化（图 1 中 x），侵占方会理性的预期到主权方的“虚张声势”，进而加紧对主权方资源的掠夺。而在混合策略博弈中，由式（12）与式（14）比较可知，U_c（π，y）$>U_h$（π，y），即使中国承诺了零军事卫权概率，也没有动机实现，理性的侵占国会预期到这一点。所以对于其他侵占国来说，中国所做出的“搁置争议，共同开发”承诺是不可置信的。同样，站在侵占国的角度，其做出的进入概率为 0 的承诺也是不可置信的，理性的主权国会预期到侵占国将会选择以确定的最优概率进入 θ^*。为何会存在不可置信的承诺呢？原因在于在合作博弈能够达成的前提是必须有一个权威的仲裁机构或者是具有较强约束利的制度安排存在。南海争议各方虽然签订《南海各方行为宣言》，这就是一种缺乏约束力的承诺，其结果必然是不可置信。同时东南亚争议国家在国家特性、社会制度和经济发达程度等方面的原因，追求利已的短期利益，没有将共同开发视为一种长期利益最大化决策的考量，加之宣言缺乏惩罚机制的制度安排，导致了违约方（侵占方）的违约成本低廉，而我国则需要顾忌诸如国际形象、国家公信力等其他方面的因素，违约成本高昂，这就导致了上文混合策略下博弈结果：侵占方以极高的概率侵占我方油气资源，而我方以极低的概率进行武装卫权。这正是当前南海油气资源共同开发的真实写照，未来实现共同开发的最终结果存有变数。

其次，我国与争议各方实力悬殊且争议区域多涉及多边争端，增加了共同开发实现难度。从力量对比的角度来看，中国和东盟各国在军事实力和经济实力方面不可同日而语。中国作为正在崛起的大国，经过 30 多年的改革开放，综合国力有了飞速的发展，成为世界经济第二大实体，现代化武器装备体系已基本形成。而反观东南亚各争议国，虽然进入 21 世纪以来，经济增长迅速，但 20 世纪发生的亚洲金融危机的阴影还没完全消除，经济体系脆弱，发展基础不牢靠。军事实力上也完全无法与中国抗衡。这种力量对比的悬殊，造成了其他争议方对中国“搁置争议，共同开发”主张的不信任，进而导致在资源开发的博弈中存在两种心理：一方面，是“光脚的不怕穿鞋的”心理，一些国家有小国的侥幸心理，经常在私下里搞一些小动作，偷偷摸摸地获取资源，认为中国不会因为他们的这些行为而大动干戈，破坏区域的稳定性；另一方面，这些国家也存在自卑与胆怯心理，自知自身实力与中国相差悬殊，不敢与中国正面抗衡，因而明目张胆地拉拢区域外大国给自己“壮胆”，抗衡中国。由前文（5）式可知，主权方越不愿意军事卫权（或者军事卫权的成本越高，即越大），军事卫权的概率就低。南海其他国家预期到了在当前的国际环境下，中国进行武装卫权的成本过高，才导致这些国家的小动作不断。另外，南海区域存在多边争端，也加大了共同开发协议的达成难度。我们知道，在南海区域，六国七方各自主张的主权区域相互重叠，错综复杂，很多岛礁以及海域都有三个以上的国家有主权要求，这样就极大地加重了博弈的谈判难度。上文分析中我们仅仅是考虑双方博弈的情形，由于影响因素重多，双方博弈的结果会异常复杂，如果将博弈主体扩展到多方，最终达成共同开发的难度将以几何基数倍增，这也是当前为何南海（尤其是南沙区域）资源共同开发一直停滞不前的重要原因。

最后，美国的亚太战略及其他区域外大国干扰，增加了共同开发实现的变数。2009年美国政府推出了“重返亚太战略”[①]以来，不断在经济与军事方面笼络东南亚各国。从2010年在APEC上力推《跨太平洋战略经济伙伴协定》（TPP），再到2014年美国首度以东道主身份主办美国与东盟之间的部长级非正式会议“美国—东盟防务论坛”，都在表明美国对呀亚太地区的干预正在逐渐加强，无论是经济上的还是军事上的合作，都使得南海争议各国在与我国的谈判或抗衡中增加很多“底气”，进而更难促成最终共同开发的实现。此外，其他一些区域外大国或为抢夺南海资源，或为遏制中国发展，也与南海各争议国家一拍即合。包括俄罗斯、

① 2012年又推出的“亚太再平衡战略”可以视为“重返亚太战略”的后续步骤。

日本、印度、澳大利亚等国在内的众多区域外大国都加强了与东南亚各国的军事以及经济领域合作，形成“反华联盟”，共同制衡、限制中国。这种情况下，中国提出的“搁置争议，共同开发”的主张要想实现必然面临诸多变数。这是由于，博弈的影响因素越多，博弈的结果就越复杂，最终达成共同开发的可能性就越小。可以说，在未来实现南海油气资源共同开发的道路上，区域外干预因素将是最大的障碍。

四、未来南海油气开发博弈的发展趋势及实现“搁置争议，共同开发”主张的对策建议

南海争端的本质在于海洋资源与海上航行权的争夺，其中，油气资源的争夺是南海争端的核心。未来随着油气资源需求的迅猛增长以及域外大国的战略部署，南海油气博弈必然呈现越来越复杂的发展态势，对此，我们必须做好充分的心理准备。

首先，未来南海油气资源博弈必然呈现出多边化的发展态势。在南海问题上，我国一直坚持传统的双边主义，即由争议双方进行谈判，不让第三方进行干涉。但这一主张未来可能会受到越来越大的挑战。南海区域内除中国外都为小国，小国与大国进行谈判时在心理上会处于不利地位，因此包括越南、菲律宾在内的一些国家极力主张将南海问题区域化、国际化，当前的主要策略就是将南海争端拉入到中国—东盟的合作框架内，这就将原有的双边谈判模式变成了多边的博弈关系，加大了谈判的复杂度和协议达成的困难度。

其次，未来南海油气资源博弈各主体必将把南海问题上升到更高的国家利益。随着陆地资源日益枯竭，海洋正变成各国博弈的新平台。南海除了蕴藏着巨大的油气、渔业以及可燃冰资源外，还是东亚通往南亚、中东、非洲、欧洲必经的重要国际航道。可以预见，未来随着经济全球化和一体化的不断深入，南海油气博弈对博弈各国的影响必然将得到进一步提升，南海问题对各国而言必然是牵一发而动全身的重大问题。这一变化将进一步加剧南海问题的敏感性以及降低最终解决争端的可能性。

最后，未来南海油气资源博弈必然受到域外大国越来越多的干预。自从2009年高调宣布重返亚洲以来，美国加紧了与南海周边国家的军事合作与战略部署。美国通过外交手段，加强与新老盟友的关系，频繁进行各类军演，欲形成军事同盟。一方面加紧拉拢菲律宾进行军事演习以及扩充海军基地海军，另一方面加紧修复与越南的关系，全面介入南海争端。此外，俄罗斯、日本、印度、澳大利亚等国对南海争端或明或暗的染指态度，竭力促成南海问题国际化，他们也是间接影响南海争端不可忽视的因素。可以说，未来随着域外大国不断介入，大国间的博弈将最终支配着南海争端的走向。

基于以上这些发展变化，我们认为从博弈的视角，实现“搁置争议，共同开发”的主张无外乎从以下几个方面进行改变：一是改变博弈双方的支付函数，从而改变双方的策略选择；二是博弈双方中的一方在博弈之前采取某种措施改变自己的行动空间，这种措施即称为承诺行动[①]，那么不可置信威胁就变得可置信，博弈的均衡结果也会做出改变。三是在博弈双方建立一种机制，使可以建立起一种具有约束力的协议，从而变非合作博弈为合作博弈，使均衡结果产生合作剩余[②]。

（一）改变博弈各方的支付函数

当存在资源开发争端时，最有效的缓和局势的办事是双方都做出让步，主权方降低军事卫权的概率，而侵占方降低进入的概率。由式（5）、式（10）可知，如若想将冲突降到最低，从而实现共同开发的愿望，必须从以下一个方面做出改变：首先，军事卫权和侵占资源的成本越高（α和b越大），双方进行合作谈判的动机就越大。因此，争议双方应全面评估在资源开发争端中己方行动所要付出的代价，将经济因素、政治因素、社会因素都考虑进来，切勿因小失大，走进“囚徒困境”的死胡同。其次，争议各方越是将争议海域油气资源的潜在效益看的越重（k、g越

① Rasmusen，Eric，1994，Game and Information：An Introduction to Game Theory，Chapters 2，4 and 5，Cambridge：Blackwell publisher.

② 合作剩余是指合作双方的利益都有所增加，或者至少是一方的利益增加，而另一方的利益不受损害，因而整个社会的利益有所增加。

大），合作博弈越难以达成。这一潜在效益不仅包括潜在的经济效益，同时也包括政治考虑和争议海域的战略地位，如果有关国家主要从政治角度看待该海域的主权，争端就难以解决；或如果该海域对争端国战略地位的重要性高于油气资源的重要性，那么相关各国也很难在该海域达成共同开发协定。[①] 争议双方应拿出最大的诚意和容忍，超越社会制度和意识形态，本着双边睦邻友好以及未来长远利益的考虑，通过对话和谈判妥善解决争议问题。最后，争议各方对为预期到对手行动越敏感（α、β越大），潜在爆发冲突的可能性就越高。因此，一方面争议各方采取行动前必须谨慎小心，切勿激怒对方采取报复性行动以使局势更加恶化，另一方面在对方采取超出预期的行动时，另一方应保持克制，力图通过对话和谈判解决问题，防止冲突的进一步升级，这样对双方来讲都是有利的。

（二）承诺行动

前文分析了，中国提出的零军事卫权概率的“搁置争议，共同开发”的主张对于侵占方来讲是不可置信的，中国没有动机兑现自己的主张，侵占方也会理性的预期到这一点。因此，必须有一种配套的机制来实现有不可置信承诺向可置信承诺的转变。一种简单的做法是中国与一个第三方打赌：如若采取了大于零的军事卫权概率，中国将向其支付 U_c（π，y）$-U_h$（π，y）效用水平的收益，此时，中国在是否兑现承诺上是无差异的，此时侵占国理性的预期到中国没有不兑现承诺的动机，从而会相信中国会采取为零的军事卫权概率。中国通过做出这样的承诺，在没有付出实际成本的情况下使效用水平由 U_z（π，y）上升到 U_h（π，y）到，从而实现双方效用提高的双赢局面。实践中，有多种方式实现这种承诺行动，如作为一个负责任的区域性大国，其所作出的承诺代表了其一贯塑造的大国形象，一旦不能兑现，将影响到未来在国际事务中的与其他国家合作和谈判的开展。因此，对大国形象维护本身就是一种承诺行动，越是想要塑造一种负责任的大国形象，这种隐性约束力就越强。另外，中国可以申请国际仲裁或是颁布国内法律来达到作出承诺目的。

---

① 胡德坤，杜婧文. 二战后海洋油气资源勘探开发中的国际合作与争端研究［J］. 武汉大学学报（人文科学版），2011（5）.

无论使用哪种承诺行动，其实质都是增加中国的失信成本，最终的效果是中国没有真正的付出成本，但通过承诺行动使自己的效用水平增加。

此外，中国在改革开放到2007年前，一直放任越菲马文等国开发石油，却没有得到合作的机会。21世纪以来，中国深海石油开发技术成熟。然而，2012年至今中文、中菲油气合作开发均无功而果。在美国的军事安全庇护下，一些国家反而更愿意发展军事力量获取相对于中国的军力平衡。这些问题说明根本放弃军事维权也是无益于争端的解决的，反而会使侵占方会变本加厉的侵蚀我国资源。因此从另一方面来讲，中国还应强化在局势进一步恶化的情况下，不排除采用军事手段解决南海问题的威慑力。中国需要澄清自己的“底线”，并做出强有力的承诺，即一旦对方越过了这一“底线”，中国将不得不采取武装卫权。这种承诺的违背成本越高，其对侵占方的威慑力就越大。如可以提高国民的海洋国土意识，强化宣传，将南海问题作为中国的核心利益来看待，决不会在在国家主权上无限度地让步，这样，如果侵占方有进一步侵蚀我南海资源的行为，不采取军事手段政府将失信于民，增加的人民的抵触情绪，无形之中提高了政府违背承诺的成本。侵占方也会理性地意识到中国不采取军事行动的成本，因此也不会做出进一步加剧地区局势的举动。此时的承诺威胁就变得可置信，最终的结果是中国在为付出实际成本的条件下阻止了侵占方进一步掠夺我南海油气资源。

（三）增进互信与交流，变负和博弈为正和博弈

在没有一个具有约束力协议的条件下，油气资源争议的双方只能进行一场“你死我活”的博弈，没有人会相信对手，亦没有人会相信对手会相信自己。在这种条件下，博弈的均衡结果往往是两败俱伤。但如果博弈各方能在某种情况下达成具有约束力的协议，那么共同开发争议资源将成为可能，合作的结果将使各方的利益都得到提高。在2002年中国与东盟十国签署的《南海各方行为宣言》（DOC）以及以此为基础正在磋商的《南海行为准则》（COC）都是南海争议各方本着增进互信与交流，避免对峙和摩擦而做出的积极举措。不可否认，这些举措为最终实现我国“搁置争议，共同开发”的主张奠定了一定的基础，但当前中国与东

盟各国间仅依靠的这种松散政治文件来规范各方的行为，其约束力还是相当有限的。对于诸如越南、菲律宾、马来西亚等对南海油气资源开发持强硬态度的国家来说，其违反 DOC 的成本较低，出于国家利益最大化的目的，上述国家很有可能暗地里进一步侵蚀我国南海油气资源，而相对违约成本较高的中国则只能被协定束缚住手脚，眼睁睁地看着自己国家的资源被他国盗采。即将出台的《南海行为准则》（COC）应当包含彼此明确的权利与义务以及相应的约束机制和违约制裁条款。

（四）做好必要的技术准备，寻找僵局突破口

我国应当在国家能源安全战略和政策中明确共同开发南海争议区域的基本方向，将南海争议区域的共同开发作为国家能源安全战略的重要内容之一，同时健全与能源合作、能源开发相关的法律制度，通过相关政策或法律弥补现有的《对外合作开采海洋石油资源条例》关于争议区域开发的空白，为南海争议区域共同开发活动提供法律依据。

要实现与南海周边邻国共同开发争议区域，我国应当发挥主动，积极与相关国家进行磋商，努力达成共同开发协定。在磋商的过程中，既要与周边邻国进行全面谈判，又要有重点的选择区域和对象进行磋商，要注意预防其他几个国家达成一致排斥我国在南海争议区域的利益。我国可以先就不涉及岛屿问题的争议区域的共同开发问题进行磋商，重点选择资金和技术相对薄弱的国家，必要时可以在共同开发的利益方面做出一定限度的经济让步。目前的首要工作是打开我国在南海争议区域陷入的僵局，争取实现在该区域共同开发零的突破。

南海主权争端的复杂程度要大于世界任何一个海域的主权争端。南海问题涉及六国七方，内部关系错综复杂，再加上区域外大国如美国、日本、印度、俄罗斯、澳大利亚等国干涉，更使未来南海局势变得扑朔迷离。在南海南部南沙海域，由于争议各方主张的海域相互重叠，争端往往涉及的不仅是双方，有些区域存在三方甚至四方的争端，海域涉及的争议国家越多，那么各方之间的分歧和争端就越是难以调和，达成最终的共同开发的难度就越大。到目前为止，世界各国对争议地区共同开发的协定都属于双边协定，可见，当涉及三方以上时，达成最终协议的难度会大大加大。因此，中国还应从更具约束力的双边协定入手，拓展双边关系，建立具有双方均等约束力的政治以及经济文件。同时避免使用过分的强硬态度，以免南海诸国依仗东盟共同对抗中国。并且，一定要坚决抵制区域外大国卷入南海争端，越多大国卷入，受牵制的利益方就会越多，最终合作开发的协议实现就会越困难。

总之，南海争端最终得到妥善解决的唯一途径还是中国主张的“搁置争议，共同开发”，为了尽早地实现这一主张，还需要认真分析其实现的条件，培养其生根发芽的“土壤”。虽然当前南海局势的错综复杂，实现这一愿望可能还需要漫长的时间，但是，中国必须拿出百分之一百的诚意和耐心，从战略的高度权衡利弊，采取主动行动突破僵局，实现南海纷争的妥善解决。

参考文献

［1］马龙．南海争端的博弈分析［D］．西安：西安电子科技大学，2010.

［2］胡德坤，杜婧文．二战后海洋油气资源勘探开发中的国际合作与争端研究［J］．武汉大学学报（人文科学版），2011（5）．

［3］丁宝忠，王星桥．钱其琛与东盟外长对话时指出中国同东盟各国永远是好朋友［N］．人民日报，1995－07－31（1）．

［4］Hasjim Djala. The Relevance of the Concept of Joint Development to Maritime Disputes in the South China Sea［J］．The Indonesian Quarterly，1999（3）．

［5］《中华人民共和国和越南社会主义共和国关于两国在北部湾领海、专属经济区和大陆架的划界协定》参见中华人民共和国外交部网站 http：//www. fmprc. gov. cn/mfa_ chn/wjb_ 602314/zzjg_ 602420/bjhysws_ 603700/bhfg_ 603706/t556665. shtml 2012 年又推出的“亚太再平衡战略”可以视为“重返亚太战略”的后续步骤。

［6］Rasmusen，Eric，1994，Game and Information：An Introduction to Game Theory，Chapters 2，4 and 5，Cambridge：Blackwell publisher.

助力南海资源开发，推进三沙特色经济发展

胡秀群1，高　健2
（1. 海南大学经济与管理学院，2. 海南大学土木建筑工程学院）

南海是中国四大海域中面积最大、最深、自然资源最为丰富的海域，自古以来都是中国领土神圣不可分割的一部分。南海诸岛扼两洋、制八方，前出大陆上千千米，对周边各国来说有着重要的军事战略地位。同时，由于南沙群岛及其周围海域存在巨大的水产资源、丰富的油气和矿产等资源，有可观的经济地位。正是由于南海诸岛及其海域所具有的重要军事战略地位和可观的经济地位，使周边邻国以及一些别有用心的国家一直以来对其虎视眈眈，进而演变为当前包括越南、马来西亚、文莱、菲律宾、印度尼西亚以及中国大陆和中国台湾六国七方对峙角逐的局面。[1]

为了彰显国家主权、稳固南海权益，开发南海资源，2012 年 6 月 21 日，我国民政部发布公告，宣布国务院近日批准设立地级三沙市，下辖西沙、中沙和南沙诸群岛及海域，7 月 24 日，三沙市人民政府在西沙永兴岛的正式成立，标志着中国对南海诸岛及海域的管理、保护和开发步入更加规范的时期。[2] 为了实现国家维护主权、保卫海疆、开发南海的战略构想，三沙市应在承担起维权、维稳的使命的同时，围绕南海资源开发，以创新思维积极推进三沙市特色经济发展，以充分发挥南海经济发展对国家主权及南海权益的巩固作用。

一、三沙市经济发展取得的成效

三沙市自2012年7月设市以来，在党中央、国务院的高度重视和关怀下，在中央各有关部门强有力的支持和指导下，在省委、省人大、省政府、省政协和社会各界对三沙的关爱和高度关注下，社会经济得到了快速发展，取得了重要的阶段性成果。

（一）基础设施建设初见成效

经济的发展离不开基础设施建设的保障。三沙市建市一年多来，大力发展基础设施建设，取得了重要的进展。第一，在交通运输建设方面，三沙在一年多的时间里不断加快推进永兴综合码头扩建、“甘泉岛”号岛际交通船、赵述岛道路工程、“三沙1号”交通补给船、永兴岛道路建设工程机场改扩建等重大项目的建设，不断改善交通运输条件；第二，在供电方面，积极与南方电网合作，根据三沙市经济发展的实际需求，制订了三沙市中长期电力发展规划，初期的永兴岛电网改造工程已与2013年底完成，为永兴岛目前的电力需求提供了保障；第三，在供水方面，大力推进海水淡化工程，基本上满足了目前岛上居民的生活用水问题，同时还上马了垃圾和污水处理项目，解决了岛上居民生产、生活用水的产和出的问题；第四，在通信方面，目前中国移动、中国联通、中国电信三大运营商均已落户三沙，基本实现了永兴岛及周边各岛屿手机、网络等的全面覆盖；第五，在综合服务方面，目前永兴岛上邮局、超市、休闲吧、水果店、饭馆等商业设施均已设立，涵盖吃、穿、住、行、娱的基础商圈已基本形成。这些基础设施建设规模的初步形成为三沙市社会经济的快速发展奠定了坚实的基础。

（二）生态环境保护工作有序开展

生态环境的保护是保证一个地区经济可持续发展的关键。当前，协调生态环境保护和经济发展的关系，采取适宜对策，发展绿色经济、循环经济已成为新世纪中国的标志，用环境保护促进经济结构的调整已成为经济发展的必然趋势。为了防止在三沙市社会经济发展的同时，海岛及其周边海域生态系统遭到破坏，三沙市按照保护优先、合理开发、永续利用的原则，目前已采取了一些有效措施，加强了对海岛及其周边海域的保护和管理，如开展了西沙各岛礁绿化植树及海防林营造大行动、渔业资源增殖放流活动、实施岛礁修复与保护及海洋生物保护区项目等。

（三）大量企业落户三沙

企业是一个地方经济发展的核心元素，任何一个地区的经济发展都是通过企业的大力发展而获得成功的。然而，面对三沙市是中国陆地面积最小、管辖总面积最大、人口最少的地级市这样一个特殊的环境状况，三沙市委市政府提出了关于“注册在三沙、纳税给三沙、品牌属三沙、运营在海南”的工作思路，在海南省工商局的指导和帮助下，着手开展企业登记注册工作。截至目前，已有50多家企业落户三沙，其经营范围涉及物流服务和速递、通信、船务、渔业、能源开发、通用航空服务、运输服务、海洋科技、海洋发展、水务、远洋工程科技、银行财产保险、养殖、旅游开发、机场建设、投资、生物与生物科技等十多个目前三沙经济社会发展急需建设和将要建设的领域，这些企业的注入，必将有力促进三沙市经济的发展。

二、三沙市经济建设发展过程中存在的主要问题

（一）经济发展意识淡薄

三沙市设市一年多以来，其政权建设、基础设施建设、民生工程等各方面都取得了重要进展。但由于三沙设市所肩负的首要战略意图在于政权的构建，因而其通过经济发展来带动地区发展、通过经济发展来巩固政权的意识还较为淡薄。

事实上，政治是以经济为基础的，政治活动的最终目的是为了实现和维护一个阶级或集团的根本经济利益，因此任何政权的巩固都离不开经济的繁荣和发展，经济发展状况的好坏直接关系着三沙市政权建设的好坏。

（二）基础设施建设进度缓慢

经济要发展，基础设施要先行。三沙建市一年多来，尽管在基础设

施建设方面取得了重要的进展，但由于三沙市复杂的军民关系、特殊的地理位置及恶劣的自然环境，使相当多的项目在推进过程中困难重重，进度非常缓慢，严重影响了相关项目的发展及经济建设的需求。如永兴岛上的海水淡化项目和垃圾、污水处理项目、机场扩建项目及码头改扩建项目等推进速度十分缓慢；电网建设方面也困难重重，电站的选址以及如何将永兴岛、赵述岛上的电引到其他不宜建电站的小岛上等问题始终是至今尚未解决的关键问题。此外，由于三沙市陆地面积弥足珍贵，因此如何通过搭建海上浮台来解决陆地的问题也是当前三沙市经济发展亟待解决的问题。

（三）企业尚未发挥其经济主体的地位

企业作为经济的重要主体力量，其发展壮大是一个地区经济发展的关键。根据三沙市委市政府提出的关于“注册在三沙、纳税给三沙、品牌属三沙、运营在海南”的工作思路，目前在三沙注册落户的企业已经达到50多家。然而，这50多家企业当中除了和财产保险、通信、机场建设等相关的少数企业在三沙开始有业务运营外，其他企业都尚未开展任何业务，而且相当多的企业注册在三沙的目标并不是很明确，对三沙市经济发展的未来方向也很模糊。企业尚未发挥其应有的经济主体地位。

（四）项目融资渠道单一，资金使用效率低下

目前，三沙市大量的项目工程都集中在基础设施的建设及改进民生上。而这些项目的资金来源绝大部分都是依赖中央财政的拨款，一小部分来自于地方财政的配套，三沙市自身几乎没有财政资金来源，更缺乏社会资本及民间资本的支持，如此单一的融资渠道和运作模式使三沙市社会与经济发展的依附性过强，缺乏自主发展的动力。同时，由于诸多因素而导致的三沙市许多项目推进的迟缓和资金使用的不当，使三沙市长年存在大量被闲置的资金，资金使用效率低下。

三、三沙市特色经济发展的几点建议

（一）确立海洋经济兴市，海洋经济维权的战略思想

“经济基础决定上层建筑”——国家政权及相应的政治法律制度和社

会意识形态的维护，都离不开经济的发展。三沙市位于中国南海，由200多个分散在南海上的岛礁、沙滩组成，其中岛屿面积约13平方公里，海域面积则达200多万平方公里，且拥有丰富的渔业资源和石油、天然气等资源，是中国陆地面积最小、海域面积最大、人口最少的城市。因此，三沙市经济的发展必然离不开海洋，海洋经济是三沙市实现跨越式发展和可持续发展的重中之重，也是使三沙市在未来南海海上丝绸之路建设中发挥“桥头堡”作用的必要要素之一。三沙市应进一步确立海洋经济兴市，海洋经济维权的战略思想，编制三沙市特色海洋经济发展的中长期总体规划，以海南省《海洋功能区划》《海洋环境保护规划》《海洋经济发展规划》《渔业发展规划》等为依据，结合三沙市资源特色和经济社会发展需要，科学制订三沙市海洋功能规划、海洋经济规划、海洋环境保护规划，合理布局海洋经济产业，确保海洋经济可持续发展。

（二）创新政府服务经济的运作模式，着力打造“移动政府”

三沙市是中国陆地面积最小、海域面积最大、人口最少的地级市。由于三沙市陆地面积过小、而海域面积过大的特殊性，使三沙市政府在履行其行政管理职能的过程中难以像其他市县一样始终在陆地上办公。为了将三沙的行政管理职能延伸到南海的每一个角落，从而为南海经济资源的开发提供优质行政服务，三沙市须创新思维，着力打造“移动政府”。所谓“移动政府”，是指三沙市可以以海陆两用飞机（或借用大吨位客货轮船的仓位）作为平台，将三沙市政府办公设置在海陆两用飞机或轮船上，定期或不定期地沿相对固定的航线巡游，同时配置执法艇，以备行政服务或执法时使用。这种“移动政府”的运作模式不仅能够彰显主权，集聚人气，解决三沙市海上执政、执法及行政服务难的问题，同时还可以为南海海上经济资源的开发和利用提供行政保障。

（三）加大政策、资金扶持力度，加速推进基础设施建设

经济要发展，基础设施要先行。基础设施建设是一切产业发展的前提和保障。三沙市应在交通运输、水利、电力、通信等关键基础设施建设上，进一步加大政策和资金的扶持力度，并完善项目管理机制，加快推进各项基础设施的建设步伐，确保三沙基础设施建设和各项民生工程

得到全面改善。首先，应积极推进项目建设问责机制和项目建设激励机制，加快推进在建项目的建设进度；其次，进一步投资和开发新的三沙市社会和经济发展急需的项目，如在西南中沙群岛合适区域开发建设海上浮台（弥补三沙陆地面积稀少的缺陷）[3]、规划引进海上飞机（解决岛屿与岛屿之间，尤其是无法建立码头的岛屿之间交通问题）、加强西南中沙海域的海洋环境状况的监测和预报（拓宽海洋环境预报的覆盖面，提高预报信息的精准度，为海上交通安全、渔民的安全生产和生态环境安全提供有力的保障）等。

（四）结合三沙当前实际，适度发展海洋特色实体产业

海洋特色产业的选取是涉及面广、涉及因素多的工作。怎样结合三沙市经济和社会发展实际，从众多的海洋产业中选择出特色产业，并作为主导产业培植的重点，逐步形成在质量和数量上对三沙市经济发展有突出贡献的实体产业群，是当前推进三沙市特色海洋产业发展的关键。结合当前三沙市交通运输条件还相对滞后，基础设施建设还不够完善，岛屿面积较小，土地弥足珍贵，同时居民收入来源单一，收入水平偏低，经济发展相对落后的现实情况，以及三沙市优越的海洋生态环境和丰富的渔业、海水资源以及能源资源等实际情况，当前三沙市海洋特色产业的发展应主要从以下几个方面展开。

1. 积极推动三沙市海洋旅游业的发展，促进海洋旅游产业链的形成

三沙市拥有国内乃至世界一流的热带海洋旅游资源，海洋旅游业发展潜力巨大。2009 年 12 月 31 日国务院批复的《国务院关于推进海南国际旅游岛建设发展的若干意见》中就已提出“积极稳妥开放开发西沙旅游，有序发展无居民岛屿旅游”。三沙设市，更是将围绕西沙群岛为主的三沙旅游推上了日程，但由于种种原因，几度受阻。三沙市设市一年多来，各项基础设施建设得到了一定的改善，此时推进三沙特色海洋旅游产业，既可以进一步凝聚人气，又可以体现我国在南海各岛屿经济活动的存在性，为三沙市维护南海主权、实现有效管辖奠定产业基础。尽管目前椰香公主号邮轮能够承载一小部分游客实现其西沙之梦，但其主要以海上观光为主，旅游产品较为单一。三沙市可以允许和支持有竞争力

的大型旅游企业投资开发一些高端旅游产品，如根据各岛礁特色，开发珊瑚礁观光、海底潜水、海上运动、礁盘海钓、美食品尝等高端海洋旅游项目及海洋文化长廊等海洋文化产品，形成集观光、娱乐、美食、文化为一体的旅游产业链，一方面提升三沙富含国际旅游要素的核心竞争力，另一方面还可以有效引导渔民转业，提高其生活水平。不过，从现实来看，由于三沙市的生态环境十分脆弱，目前的三沙各岛礁尚不具备接待能力，因此不宜大范围开放旅游，也不宜打造海岛休闲度假旅游产品，必须严格准入制度，并根据实际情况控制游客容量，做实监管，随着各项条件的改善，尤其是基础设施的改善及海上趸船建设的实现，才可以逐步放宽准入制度，并逐步引入海岛休闲度假旅游等产品。[4]

2. 大力开发三沙市海洋渔业，使其成为三沙特色经济发展的另一个增长点

三沙海域岛礁中拥有众多的泻湖，其中南沙群岛最多 35 个，面积约 362802 公顷；西沙群岛 8 个，面积约 91688 公顷。其优越的自然条件、丰富的岛礁泻湖以及丰富的渔业资源成为三沙大力发展特色海洋渔业的重要保证。不过，根据三沙市现有的交通、运输及技术等条件，要大力发展三沙海洋渔业，逐步形成较为完整的海洋渔业产业链，必须稳扎稳打，分步骤进行。第一步，尝试对高值鱼类进行网箱深水养殖。三沙海域岛礁中拥有众多的泻湖，在礁盘具有泻湖海域开展深水网箱养殖，将是除捕捞作业之外开发三沙渔业资源最有效的补充方式之一，同时，考虑三沙海域远离陆基，供水、运输等问题使三沙养殖成本高昂，所养殖品种应定位为龙胆、石斑鱼、金枪鱼高值鱼类等进行养殖。[5]第二步，尝试建立流动海产品加工基地。目前岛上的海产品主要以捕捞作业为主，并且其价格与海南本岛相比相去甚远，如海南本岛经加工过的马鲛鱼，平均价格都要在每斤 100 元左右，而永兴岛上渔民销售的马鲛鱼只需要每斤 20 元左右，价格相差约 5 倍，即使除去永兴岛至海南本岛的运输成本，其价格相差也要在 3 倍左右。随着网箱深水养殖的逐步展开，岛上的鲜鱼储备量将急剧增加，此时，通过发展大吨位水产加工船舶，赴西南中沙群岛进行现场收购与加工，形成流动式海产品收购和加工基地，并打造具

有影响力的“三沙”海产品品牌，可以有效提升海产品的经济附加值，增加渔民的收入水平，同时也可大大提高三沙品牌的影响力，提高三沙品牌在国内外市场的知名度，提升贸易话语权。第三步，在海南本岛尝试开发三沙海产品综合市场。随着三沙市交通运输条件的逐步改善、海上深水养殖业发展的逐步成熟以及海产品加工基地的建立，可以考虑在海南本岛如文昌、三亚等地开发具有三沙特色的三沙海产品综合市场，逐步形成“产、供、销”一条龙的三沙海洋渔业发展的产业链，助推三沙特色经济发展上一个新的台阶。

此外，在三沙开发旅游资源的同时，发展三沙海洋渔业，提升南海岛礁的基础设施水平和后勤补给能力，还可以把在深海中的网箱养殖与旅游观光产业相结合，起到很好的相互带动作用。

3. 逐步推进三沙市海水淡化产业的发展，为三沙市特色经济发展培育新的亮点

淡水是人类生存和发展的根本保障。由于三沙市陆地面积由众多独立的岛屿组成，且远离大陆，绝大多数岛屿本身并无淡水来源。因此，三沙市在基础设施建设过程中的重大难题之一就是如何解决各岛屿的饮用水及生活生产用水问题。目前三沙市在市政府所在岛屿永兴岛上已建立了一个海水净化厂，基本能够满足岛上居民的用水需求，但由于技术的原因，尚不能达到饮用水的要求，且成本高昂。目前岛上的饮用水主要还是来自海南本岛的桶装饮用水，一旦遇到恶劣天气影响，海上运输不畅，岛上就将面临饮用水短缺的问题。因此，发展海水淡化产业是缓解三沙市淡水紧缺、确保经济和社会可持续发展的重要途径，也是三沙市现代海洋开发的重要内容。我们应抓住当前国家高度重视三沙市社会和经济发展的这一有利时机，加大资金和政策扶持力度，在现有海水淡化工程的基础上，大力推进三沙市海水淡化的产业化发展，使三沙市成为我国第一个海水淡化产业化示范城市。

在海水淡化产业化发展的过程中，最难攻克的难题就是淡化水的品质问题和淡化成本问题。因此，首先，应充分重视科技攻关，形成科研凝聚力，并给予资金和政策上的大力支持，为解决淡化水的品质问题和

成本问题提供技术支持和保障；其次，可以通过拉长产业链，发展相关获利产业的方式降低淡化成本，如可以将海水淡化后的浓盐水作为提溴和制盐的原料，也可以进一步将其提取钾、镁、锂、碘进行深加工，发展卤水制盐以及盐化工产业，还可以利用淡化水进行冬季温水养殖发展养殖业等，从而形成物质高效利用的生态工业。

4. 积极配合国家的海上能源发展战略，快速推进南海能源资源的开发

南海能源资源的开发属于国家发展战略，需要在国务院的主导下进行顶层设计、统筹协调，海南省及三沙市政府配合推进。目前在南海发掘的主要能源资源有石油、天然气和可燃冰等。随着中国海洋石油981深水钻井平台于2012年4月在南海海域正式开钻，宣告了我国海洋石油、天然气的深海开采技术难关已被攻克。三沙市作为南海资源开发的“桥头堡”，可在海上交通运输条件逐步完善和其他条件许可的情况下，通过大吨位轮船、海上飞机以及人工浮台等运输工具为海上石油钻井平台、各类船舶作业等提供物资采购、仓储、装卸、补给等配套服务。[6]

（五）构建产业人才高地，搭建高水平海洋特色产业科技平台

培育新的经济增长点，关键在于能否有充足的人才作为发展支撑。三沙市海洋特色产业发展需要大批人才。第一，可通过加强与本省大中专院校和科研院所之间的联系，设置一些涉海产业发展需要的专业，同时，有针对性地进行科研课题合作与攻关。第二，要积极争取国家和省级海洋研究机构落户三沙，为三沙海洋特色产业的可持续发展提供强有力的技术支撑。第三，要深化用人制度改革，要不拘一格地引进相应的专业技术人才，创建有利于人才发挥作用的工作条件、生活条件和激励机制。第四，要找准科技与海洋产业、产品开发的结合点，为企业和科研机构牵线搭桥，有选择地推动企业和科研机构的联合与协作。大量实践已经证明，产学研的结合是实施科技兴海的有效途径，值得借鉴。第五，要利用三沙独特的地理和资源环境优势，吸引国内、尤其是国际大型相关企业注册三沙。

（六）利用地缘优势，做强做大国际进出口贸易

三沙市位于中国南海，是东南亚各国进行海上贸易的极其重要的交

通要道。因此，三沙市应充分利用这一有利的地缘优势，做大做强与东南亚各国的进出口贸易，将其打造成为海南对外开放的新高地。第一，可利用三沙独特的地理和资源环境优势，吸引国际大型企业注册三沙，推进国际进出口贸易的开展。第二，可充分利用南海航线资源，开展国际中转业务。事实上，经海南省政府批准，海南已经计划在三沙建设国际货物中转中心。第三，整合海洋油气开发、远洋捕捞、旅游等资源，研究设立海上特殊监管区域，建设符合南海开发需要的进口设备、原材料、后勤保障设施等保税、加工、仓储一体化的海洋开发实验区。第四，可积极开展与越南、老挝等边贸区进行点对点的边贸合作，提高三沙海上边贸总量，促进海上边贸运输集散中心的形成。

（七）抓住有利时机，探索发展虚拟经济

虚拟经济是以金融系统（金融机构、金融工具、金融市场）为主要依托，相对独立于实体经济的一种虚拟资本独立化运动和价格决定的经济形态。虚拟经济的发展，一方面，可以以其高流动性和高获利性吸引大量暂时闲置和零散的资本投入到股票、债券和金融衍生工具等虚拟资本上，为实体经济的发展提供坚实的融资支持；另一方面，虚拟资本的多样性、可转换性和高流动性又使企业能够以比较低的风险成本实现实物资本存量的累积。同时，虚拟经济通过财富效应，还可以使消费需求和投资需求增加，推动实体经济的增长。但同时也应该注意到虚拟经济的过度膨胀又会增加实体经济的不确定性和投机性，滋生经济泡沫并易诱发泡沫经济。因此，三沙市应在做大做强实体经济的基础上，合理适度的发展虚拟经济。如可以鼓励注册三沙的金融机构推动开展跨境贸易人民币结算试点和开展居民个人本外币兑换特许业务试点等，以满足未来开展国际贸易的需求；考虑争取获准发行地方债，以用于交通、通信、住宅、医院、污水处理等地方性公共设施的建设等。

（本文发表于《经济研究参考》2015 年第 12 期）

参考文献

［1］葛红亮，鞠海龙．“中国—东盟命运共同体”构想下南海问题的前景展望［J］．东北亚论坛，2014（4）：25－34.

［2］席平，赵军镜，徐德洪。以大型人工浮岛为基础，举国之力，将三沙市建设成南海经济特区［J］．水运管理，2013，35（2）：5－10.

［3］席平．国际浮港：打造蓝色定海神针［J］．大陆桥视野，2012（6）：46－51.

［4］朱环．“丝绸之路经济带”旅游发展对策——基于中国—东盟无障碍旅游区构建视野［J］．开发研究，2014（3）：46－49.

［5］冯全英，陈傅晓，谭围，等．三沙海域发展深水网箱养殖探析［J］．中国渔业经济，2013（3）：152－156.

［6］王明初，兰岚．海南要建设“海上丝绸之路”的“桥头堡”［J］．今日海南，2014（5）：27.

第三篇

“一带一路”战略与环北部湾合作

雷州半岛—海南—南海为开发轴的区域经济合作与发展

朱坚真，黄　凤，刘汉斌

（广东海洋大学海洋经济与管理研究中心）

北部湾作为重要国际区域经济合作区，是中国“蓝色崛起”的新一增长极。以雷州半岛—海南—南海为开发轴，加强雷州半岛、海南与南海综合开发，充分发挥雷州半岛作为腹地、海南作为轴点、南海作为资源库的优势，更好地配置生产要素，不仅有助于壮大雷州半岛与海南经济实力、提升国际竞争力，更能推动区域协调发展，打开我国经济增长新局面。

一、雷州半岛—海南—南海的基本情况

作为中国与东盟跨海联系的纽带，雷州半岛—海南—南海区域以其独特的地理位置、丰富的自然资源、良好的合作基础和广阔的发展前景，带动着北部湾区域合作格局的形成。

（一）作为区域开发腹地——雷州半岛

雷州半岛地处广东省西南部，介于南海和北部湾之间，内联中国三南（华南、中南、西南），外通五洲，是东中西、东亚环太平洋经济带、大西南、泛珠三角、环北部湾经济圈相融合的交汇点，中国与东盟自贸区海上枢纽，是实施北部湾区域经济合作的重要经济腹地。

（1）雷州半岛拥有丰富的海洋资源，具备特色海洋经济发展基础。海岸线长达1556km，水产品产量连续多年居于广东省首位，海养珍珠产

量占全国2/3，有全国最大的对虾交易和加工出口基地；由碧海、沙滩、玛珥湖等形成的滨海风情构成了雷州半岛一大特色。

（2）雷州半岛拥有特殊的地理位置，处于三个国家级发展规划（《珠三角地区改革与发展规划纲要》《广西北部湾发展规划纲要》《海南国际旅游岛发展规划纲要》）的传送带。

（3）雷州半岛作为珠三角辐射区，积极承接珠三角的产业、资金和技术支持，随着省产业转移，钢铁、石化两大项目落户湛江，雷州半岛现代工业化体系逐步完善，为推动雷州半岛的广义梯度发展①，拉动雷州半岛成为广东新增长极提供了动力。作为一个沿海开放区域，雷州半岛除接受核心区的辐射带动外，还积极通过区域合作形成错位发展，寻求深化发展的空间。② 如2010年中国—东盟自贸区正式启动，雷州半岛成为自贸区的区域物流、商贸、加工制造基地和信息交流中心之一；海南国际旅游打造，雷州半岛作为海南海上通道，利用其“漏出”效应，进行资源整合，带动了自身旅游业的快速发展。将雷州半岛作为北部湾区域经济发展的主开发轴，区域综合开发的重要腹地，不仅是其独特的海陆桥头堡自然地理区位优势所决定，更是经济全球化、区域一体化以及南海国际战略的趋势所驱动。

（二）作为区域开发轴点——海南

海南省是北部湾一个重要的地区，连接雷州半岛，融于南海，对南海资源综合开发与雷州半岛的综合开发起着重要的衔接作用。近年来，海南省立足自身资源基础，依托国家区域发展战略机遇，社会、经济、基础设施建设等都不断取得新突破。

2009年12月国务院办公厅《国务院关于推进海南国际旅游岛建设发展的若干意见》③ 的发布，拉开了海南省旅游业向国际化迈进的序幕，同

---

① 许抄军，王亚新，张东日，李海明，陈四辉．基于广义梯度理论的雷州半岛发展研究［J］．经济地理，2011，12：2001—2006.

② 朱坚真，张力．中国三大半岛的比较分析与区域协调——兼论以雷州半岛为轴的北部湾区域开发［J］．太平洋学报，2010，18（2）：56－60.

③ 侯冠平，张侨，金海龙．海南省旅游业规模经济及其制约因素分析［J］．地域研究与开发，2014（2）：106－111.

时，由于旅游业的“牵一发而动全身”效应，带动相关服务业、基础设施等建设，形成了以滨海旅游为重心的旅游产业格局。了极富特色的滨海旅游资源，海南交通运输优势度与经济发展水平的空间耦合性较高，即说明交通网络发育的完善程度和接受中心城市社会经济辐射能力的优势对海南经济发展具有重要的支撑作用①。以海口等港口设施建设为龙头，带动了海南的内河航运、铁路运输、高速公路运输等交通设施建设，交通运输网络骨架基本显现，以环岛高速为骨干的三纵四横、环岛公路网基本形成，粤海跨海铁路贯通海南连接雷州半岛。

（三）作为区域开发资源库——南海

中国与东盟经济一体化和经济持续增长对能源及其他资源极具依赖性，决定了必须将南海资源综合开发放在重要一环。

（1）南海是重要的国际通道，在21世纪全球经济、政治、军事、社会文化发展中占有战略地位。

（2）南海主权是中华民族的核心利益，事关中华民族未来发展空间和长远利益。

（3）南海拥有丰富的水体、生物、油气、旅游、矿产和航运等资源，得天独厚的海洋资源优势铸就了北部湾区域经济合作的基础。南海面积广阔，是黄海、渤海与东海面积之和的2.8倍，开发利用潜力大。南海油气、生物、滨海矿砂和海运资源尢为丰富。油气资源，南海是世界四大油气聚集中心之一，被称为“第二个波斯湾”，是国家重要的战略资源基地。南海生物资源有鱼类、虾类、头足类、甲壳类、软体动物、棘皮动物、环节动物以及特产品等②。根据目前的估计，大陆架鱼类达1004种，具有开发价值的鱼类有200多种；南海海湾众多，港湾达210多处，可建5~10万吨泊位的大型港口占据我国的41%，海运条件十分优越。另外，据调查，广东沿岸海域的滨海砂矿量占我国总量的90%，非金属矿砂占全国的80%以上，具有经济价值的矿物有几十种，其中形成工业

① 黄晓燕，曹小曙，李涛．海南省区域交通优势度与经济发展关系［J］．地理研究，2011(6)：985-999.

② 朱坚真．南海发展问题研究［M］．北京：海洋出版社，2012：12-23.

性矿床的包括独居石、锆英石、钛铁矿、锡石等矿石资源，而海南和广西滨海也是滨海矿砂的富集分布区①。

二、雷州半岛—海南—南海为开发轴的区域经济合作

在不断发展的过程中，考虑与周边省区的合作条件日益成熟，进一步扩大区域范围客观上形成了以雷州半岛—海南—南海为开发轴区域合作的条件。其具体历程经历了以下几个阶段：

第一阶段（1978—1983 年），改革开放后，环北部湾区内各方开始进行一些小范围和单项目的合作，主要限于对口支援和物资、商品交流。

第二阶段（1984—1991 年），以 1984 年西南四省五方（后改为五省区七方）经济协调会的成立为标志，该区横向合作进入一个新的阶段，此后与大西南各省区的合作发展迅速，并形成了一个有组织保障、以协议为纽带、牵涉各行各业的多层次合作网络。合作内容除了物资、资金、技术等方面外，还包括联合改善交通、通信条件和共建出海大通道，以及联合兴办企业和开发资源。

第三阶段（1992—1999 年），以 1992 年 4 月国务院在北海召开西南与华南部分省区区域规划会议为标志，掀起了改革开放和区域合作的新浪潮。国内各地的投资大量涌入，土地开发、城市基础设施建设和港口码头建设成为合作的重点。

第四阶段（2000 年至今），2000 年 11 月由广东湛江、广西北海、海南海口三市发起，正式成立了北部湾经济合作组织。2002 年，《中国与东盟全面经济合作框架协议》签订为北部湾发展带来新机遇。2003 年中国—东盟博览会永久落户南宁。2008 年 1 月，国家正式批准实施《广西北部湾经济区发展规划》，标志着加快北部湾区域发展纳入了国家发展战略。2009 年国家批准实施《海南省国际旅游岛发展规划》。2010 年中国与东盟自由贸易区启动，标志着环北部湾经济区开发纳入了国家发展战略。

---

① 张莉．论我国南海资源的特点及开发利用对策［J］．湛江海洋大学学报，2002（2）：13－17.

三、雷州半岛—海南—南海为开发轴的区域合作与产业发展

目前，在北部湾—东盟区域发展中，一直以广西唱“主角”。但从环北部湾中国段各城市的GDP及人口综合素质分析，湛江、北海、钦州、海口这几个城市的综合实力都不强，均无法承担起作为单一的增长极核的重任。结合发展实际，转换思路，以雷州半岛—海南—南海为开发轴，有助于解决区域资源流动的“瓶颈”，推动区域经济合作取得实质性进展。

（一）区域经济合作潜能

相对整体城市群和支撑腹地而言，广东的综合经济实力、城市发展规模水平、科技教育文化水平、交通运输能力、区位优势、人口与消费力等因素均有较大的优势，环北部湾的建设需要广东的积极参与，而雷州半岛恰是广东参与北部湾—东盟区域发展的主轴线和腹地带①。构建雷州半岛—海南—南海开发轴，将包括湛江市、茂名市、阳江市在内的整个粤西纳入南海和北部湾经济开发区域，是推动粤桂琼区域经济合作的切入点和启动点，对构建北部湾—东盟经济合作区域具有重要意义。

（1）构建雷州半岛—海南—南海开发轴，有利于整合和优化雷州半岛区域内的资源配置，推动广东区域经济协调发展。

（2）构建雷州半岛—海南—南海开发轴，有利于拓展中国与东盟的合作领域，通过投资自由化和贸易自由化，扩大区域贸易和工业、农业、矿业、旅游业等方面的合作，形成中国与东盟各国更大范围的优势互补。

（3）构建雷州半岛—海南—南海开发轴，有利于进一步推动亚太地区经济合作组织、西南经济圈、华南经济圈、粤港澳经济圈的多层次经济合作，发挥核心经济区域作用。

（4）构建雷州半岛—海南—南海开发轴，有利于形成区域比较优势

---

① 朱坚真．环北部湾区域经济合作的模式、方向与建议［J］．创新，2008（4）．

和产业分工体系，促进北部湾区域经济快速发展。

（5）构建雷州半岛—海南—南海开发轴，有利于中国西部大开发战略落到实处，将西南出海大通道建设与西部大开发战略有机结合，实现我国东中西三大地带生产力转移，为中国经济快速持续发展提供新的增长点[①]。

（二）区域性公共基础设施联合潜能

（1）构建雷州半岛—海南—南海开发轴，加速开发环北部湾区域，实现区域全面协调发展，缓解我国对资源和能源的巨大需求，将该区域作为华南地区发展的资源后盾。

（2）构建雷州半岛—海南—南海开发轴，能有效应对长期以来我国经济社会可持续发展的能源、资源等严峻形势。

（3）构建雷州半岛—海南—南海开发轴，有利于维护我国作为沿海大国的国家安全利益，保障地区和平与稳定。

（4）构建雷州半岛—海南—南海开发轴，重点建设交通、通信、港口等区域性公共基础设施，有助于促进中国与东盟的互联互通和国际新秩序的建立。

（5）构建雷州半岛—海南—南海开发轴，有利于深化我国对外开放，助推我国东中西产业转移与结构优化升级。

（三）区域性产业和市场联合潜能

海南省位于中国最南端，东与台湾相望，西临北部湾与越南相对，东南与南边在南海中与菲律宾、文莱、马来西亚相邻，占据对外开放的前沿位置，是北部湾区域的中心构成部分。以海南省为轴，实施雷州半岛—海南—南海开发轴战略，一是能有效调动海南创新发展方式、优化资源要素结构积极性；二是有利于打通海南旅游、工业等发展的市场流通，充分发挥市场机制的“无形作用”；三是挖掘南海合作的新领域，打破区域合作的局限，为区域合作提供新动力、新方向。

---

① 朱坚真，乔俊果，师银燕，张庆霖．南海开发与中国东中西产业转移的大致构想［J］．海洋开发与管理，2008（1）：32－36.

四、雷州半岛—海南—南海为开发轴的区域合作“瓶颈”

区域经济合作要求创新理念、转变方式、明确方向①。经国家政策的支持与带动，环北部湾地区形成了一定的工业基础、滨海旅游突破新格局、交通运输网不断完善，但北部湾区域经济合作涉及中外、政企、海陆等多层次、多要素，在区域发展推进的实践中也存在不少问题，主要有：

（一）缺少有效的发展战略和对策

以雷州半岛—海南—南海为开发轴的区域发展中，雷州半岛、海南的重要城市、地区都具有相似的优势和劣势，相似的区位，都面临同一片海，拥有相似的资源和面对相似的发展问题②。如果不加强在发展战略和对策上的协调与合作，势必陷入同一区域的恶性竞争，其“后发”状态永远不会成为“优势”。

（二）格局尚未形成，区内同构竞争激烈

以雷州半岛—海南—南海为开发轴的区域内，雷州半岛隶属湛江市，又归于粤西地区，而海南省属于省级行政区，下辖3个地级市、6个县级市、4县级6自治县，因此，区域内行政关系复杂，区划上的条块分割和行政管理上的各自为政，使各城市间横向联系较弱，经济缺乏互补共识，协调难度大，极大地影响了该区域整体综合经济实力和区域对外竞争力。

（三）统一市场没有形成，产业尚待整合

从目前来看，环北部湾区域内行政壁垒较多，地区封锁、地方保护比较严重，生产要素、商品、服务等难以在区域内实现畅顺、自由流动，资源难以实现有效配置，恶性竞争现象时有发生。且该区处于南海海域，都具有南海地带优势资源，如都有深水良港，都有发展钢铁、港口、化工的天然条件。由于行政关系与主体观念的差异，没有统一的协调机构，区域内产业未能实现科学分工，产业整合水平低，资源优势和产业结构

---

① 吴殿廷．中国三大地带经济增长差异的系统分析［J］．地域研究与开发，2001（2）．

② 朱坚真．南海周边国家及地区产业协作系统问题研究——兼论中国—东盟自由贸易区产业协作模式［M］．北京：海洋出版社，2003.

异质性、互补性没有得到发掘[①]。区域合作的关键是区域经济合作，而区域经济竞争力则是由产业发展所决定[②]。因此，产业整合是加强区域经济合作的重要基础，产业没有得到合理分工，没有统一的流通市场，就难以实现北部湾区域合作的初衷。

（四）区域合作框架机制亟待完善

区域合作机制是促进社会经济发展和区域合作的“发动机”。虽然该区域合作已经取得了一定的成绩，但是目前，该区经济合作中起主导作用的仍是相关政府，合作还处于政府框架范围内，制定的合作协议和内容大多也是用于宏观指导、提纲挈领性的制度框架，具体的合作框架机制有待进一步完善，尤其是合作得以良性运行的制度框架需要很好解决，即使有确定的合作内容也无法进行实质性的开展[③]。另外，以利用为纽带的非制度化运作模式，仍然是一些低层次、初级的合作形态，并不是实质意义上的区域合作。合作机制的不健全影响区域内贸易和投资，而低层次的贸易和投资，直接导致产品生产和配套能力相对较弱，缺乏国际竞争能力。

（五）区域合作机构不健全，未发挥出应有的作用

北部湾区域的经协重视境外合作，区域内联合协作不充分。有些地方的经协无专门机构，或经协机构与经济技术发展公司合二为一，是同一套人员班子，工作人员的精力过多的放在公司业务上，而忽视了组织和管理工作；有的经协机构被定为“事业”性质，不属于政府机构，其权限和组织协调能力很小，活动经费也极为有限，难以有效的展开工作；有的机构人员岗位不落实，或以临时借调人员充任，人员流动性太大，素质普遍偏低。由于经协机构不健全，管理体制未理顺，因此也就无法发挥出经协应有的作用，无法更好地促进区域经济合作的发展。

---

① 袁月逃．以雷州半岛为轴的环北部湾区域开发中政府合作机制研究［D］．湛江：广东海洋大学，2013.

② 贺灿飞，梁进社．中国区域经济差异的时空变化：市场化、全球化与城市化［J］．管理世界，2004（8）．

③ 孙尚志．中国环北部湾地区总体开发与协调发展研究［M］．北京：气象出版社，1997.

五、加快雷州半岛—海南—南海为开发轴的区域合作与产业发展对策

区域合作中，建立若干经济走廊的模式，是区域经济发展的成功经验。我们建议，必须尽快以雷州半岛—海南—南海为开发轴，形成统一的区域市场，实现产业整合，形成较强的产业基础，推动区域经济协调发展。

（1）依托广东省经济、科技、资本等实力，增强以雷州半岛为开发轴的粤西区域在北部湾—东盟合作中的作用。北部湾—东盟区域经济是“10+1”框架下的次区域经济合作。在21世纪中国沿海经济发展战略格局中北部湾经济区是重要的一环，但与环勃海经济圈、长江三角洲、闽南三角洲和珠江三角洲几个经济区相比，却是最薄弱的区域。北部湾—东盟区域能否建成继环渤海湾、长江三角洲、珠江三角洲之后的又一个新的经济增长极，主要处决于北部湾—东盟经济合作的协调、有序发展，必须选准战略基点[①]。因此，依靠广东庞大的经济总量，以湛江为支撑腹地的雷州半岛经济体或城市群，充分激发区位、地理、港口、交通、海洋与生态等优势，尽可能成为北部湾—东盟区域中心与增长极，产生巨大的辐射力，使发达地区与不发达地区形成连接，形成人的通道经济。

（2）以洛湛铁路建设为机遇，强化以雷州半岛—海南—南海为开发轴的区域现代产业布局。以雷州半岛为开发基轴，凸显粤西参与北部湾—东盟经济区的结点潜力区位价值，使粤西开发具备沿海、沿线、沿边开发的广阔前景，以粤西区域发展融入北部湾区域现代化布局。以湛江港为中心的围绕雷州半岛的港口群体系为弧点，以洛湛铁路为主轴和三茂铁路、粤海铁路体系为发展轴线，以325国道、207国道、广湛高速、渝湛高速公路等公路体系为辅轴，对环北部湾进行点轴式梯度推进和开发建设。以雷州半岛为轴的“核心城市群梯度网轴辐射”开发建设，实

① 姚余雪．环北部湾经济圈的合作开发研究［D］．北京：中国地质大学，2006.

现西南环北部湾经济区和东南珠三角落经济圈、西北南贵昆经济圈和成渝经济圈、中部的长株潭经济圈，及中原经济圈和武汉经济圈的多重融合；促进西部大开发，加快中部崛起，实现东部环北部湾及泛珠三角经济合作，推动中国区域经济发展的协同；加速沿线地方经济发展，开发利用沿线的资源和产业，提高华南、华北、中原与中南地区的能源交流和南下出海的铁路运输能力，缓和南北运输能力紧张矛盾，提高华南地区铁路抗灾能力。

（3）以雷州半岛—海南—南海为开发轴，培育网络化的港口城市群系统。进一步重视和积极支持湛江市、海口市发展，构建雷州半岛与海南省的港口城市群网络，打通雷州半岛与海南综合开发通道。首先，充分发挥湛江处在泛亚大陆桥南线的中点，具有深水大港的条件以及黎湛铁路、粤海铁路、洛（阳）湛（江）铁路、渝（重庆）湛（江）高速公路等网络的区位优势，依托大项目建设构建湛江现代工业体系为契机，让湛江带动雷州半岛的发展活力。其次，加强海口与湛江的海洋产业合作，特别是滨海旅游、海产品加工与运输等方面的合作。最后，深化湛江与海口港口互惠合作，并在合理建设、协调分工的基础上，加快港口群及配套设施现代化建设，提高管理水平和服务质量，逐步形成能适应北部湾区域经济互通所需的综合集、疏、运能力，以运输拉动商贸、旅游等第三产业，借助具有优势的第三产业促进物流、人流、信息流、资金流以及相应的市场体系的形成发展。

（4）突破行政壁垒，加强区域内政府合作。制定符合要素区域流动需要的产业政策和社会保障政策，使市场经济中的生产要素自由流动，经济在空间上的扩张完全按照市场规律操作。成立专门的机构，对该区域合作进行规划和协调管理，加大对合作的支持和引导力度。制订完善的合作规划，从短期、中长期和长期三个层面上对粤西区域经济合作的目标、内容和具体运行做出说明，明确各成员的发展重点和方向。从区域整体利益出发，紧扣区域协调发展中心，顾全大局。对区域内各地区间分工合作的经济利益制定相应的协调机制，为区域内各方发展创造一个相对公平的竞争环境，使各方都具有同等的发展机会和分享经济利益的权利。同时根据利益兼顾、适当补偿的原则，通过多种途径对参与区域分工与合作而蒙受损失的一方，以及缺乏自我发展能力而处于缓慢增长状态的落后地区，在资金、技术、人才和政策上给予一定的支持和相应的补偿。

（5）紧抓“一带一路”建设机遇，加强以雷州半岛—海南—南海为开发轴的区域基础设施建设。紧紧围绕国家“一带一路”发展战略，做好整体规划，在资金、用地等方面给予政策支持，通过合作建设区域基础设施，有效地减少内部消耗，发挥各自优势，实现整体效益的最大化①。形成区域比较优势与产业分工体系，加速各方生产要素的多重循环，产生市场拓展和产业联动的功能，加强相互之间的经济渗透与一体化。将西南出海大通道建设与西部大开发战略有机结合，实现我国东中西三大地带生产力转移，为中国经济快速持续发展提供新的增长点。以雷州半岛—海南—南海为开发轴的经济区，将成为沟通中国西部、中部、东部三大经济地带的中介点。其合作开发必然带来港口城市的大发展，以港口为依托的一系列经济合作形式的大发展，促使中国西部、中部、东部三大经济地带与东南亚各国丰富的自然资源、各具特色的货物的大流通，产生互通有无、互补短长的经济互动。

（6）完善区域经济合作内在利益分配机制。除了统一市场体制、构建完善的沟通机制外，还要在雷州半岛—海南—南海区域的内部探索建设合理的利益分配机制。该区域不仅行政关系复杂，而且所涵盖的利益相关者众多，高效、合理的利益分配机制是深化区域经济合作的根本动力。该区域的经济合作是建立在资源开发与利用的基础上，尤其是以南海资源作为基本要素，区域合作必须注重协调经济社会建设与生态环境承载力相适应。因此，应积极探索建立市场化的生态补偿机制，在区际间形成资源、环境、互通产品等关键要素的利益平衡格局；强化跨地区的投资、产业转移等重大项目利益分享的相关政策安排和配套制度设计，逐步搭建起指标全面、权重合理、比例恰当的健全、完善的分配体系；

---

① 周丹，苏腾．辐射理论在广西北部湾经济区经济发展中应用的思考［J］．广西大学学报（哲学社会科学版），2010（1）：33－34.

着力研究、探索“飞地经济”园区利益分配和成果共享的模式，实现产值、利润、资源利用率、节能减排等重要指标的行政区际分割突破①。

参考文献

[1] 许抄军，王亚新，张东日，李海明，陈四辉．基于广义梯度理论的雷州半岛发展研究［J］．经济地理，2011（12）．

[2] 朱坚真，张力．中国三大半岛的比较分析与区域协调——兼论以雷州半岛为轴的北部湾区域开发［J］．太平洋学报，2010，18（2）：56－60.

[3] 侯冠平，张侨，金海龙．海南省旅游业规模经济及其制约因素分析［J］．地域研究与开发，2014（2）：106－111.

[4] 黄晓燕，曹小曙，李涛．海南省区域交通优势度与经济发展关系［J］．地理研究，2011（6）：985－999.

[5] 朱坚真．南海发展问题研究［M］．北京：海洋出版社，2012：12－23.

[6] 张莉．论我国南海资源的特点及开发利用对策［J］．湛江海洋大学学报，2002（2）：13－17.

[7] 朱坚真．环北部湾区域经济合作的模式、方向与建议［J］．创新，2008（4）．

[8] 朱坚真，乔俊果，师银燕，张庆霖．南海开发与中国东中西产业转移的大致构想［J］．海洋开发与管理，2008（1）：32－36.

[9] 吴殿廷．中国三大地带经济增长差异的系统分析［J］．地域研究与开发，2001，（2）．

[10] 朱坚真．南海周边国家及地区产业协作系统问题研究——兼论中国—东盟自由贸易区产业协作模式［M］．北京：海洋出版社，2003.

[11] 袁月逃．以雷州半岛为轴的环北部湾区域开发中政府合作机制研究［D］．湛江：广东海洋大学，2013.

① 范恒山．关于深化区域合作的若干思考［J］．经济社会体制比较，2013（4）：1－10.

［12］贺灿飞，梁进社．中国区域经济差异的时空变化：市场化、全球化与城市化［J］．管理世界，2004（8）．

［13］孙尚志．中国环北部湾地区总体开发与协调发展研究［M］．北京：气象出版社，1997.

［14］姚余雪．环北部湾经济圈的合作开发研究［D］．北京：中国地质大学，2006.

［15］周丹，苏腾．辐射理论在广西北部湾经济区经济发展中应用的思考［J］．广西大学学报（哲学社会科学版），2010（1）：33－34.

［16］范恒山．关于深化区域合作的若干思考［J］．经济社会体制比较，2013（4）：1－10.

“新丝路”：琼粤协同共建的理论与框架

刘静暖　鲁晓丽

（热带海洋学院 商学院）

“一带一路”战略的重要组成部分是21世纪“海上丝绸之路建设”，简称新丝路建设。新丝路建设，对于海南省这个陆地面积小、海洋面积大的省份来说，是一次难得的撬动经济快速增长的机遇，不可多得。在海南独立为省之前，隶属广东省，是海上丝绸之路的发祥地、重要交通枢纽和安全保护屏，在古代海上丝绸之路发展中发挥重要作用。因而，从不同的视角诠释新丝路建设的协同发展理论，结合海南省与广东省经济发展实际，构筑琼粤一体化协同发展战略框架具有重大理论价值与实践意义。

一、既有研究回顾

1913年法国汉学家沙畹（2004），在其所著的西突厥史料中提出：丝路有陆、海两道，北道出康居，南道为通印度诸港之海道。首先提出了“海上丝绸之路”的概念。1968年，日本学者三杉隆敏（1968）在“探索海上的丝绸之路”中正式使用了“海上丝绸之路”这一名称。古代海上丝绸之路起于西汉，兴于隋唐，盛于宋元，明初达到顶峰，明朝中期后因海禁而逐步衰落。

（一）海南在海上丝绸之路建设中的历史地位

南宋嘉泰时期的《琼管志》系统描述了海南在古代海上丝绸之路中所起到的的内引外联作用，如东则千里长沙、万里石塘，北至雷州、徐闻。清朝的金光祖（2006）在《康熙广东通志》海南卷中，详细描述了海南利用各港口码头、航运，内与徐闻相联，外与东南亚、非洲诸国相接，成为海上丝绸之路中转站的场景，如“自徐闻踏磊骆，至琼山白沙骆六十里……外匝大海，远接外岛诸国”①。（日）长泽和俊（1977）提出近代丝绸之路的核心是海上丝绸之路，而海上丝绸之路的重点在于南海丝绸之路的发展。南海丝绸之路是亚非两洲的动脉，是世界史展开的主轴，是东西文明的桥梁。明确了南海基地在古丝路中的战略地位。② 姜彬（1991）撰文，从原始社会，海南土著民就有了造船史、航运史，从汉朝至明朝的整个横跨亚欧非南海丝绸之路航线上，海南岛处于要冲地位，至清朝，受闭关锁国政策影响，一度沉寂。③ 何翔，梁永强（1995）指出，海南对海上贸易航运起到停泊避风、补给供养的作用；④ 当代学者丘刚（2014）、陆芸（2014）等用历史遗存和出土文物证实，从汉代开始海南岛是波斯和阿拉伯商船来往于广州等通商口岸的避风港、中转站和补给港，是海上丝绸之路的重要参与者、管理者与建设者。⑤

（二）当代海南参与新丝路建设的经济效应

新丝路，是21世纪海上丝绸之路的简称，是习总书记提出的“一带一路”建设的有机组成部分。⑥ 关于海南参与海上新丝路建设的优势，众多学者一致认为，海南是海洋大省，所管辖的南海诸岛及附属海域是海上丝绸之路的必经之路，具有地理区位、政策、历史、人文等独特优势。海南省政协文史资料委员会（2014）海南把南海航道建设好、管理好、服务好、保障好，对“海上丝绸之路”能起到保障和平、安宁和畅通，并促进自身发展，延续辉煌的效应。⑦ 郝思德（2014）海南发挥独特地域

---

① 金光祖．康熙广东通志（海南卷）［M］．海口：海南出版社，2006.

② 长泽和俊．丝绸之路研究的回顾与展望［J］．（日本早稻田大学史学会）史观，1977（97）.

③ 姜彬．海上丝绸之路与海南岛港口［J］．广东民族学院学报，1991（3）.

④ 何翔，梁永强．海南与海上丝绸之路［J］．海南金融，1995（12）.

⑤ 摘自《海南参与“海上丝绸之路”建设研讨会召开》研讨会上的讲话，海南社会科学网，2014－05－21.

⑥ 加快推进丝绸之路经济带和21世纪海上丝绸之路建设［N］．新华网，2014－11－06.

⑦ 黄丹．“海上丝绸之路”建设调研成果协商会［N/OL］．南海网，2014－09－25，http：//www.hinews.cn/news/system/2014/09/25/016990074.shtml.

优势积极参与21世纪“海上丝绸之路”建设，对于深化区域合作、促进中国和相关国家合作共赢、繁荣共进具有战略意义。[①] 海南南海研究院新丝路建设课题组（2014）将海南参与“海上丝绸之路”建设战略定位为：链接陆海空互联互通的“海上丝绸之路”重要战略支点；面向东南亚的“海上丝绸之路”区域开放合作的平台；走在全国前列“海上丝绸之路”的先行试验区；开发南海资源“海上丝绸之路”的服务保障基地。[②] 那么应如何搭上新丝路建设的“顺风车”？夏峰（2014）认为，海南应在未来5～10年内，借助新丝路的平台，重点建设与东盟国家的贸易投资合作、边贸合作、琼台农业项下自由贸易项目、推动临港、临空保税区发展，大打国际贸易牌。[③] 王明初（2014）认为，海南应加快推进服务性基础设施建设，发挥海上驿站的作用。该观点与习总书记的争创中国特色社会主义实践范例是吻合的[④]。李仁君（2014）提出，要构建面向东盟的国际大通道；打造现代商贸的海南物流基地；大力发展海南临港工业；加速三沙成为海上丝路的中继站和海上服务基地。[⑤]

（三）“新丝路”琼粤协同共建的研究

南宋《琼管志》明晰了琼粤在海上丝绸之路建设的内引外联作用。清朝《康熙广东通志》描述了琼粤的航运共建、海口内与徐闻相联、外与东南亚、非洲诸国相接场景。姜彬（1991）指出，从汉至明琼粤作为一个经济体始终处于海上丝绸之路的要冲位置。（王明初，2013，卢文刚，黄小冲等，2015）等学者认为，琼粤两省都具有独特的区位优势和海洋资源优势，两者携手参与21世纪海上丝绸之路建设，能更加快速地搭上“一带一路”建设的顺风车，撬动区域新的经济增长点。郑景元

---

① 金昌波．打造海南海上丝绸之路桥头堡——省政协“海上丝绸之路”专题调研座谈会发言摘登［N］．海南日报，2014－06－21.

② 黄丹．海南参与“海上丝绸之路”建设调研成果协商会海口召开［N/OL］．南海网，2014－09－25. http：//www. hinews. cn/news/system/2014/09/25/016990074. shtml.

③ 金昌波．打造海南海上丝绸之路桥头堡——省政协“海上丝绸之路”专题调研座谈会发言摘登［N］．海南日报，2014－06－21.

④ 王明初．海南要建设“海上丝绸之路”的“桥头堡”［J］．今日海南，2014（5）．

⑤ 金昌波．打造海南海上丝绸之路桥头堡——省政协“海上丝绸之路”专题调研座谈会发言摘登［N］．海南日报，2014－06－21.

（2014）分析和对比海南省与深圳特区的经济发展模式和途径，指出在资源禀赋、经济运行机制、对发展工业类型重视程度、对外向型经济定位以及产业结构等方面的差异，提出加强琼粤两地区域合作，提升区域经济竞争力的观点。曹锡仁（2014）认为，海南、广东是我国联系东南亚的最前沿。从区位优势来看，海南在泛北部湾、泛珠三角等多方区域合作中扮演着承接东南西北的独特角色。历史上海上丝绸之路的三大航线（东洋航线、南洋航线、西洋航线）其中两条都经过南海。当前，全球1/3、我国3/4以上的国际贸易都要通过南海。琼粤可以联手共建东盟国际贸易平台，疏通海上通道。从实践层面来看，李金枝；郭光明；汪平（2014）报导了闽粤率先签署了海上丝绸之路旅游共建协议，走在了琼粤共建及区域一体化的前列。

上述研究给本课题的研究提供了有益的思路，但现有现有的关于海上丝绸之路的研究，多数围绕本区域如何运用自身资源，独立建设海上丝绸之路问题上打圈圈，如宁波参与21世纪海上丝绸之路、深圳参与海上丝绸之路建设等。的文献存在“独建”研究的多，“共建”研究的少；凡凡研究的多，创新性理论研究的少等问题。而是从区域一体化视角，研究琼粤两省如何发挥自身优势，进行资源重组，共同建设21世纪海上丝绸之路问题，打破固有研究框框，是对“独建”的超越，和对一体化理论的实践层面的运用，应成为未来的研究方向。

琼粤共建21世纪海上丝绸之路实践层面，需要一套阐明琼粤共建的内涵，意义、机理、效应具有创新性、普适性的理论作指导。琼粤一体化共建应明晰共建什么、共建的路径、如何共建等问题。未来，应深入进行琼粤区域一体化共建海上丝绸之路理论与实践层面的研究，以其为管理层决策提供依据。

二、“新丝路”协同共建的理论依据：包容性发展

包容性发展，最早是由亚洲开发银行于2004年在贫困减除战略中提出的概念。2008年，被世界银行增长与发展委员会所接受，并当年的

《增长报告——可持续增长和包容性发展的战略》中进一步强调了包容性发展的战略思路与意义。截至目前，包容性发展已成为亚洲开发银行、世界银行等致力于国际减贫计划的指导思想、核心理论与战略。习近平总书记指出，“一带一路”建设的倡议顺应了时代要求和各国加快发展的愿望，为各国提供了一个巨大的包容性发展平台，能够把快速发展的中国经济同沿线国家的利益结合起来。[①] 包容性发展，为各国乃是我国各地区，尤其是本文讨论的琼粤参与新丝路建设协同发展奠定了理论基础。运用和合学、全球经济一体化化、区域经济发展、资源禀赋论以及比较优势理论，以琼粤两省为例，提出21世纪“海上丝绸之路”区域一体化共建理论，对原有的区域一体化理论、丝绸之路建设理论的丰富与发展，实现了区域经济理论的创新。

（一）“新丝路”的包容性发展具有代内公平的内涵

包容性发展，为丝绸之路经济带与21世纪“海上丝绸之路”战略的实施提供了理论依据与发展方向。包容性发展，是可持续发展理论的重要组成部分，也是可持续发展的重要实现路径。可持续发展强调资源使用与分配的公平性，包括，代内公平与代际公平。包容性发展的原意是倡导和保证机会平等，使发展成果能广泛惠及所有民众。新丝路建设，涉及不同省份、不同国家的资源配置与发展成果的分配与再分配。就国内来说，新丝路将一些发达省份、欠发达省份圈入建设范围，如广东、广西、浙江、江苏、福建、海南。海南做为欠发达省份参与新丝路建设，得到了与发达省份一样的发展机会，能够充分享受建设成果，有利于省际间的代际公平；从国际视野来看，“海上丝绸之路”涉及东盟、非洲、欧洲的发达国家。海南参与海上丝绸，为深化与东盟国家的贸易往来搭建了更广阔的平台。而东盟十国绝大多数是发展中国家，如菲律宾、印度尼西亚、马来西、泰国等。海南参与新丝路建设有利于促进国际间的代际公平，因为新丝路建设为不发达国家搭上中国高速发展的列车创造了机会平等、发展得到成果惠及的空间。

---

① 习近平：推进丝绸之路经济带21世纪海上丝绸之路建设［R/OL］．凤凰网资讯，2014－11－06，http：//news. ifeng. com/a/20141106/42398300_ 0. shtml.

（二）新丝路的包容性发展具有比较优势的内涵

英国古典经济学家大卫·李嘉图，在亚当·斯密关于国际贸易的绝对优势理论的基础上，提出了比较优势理论。指出，发展中国家，即便所有产业在国际上都没突出的亮点，但总会找到相对比较突出、机会成本相对较低的产业或产品。同样，发达国家，即便所有产业在国际上都处于强势地位，依然能够找到先对更加具有优势，相对机会成本更加低廉的产业或产品。将不同国家具有比较优势、相对机会成本低的产品，拿到国际上相互交换，不仅使发展中国家获得了参与国际分工的机会，还得到了参与的成果。我国各省、地区之间，各具比较优势，在丝绸之路建设中，以包容性发展为指导，会促进比较优势的发挥，从而提高我国丝绸之路建设的总体福利水平。

（三）新丝路的包容性发展具有协同发展的内涵

福建、广东、浙江、海南等属于新丝路建设涉及的省份或地区，皆属于不同利益主体，有不同的诉求，彼此之间有相容的一面，更有矛盾性的一面。有些矛盾容易统一在一个一体化框架下解决，但有些矛盾则很难解决。那么，如何面对新丝路建设中不同利益主体的诉求，解决建设中的主要矛盾、发挥彼此的比较优势，包容性发展理论为区域协同发展提供了良好的思路，奠定了理论基础。通过互联互通建设的协同、生态保护的协同、产业发展的协同，以及体制机制的协同，把不同利益主体和合起来，成为“道不同而不相悖，和而不同”的一个协同体，成为共建海上丝绸之路的范例。海上丝绸之路建设的理论依据，包容性发展就涵盖着协同发展的内涵。只有协同体制机制、协同互联互通网络建设平台等，才有望使不同利益主体获得参与新丝路建设的机会，才拥有享有建设成果的权利。

三、琼粤“新丝路”协同建设的战略框架

（一）充分认识新丝路琼粤共建的重大意义

21 世纪“海上丝绸之路”：琼粤区域一体化共建，对于陆地面积小、

海洋面积大、经济欠发达的海南省来说，能推动海南迅速走上广东自贸区平台，借力打力，无疑是一次难得的撬动海南经济快速增长的机遇，会产生巨大的经济效益；同时，通过琼粤互联互通建设，促进粤海大桥的建设，形同给海南经济腾飞插上了翅膀，走出孤岛困境；而对于广东省来说，海南省有诸多的处女地，有难得的资源禀赋优势，琼粤共建合作开发保护海南资源，给了广东增加资源禀赋的机会，夯实了广东经济发展的基础。琼粤合作共建，如互联互通的共建、东盟贸易区位共建、政策协同共建，海洋资源开发与保护共建，对于琼粤找准重振“海上丝绸之路”的坐标，将产生重大互利共赢的效应。以包容性发展为理论指导，明晰，什么是21世纪“海上丝绸之路”区域一体化共建、共建的意义、共建的效应等；研究琼粤区域一体化共建的内容，指出哪些方面可以共建，共建的成本收益；共建的路径以及对策，勾画琼粤21世纪“海上丝绸之路”区域一体化共建的框架图，创新促进两省和合共建体制机制应是穷粤协同共建的框架性内容。

（二）新丝路：琼粤协同共建的路径

（1）以粤海大桥建设为引擎促进海、陆、空一体化网络联动，互联互通增加对外贸易量。海上古丝路分为东海丝绸之路与南海丝绸之路。古南海丝绸之路，形成于秦汉时期，发展于三国、隋朝时期，繁荣于唐宋时期，转变于明清时期，是以南海为中心，起点主要在广州、泉州、合浦、宁波，通往东南亚、马六甲海峡、印度洋、红海、以及非洲大陆航线。新中国成立后，与海南有直接关系的是南海丝绸之路，由于政治等原因，曾经停滞。续接琼粤在南海丝绸之路共建的渊源，协同共建，联手开展与东盟等国以及非、欧，甚至美洲的国际贸易、国际投资、国际合作等经济活动。海南的海口与广东的湛江，地处北部湾地区，背靠大西南，面向东南亚，是面向东盟及新丝绸之路的重要港口。联合海关及港口企业创新监管与运用模式，打破行政区域的藩篱，搭建环北部湾口岸部门及港口企业互联互通的平台，会极大地促进对东盟贸易的开展。目前，两大口岸已经在尝试4种海关监管模式：一是推动环北部湾港口建立集装箱驳船“新”航线，引导企业在环北部湾港口间开展内外贸货物同船运输，实现“内外贸货物同船运输”的作业方式，提高外贸运输资源的使用效益；二是延伸贯通现有各港航线，打造运输“新”航线，促进船舶在环北部湾港口间相互挂靠，联合广西南宁，把原来各港船舶单独与外港“点对点挂靠”，转成汇聚海南港航、洋浦港、湛江港、北部湾港相连与外港“多点挂靠”，实现首尾衔接，中间串联，汇聚成线；三是开展同一船舶同一港口可装可卸监管“新”模式，船舶在同一港口卸下进口货物的同时，可加载出口货物，或者加减载转关的集装箱货物，原来需挂靠两次港口才能完成的装卸作业改成一次即可完成，增强船舶运输能力，节约企业物流成本；四是推出“水运中转”外贸集装箱货物监管“新”模式，充分利用开拓的新航线，使船舶在环北部湾港口间航行时顺路搭载转关的集装箱货物，实现新航线的功能整合叠加，相互衔接，优化增效。①

（2）琼粤旅游产业区域一体化共建以生态农场品开发为引擎搭建贸易平台，共同开发东盟市场。旅游业，是海南省的支柱性产业。加强琼粤区域旅游合作，应该从统一制订旅游规划，完善旅游合作机制；合作开发旅游资源，共同设计旅游线路；联合开拓旅游市场，促进要素合理流动；加快培育合作主体，推动区域旅游企业联合等方面着手，推进两省旅游区域合作不断向多层次、多形式、多渠道、全方位发展，把旅游业打造成为推动琼粤两地区域经济合作的先导先行产业，把粤琼两省合作打造成区域旅游合作的典范。② 加快推进外贸转型升级基地及出口食品农产品质量安全示范区建设，巩固欧盟迎检整改成果，确保我省优势农产品出口保持现有增长速度，提高品质，扩大在国际市场知名度。

（3）琼、港、澳、横特区一体化共建，促进产业联动。南海国际旅游业、民族文化产业、海洋产业、热带生态产业等。

（4）以南海基地建设为引擎促进海洋资源开发与海洋生态保护。生态保护区域一体化共建。在海上丝绸之路建设中，必须要保护生态环境，才

---

① 罗霞：琼粤桂推动环北部湾港口互联互通 共建海上丝路门户［N］．海南日报，2015－03－20.

② 周义龙：琼粤区域旅游合作发展策略研究［J］．旅游世界：旅游发展研究，2012（4）．

可能促进经济社会又好又快发展。广东省是工业大省，在促进丝绸之路建设中必然要增加排放、必然会给广东省乃至海南省的环境保护与生态安全造成压力。海南，是我国的最后一块净土。在守住这片净土的前提下开发建设，才是可持续的。琼粤在新丝路建设中要设计生态环境保护机制。

（三）新丝路：琼粤协同共建的对策

（1）呼吁设计海丝琼粤一体化共建区，以取得国家政策支持。加强海南与香港地区、澳门、横琴特区的一体化共建，搭上广东特区建设的列车，分享特区建设福利，是给海南丝绸之路建设诸如营养剂，提高建设效率的难的捷径。背靠富裕省份，要借光，广东有的特区政策，海南也要分得一杯羹，也要沾点光。

（2）琼粤协同共建的智力支持。琼粤在海上丝绸之路上的协同共建，需要进行深入的理论研究、实证分析、与进行统筹的战略谋划。应成立智囊机构开展深入研究，为琼粤共建提高出谋划策。

（3）琼粤区域一体化共建的财政金融联动政策。研究制定稳增长措施，形成政策推动力。结合海南当前外贸实际，在加大财税金融支持力度、提高通关便利化水平、加快出口退税、加强培育发展外贸新业态等方面，制定了一系列具体落实措施。稳定大企业，扶持中小企业。2014年1月至5月，我省有进出口业绩的企业共计483家，其中进出口额在亿元人民币以上的共有26家，进出口额前30位的企业合计进出口额339.79亿元，占我省进出口总额的90.9%。出口前30名的企业出口总额74.7亿元，占外贸出口额的82.4%，我们将加强调研和跟踪协调服务，针对外贸大企业遇到 的问题，及时会同有关部门协调解决。同时，通过培训等方式支持中小企业与银行、信保等开展业务合作，拓宽外贸企业投融资渠道，加大对外贸中小企业提供融资担保、贴息等金融服务，解决企业融资和出口信保等问题，确保海南外贸稳定增长。拓展新业务，培育外贸新的增长点。通过延伸石化产业链，支持跨境电子商务发展，鼓励境外园区扩大出口，支持海口、三亚邮轮母港及游艇水上保税仓库试点建设扩大服务贸易等，挖掘外贸新的增长点，弥补传统优势机电产品出口的下滑。

粤琼桂合作创新、推进南海海洋资源开发利用中的金融支持体系建设与实施研究

徐新华，张爱英

（海南师范大学经济与管理学院）

党的十八大报告提出了建设海洋强国的目标。海洋强国需要海洋新兴产业和繁荣的海洋经济作支撑，而科技创新才能推动海洋新兴产业和海洋经济持续发展。在“海上丝绸之路”国家战略的基础上，落实新常态下经济发展创新驱动，在市场化、全球化的国际经济发展形势下，经济金融全球化进程加快，金融发展与经济增长之间的联系日益密切。发展多层次的金融市场，加强粤琼桂区域的金融合作，抓住地缘优势，抢占先机，以海洋科技创新推进南海海洋新兴产业发展中金融支持体系建设，促进南海海洋新兴产业发展，海洋经济强国，提升海洋经济总量，造福全国人民。

一、推进南海海洋新兴产业发展中金融支持体系建设与实施重要性

大力发展海洋经济，充分发挥粤琼桂独特的区位优势和资源优势，不断壮大海洋经济规模，推进海洋强省建设。推动区域内“一带一路”建设开好局、起好步、有作为。做好三省区中层设计，制订区域落实“一带一路”战略实施方案。争取国家发改委、外交部、人民银行、银监会、保监会、证监会、商务部、交通运输部、农业部、旅游局、海关总署等部委支持，将南海区域参与国际政治、外交、经

济、金融、社会等领域合作的重要事项和重大项目纳入国家实施总体方案。

（一）南海资源开发利用的价值巨大

1．南海是个宝库

（1）200多种高等植物生长在南海西南中沙群岛岛礁陆地总面积不过10多平方公里，但由于气候适宜、雨量充沛，生长着200多种高等植物。其中，人工栽培的植物近50种。岛上植物具有耐盐、耐高温、耐旱、喜钙、嗜肥的特征。在形成时间较长和面积较大的几个主要岛屿上，都生长有茂密的树林。

（2）海底石油和天然气储量巨大西南中沙群岛海域的海底资源十分丰富，尤其是海底石油和天然气储量巨大。中国地质学家认为，南沙群岛的曾母暗沙盆地是南海石油和天然气开发最好的地区之一。南海是中国四大海域中最大、最深、自然资源最为丰富的海区，储存有约418亿吨石油和16万亿立方米的天然气，这一规模约是中国油气储量的1/3，有“第二波斯湾”之称。

（3）海洋鱼类有1500多种鱼类是海洋的重要生物资源。中国南海海洋鱼类有1500多种，大多数种类在西南中沙群岛海域都有分布，其中很多具有极高的经济价值。特别是马鲛鱼、石斑鱼、金枪鱼、乌鲳鱼和银鲳鱼等，产量很高，是远海捕捞的主要品种。南海是一个丰饶的渔场，海中有大黄鱼、小黄鱼、带鱼、鲐鱼、墨鱼、海龟、海参、红鱼等。其中的大黄鱼是一种重要的海产资源。这里的鱼类从不游往外国的海域，似乎都恋着自己的家乡，因而有“中国家鱼”的美称。南海的金丝燕用海藻和唾液做巢，这种巢就是珍贵的滋补品燕窝。

（4）海鸟资源在东西南中沙群岛大部分岛屿上，林木茂盛，花草遍地，岛屿周围广阔的海面上有丰富的海洋食料，吸引着大批鸟类在这里繁衍生长。分布在各个岛屿上的鸟类共有60多种。海鸟可供食用、药用，还可以制成标本工艺品供观赏，是一种可观的资源。东沙群岛有着丰富的水产，如海龟、墨鱼和海参等。西沙群岛是一个鸟儿的世界，岛上堆积着厚厚的一层鸟粪，可以作肥料。中沙群岛和其他群岛不同，它是一群没有露出水面的珊瑚礁。南沙群岛是南海中面积最大、岛礁最多的群岛。

（5）丰富的矿藏海底资源还包括有各种金属矿产资源，随着科技的进步和海洋开发的深入，东西南中沙群岛海底资源有着非常广阔的开发前景和巨大的利用价值。南海蕴藏着5亿吨以上的锰结核、约3100亿吨镁、170亿吨锡和铜、29亿吨镍及锰、8亿吨钴、5亿吨银、800万吨金、60亿吨铀、250亿吨重水等比陆地矿产资源更丰富。

西南中沙群岛岛礁上美丽的热带海岛环境和海域中波澜壮阔的自然景色是开发海洋旅游的潜在资源。现代科学还发现海洋蕴藏巨大的潮汐能、波能、温差能、密度差能、压力差能等海洋动力资源，若能科学地加以利用，其社会和经济效益将不可估量。

2. 永兴岛是西南中沙群岛行政、交通、经济的中心

面积2.10平方公里的永兴岛，是南海诸岛中面积最大的岛屿，是三沙市政府所在地。岛上绿树成荫，行政管理单位完善；军港、渔港、海洋渔业生产、建筑业、工业、交通运输业、邮政电信业、商业零售业、物资供销业、金融保险业、酒店宾馆、居民生活服务业等国民经济诸多产业都得到迅速发展。岛上卫生事业、广播电影电视事业、海洋研究事业、气象测报事业等社会文化事业日益发达。岛上先后完成了电厂、港口码头、机场、医院、海水净化、冷冻库、商业服务大楼、行政办公大楼、居民住宅等工程建设，形成较为完善的生产和生活配套设施，今日的永兴岛环境优美、交通便捷、生产发展、居民生活幸福，是名副其实的海岛新都市。

3. 促进南海海洋新兴产业的发展

21世纪以来人类重新把目光聚焦到海洋，全球进入全面开发利用海洋的时代。社会生产和生活空间逐渐向海洋推进，海洋空间利用日益多样化。南海毗邻海南、广东、广西、香港、澳门、台湾，所辖海域面积为356万平方公里，是我国海洋面积的三分之二。我国是海洋大国，走海洋强国，以科技创新推动海洋新兴产业发展是南海发展的

必由之路，也是南海资源开发的后发展优势。南海是中国四大海域中最大、最深、自然资源最为丰富的海区，自20世纪60年代南海的资源战略意义被肯定以来，南海战略要地迅速被周边国家抢占，目前，南海周边国家已经在南海开发了1380口油井，全世界各大石油公司都集聚在南海。这在很大程度上影响了中国能源安全。南海不但资源丰富，还是亚太地区海运的“咽喉”要道，这里有世界上最繁忙的航线。如果按吨位计算，每年有超过一半的各国商船队需要通过南海，通行量是苏伊士运河的3倍，是巴拿马运河的15倍。因此，无论从能源、航线还是地缘政治出发，南海都是“重中之重”，开发利用南海资源意义重大。海水作为巨大的液体矿，海底蕴藏着丰富的矿产资源，许多近海区域将成为蓝色田野和牧场，海洋农牧业将成为高技术新兴产业，海洋矿产、能源开发利用规模、技术水平和新兴产业发展速度逐步提高。发展壮大海洋经济，不但可以缓解人口、资源、环境三大危机压力，而且有利于培育新的经济增长极，推进新兴产业发展和产业结构优化升级，还可以提高经济发展的质量和效益，从而推动加快转变经济发展发展方式。2012年以来，随着三沙市的建立和海上丝绸之路经济带的发展，南海海洋经济发展迅速，以海洋渔业、海洋旅游、海洋油气业、海洋化工和海洋交通运输业为主的海洋经济体系已初步形成。尽管南海海洋经济发展迅速，但和国内其他海域相比，海洋经济发展滞后，成为全国经济发展新增长点。作为新兴产业的重要组成部分，南海海洋新兴产业的发展具有后发展优势可以充分利用现代海洋新科技、新技术，产业化形成的产业和用高新技术改造传统产业，形成经济效益比传统产业有较大幅度的提高的新兴产业。

（二）近期南海经济发展情况

（1）中华人民共和国国务院在2009年12月31日发布《关于推进海南国际旅游岛建设发展的若干意见》，海南开始了新一轮大规划、大建设，并起到了良好的效果。

（2）中国首座自主设计、建造的第六代深水半潜式钻井平台“海洋石油981”由中国海洋石油总公司在南海海域开钻，标志着中国海洋石油工业的深水战略开始。开钻水域在南海距香港东南320公里处，开钻井深度1500米。中国南海油气资源极为丰富，整个南海盆地群石油地质资源总量约为418亿吨，天然气总地质资源量约在75539亿立方米，占中国油气总地质资源总量的三分之一，其中70%蕴藏于153.7平方公里的深海区域。

（3）海洋6号深入南海北部区域考查南海可燃冰。根据初步考查评价发现，中国南海北坡的神狐海域是可燃冰的富集区，预测储量在194亿立方米。

（4）中国首艘深水铺管起重船“海洋石油201”开赴南海。海洋石油201号是世界上第一艘同时具备3000米级深水铺设管道能力、4000吨级重型起重能力和DP－3级动力定位的船型深水铺管起重船，该船将在南海投入试铺管作业和荔湾3－1气田1500米深水铺管施工作业。承担深水油气田海上生产实施的任务，能够从事固定式、浮式和水下油气生产实施，以及海底管道铺设任务。

（5）海南省一批国家发展战略性新兴产业和高新技术产业启动。海南国家南繁研发中心和海南国家南繁育种公共开放实验室平台项目在三亚市建设，总投资4012万元。项目包括生物安全检疫区、生理生态观察区、生物技术育种区、组织及细胞培养区等功能。海南炼化100万吨乙烯及炼油扩能项目；60万吨烯烃项目；海南汉能硅基薄膜太阳能研发及制造项目，预计年产值100亿元等。

（6）2009年2月，国家投资8亿元扩建海南文昌清澜港，为开辟赴西沙旅游航线做准备。2012年4月，海南海峡航运股份有限公司的“椰香公主号”开始了西沙旅游的第一次试航。根据我国法律法规的要求，在评估和论证过程中，着重研究分析了岛礁建设规模的适宜性、选址合理性、生态环境影响、渔业资源影响、工程地质、通航可行性等内容。最后在各种评估之后选择了最优方案。

（7）近几年，借助吹填造地、新型防波堤等一系列先进技术和疏浚设备，我国填海造陆工程越来越科学、高效。2015年5月，中国外交部边界与海洋事务司司长欧阳玉靖首次就南海岛礁建设接受了中国媒体采访，他强调，南沙群岛是中国的领土，中国有权在相关岛礁上部署必要的军事防御设施，但岛礁上的功能更多地还是为各类民事需求服务。这些民事需求多为填海后的下一阶段建设，包括机场、码头、通信、气象、航行安全和环境观测在内的相关设施等。

（8）继2014年5月至7月中国在南海部署海洋石油981号钻井平台，进行油气勘探后，中国海事局2015年6月25日宣布，中国将再次在南海部署981号海洋石油钻井平台，进行油气勘探。作业地点是海南三亚东南方向约139公里处。

（9）“一带一路”战略正一步一步落到实处。在2015年6月15日举行的第四届全球能源安全智库论坛上获悉，“一带一路”沿线国家正在加紧建设，投资总规模将达到6万亿美元。

（三）国内外关于粤琼桂合作创新，推进南海海洋新兴产业发展实施研究

1. 国内研究现状分析

国家海洋局局长孙志辉（2010）在《展望2010年，撑起海洋战略产业》提出，依靠海洋科技的进步加快发展战略性海洋新兴产业，使其逐步成为经济的新增长点。丁娟（2012）海洋新兴产业演化逐渐由需求推动向高新技术推动转化，不同海洋新兴产业的演化路径具有差异，影响海洋新兴产业发展的各类因素中，技术创新，以及政策扶持是国内外学者普遍研究的两大重要因素。仲雯雯（2013）以海洋高新技术为首要特征的战略性海洋新兴产业成为各国争相抢占的科技制高点。借鉴国外战略性海洋新兴产业在政策规划的制定、管理与协调机构、技术研发与成果转化、投融资机制、人才培养和国际合作等方面的成功经验，促进我国战略性海洋新兴产业实现跨越式发展。李仁君（2012）《海洋经济与南海开发合作研究》，主要从我国海洋产业区域综合竞争力，海南省海洋各产业的分类定位与竞争力评价，提升海南海洋产业竞争力建议等进行了论述。毛艳华（2012）《粤琼区域经济合作与协调机制研究》，从区域经济合作基础和优势，对粤琼经济合作研究。潘义勇（2012）《粤琼港澳台合作开发南海利在当代功在千秋》和鞠海龙（2012）《粤琼桂海洋经济的

差异与三省南海合作战略》研究南海资源开发重要性，区域合作优势和效益。范祚军（2011）《区域开发与金融支持——以环北部湾经济区开发为例》，论述环北部湾区域经济和金融支持。

2. 国外研究现状分析

Nicolai Lovdal，Frank Neumann（2011）海洋新能源技术是必要的，以确保可持续的能源供应，使可再生能源的大规模利用新技术开发并商业化。Wright，Glen（2014）海洋工业化是海洋高科技的发展过程。IRE-NA 国际可再生能源署（2014）在“Ocean Energy：Technology Readiness，Patents，Deployment Status and Outlook”论述：在海洋能源技术常见的研究领域中，创新的解决方案和技术的突破可以解决在海洋环境中运行的技术难题，并帮助降低成本，从而为海洋能源技术实现商业化；纽芬兰海上产业协会总裁 Nicolette Nye 兰德尔（2014）“New Studies Show Huge Economic and Energy Potential of Untapped Offshore Areas”说：美国石油和天然气行业已成为美国就业、经济活动、收入、州政府和联邦政府的主要来源，并且为美国消费者提供可负担及可信赖的美国能源；Si Ocean 欧盟主导的从 2012—2014 年为期两年的研究项目组织（2014）在“Wave and Tidal Energy Market Deployment Strategy for Europe”提出：对于最有前途的几个早期技术来说，融资创新和技术开发是所有的技术就绪水平标准（TRL）的重中之重。国外经济专家、企业家和国际组织都阐述了海洋科技创新、海洋资源开发利用和融资在科技创新中的重要作用。

以上国内外专家论述了开发海洋资源、发展海洋高科技和融资的重要性。如何以海洋科技创新推进南海海洋新兴产业发展中金融体系构建与实施是我们要研究的主要问题，在国内外文献中很少涉及。在浩瀚的南海，以科技创新推动南海海洋新兴产业实施目前主要依靠国家的政策和拨付的一些资金，所需要的巨额资金从哪里筹集，依靠国家财政拨款只能解决一些基本建设实施，只有依靠银行，其他金融机构，企业与个人投资和国际资本的投入，有长期的、可靠地巨额资金投入南海资源的开发建设，这就需要构建南海科技创新推动海洋新兴产业发展中的金融体系和具体实施措施。

二、以科技创新推动南海海洋新兴产业发展中完善金融支持体系的重要性

南海科技创新推动的海洋新兴产业是以科技含量大、技术水平高、环境友好为特征，处于海洋产业链高端，引领海洋经济发展方向，具有全局性、长远性和导向性作用的海洋新兴产业。扶持发展海洋工程装备制造业、海洋生物医药业、海水综合利用业、海洋新能源产业、现代海洋服务业、海洋旅游业。只有突破关键核心技术，才能提升海洋新兴产业核心竞争力。南海海洋新兴产业是科技创新的技术性密集产业，需要在产业初期投入大量的技术、海洋工作设备、海洋工作船舶，进行研发和建设。南海海洋新兴产业和资源的开发离不开长期不断的巨额资金的支持，完善的金融支持体系是南海资源开发的重要保障。在南海海洋新兴产业发展和南海资源开发过程中，应充分发挥金融体系的融资功能，资源配置功能，信息提供功能和金融体系的支付和清算功能，为南海海洋新兴产业、资源开发利用和区域经济发展服务。金融资源是推动南海区域经济发展的主要资源之一，国内各地根据区域经济特点而采取差异化的金融资源竞争已经成为发展区域经济的重要举措。广东省和广西自治区具有丰富的资金、人力和技术资源，这就需要在中央政府的支持下，粤琼桂政府和金融机构的充分合作，共同打造海洋特区，构建南海资源开发金融支持体系。金融机构大量的资金支持，金融服务和区域间金融机构合作是科技创新推动南海海洋新兴产业发展，促进南海资源开发利用的重要保证。

三、南海地区海南省、广东省、广西自治区发展概况

（一）海南省国民经济和社会发展概况

海南省省会为海口，土地总面积344.2万公顷。目前，海南岛已开发利用的土地约315.2万公顷，未被开发利用的土地约26万公顷，土地

后备资源较丰富，开发潜力较大。全省设有2个地级市、4个区、6县级市、4个县、6个自治县，183个镇、21个乡、18个街道。截至2011年年底，全省总人口为海南省常住人口总量达到903.48万人。

海南岛陆上交通以公路为主，通车里程达1.7万余公里，以"三纵四横"为骨架，有干线直通各港口、市、县，并有支线延伸到全岛318个乡镇和各旅游景点，环岛高速公路已建成通车，大大缩短了南北之间的交通里程和时间。海运是海南省交通的重点。全省68个天然港湾，已开辟港口24个，其中以海口、三亚、八所、洋浦、清澜五个港口为最大。海口和三亚两港口已开辟对外贸易航线69条，和世界24个国家和地区有航运业务往来。海南省的航空事业发展最快，现已通航的有北部的海口美兰国际机场和南部三亚的凤凰国际机场。

2014年度全省地区生产总值完成3500.72亿元、增长8.5%，增速比全国平均水平高出1.1个百分点。其中，第一产业增加值809.64亿元、增长4.8%；第二产业增加值874.42亿元、增长11.0%（其中工业增加值514.4亿元、增长11.6%）；第三产业增加值1816.66亿元、增长8.7%。全省一般公共预算总收入完成1242.8亿元、增长12.1%。其中，地方一般公共预算收入555.3亿元、增长15.4%，增速位居全国第四，比预期高0.4个百分点。进出口总额完成974.99亿元、增长4.3%，增速比全国高2个百分点，比预期低7.7个百分点。全省常住居民人均可支配收入17476元、增长11.1%，增速比全国高1个百分点。其中，城镇常住居民人均可支配收入24487元、增长9.3%，增速比全国高0.3个百分点，比预期低0.7个百分点；农村常住居民人均可支配收入9913元、增长12.6%，增速比全国高1.4个百分点，比预期高2.6个百分点。

（二）广东省国民经济和社会发展概况

广东省位于中国大陆最南部，陆地面积17.98万平方公里，海岛面积1600平方公里，南临南海，大陆海岸线总长3368公里，岛屿众多。

2011年底全省常住人口10505万人，比上年末增加45.56万人。居住于广东省的人口分属于56个民族，少数民族人口约占全省总人口的1.5%，以壮、瑶、畲、回、满等为主。2011年末通车里程17.07万公里，其中高速公路5049公里；港口有100多个，主要有广州、深圳、汕头、湛江等。2003年新（扩）建港口码头泊位5个，年吞吐量240万吨。民航机场7个，白云机场是全国客流量最大的三大国际机场之一，是目前我国规模最大、功能最完善、现代化程度最高的民航机场，联结世界各地的重要口岸和国际航空枢纽。

广东是经济大省，总量全国第一。以制造和第三产业为主的经济强省，连续十几年经济总量领先于中国其他省份，如地区生产总值、社会消费品零售总额、居民储蓄存款、专利申请量、税收、进出口总额、旅游总收入、移动电话拥有量、互联网用户、货物运输周转总量等。其中进出口总额年均占全国约1/4，从1985年至2008年，连续23年居全国第一；年财政总收入占全国约1/7；累计吸引外商投资占全国约1/4；GDP从1989年至2011年全省生产总值达到52673.59亿元连续23年居全国第一。

2014年全省实现地区生产总值（GDP）67792.24亿元，比上年增长7.8%。其中，第一产业增加值3166.67亿元，增长3.3%，对GDP增长的贡献率为1.7%；第二产业增加值31345.77亿元，增长7.7%，对GDP增长的贡献率为49.1%；第三产业增加值33279.80亿元，增长8.2%，对GDP增长的贡献率为49.1%。三次产业结构为4.7：46.2：49.1。在现代产业中，高技术制造业增加值7546.10亿元，增长11.4%；先进制造业增加值14103.95亿元，增长9.2%；现代服务业增加值19438.47亿元，增长9.0%。在第三产业中，批发和零售业增长8.4%，住宿和餐饮业增长3.2%，金融业增长12.5%，房地产业增长4.6%。民营经济增加值35070.59亿元，增长8.3%。2014年，广东省人均GDP达到63452元，按平均汇率折算为10330美元。分区域来看，粤东西北地区生产总值占全省比重为21.1%，粤东、粤西、粤北分别占6.9%、7.9%、6.3%。

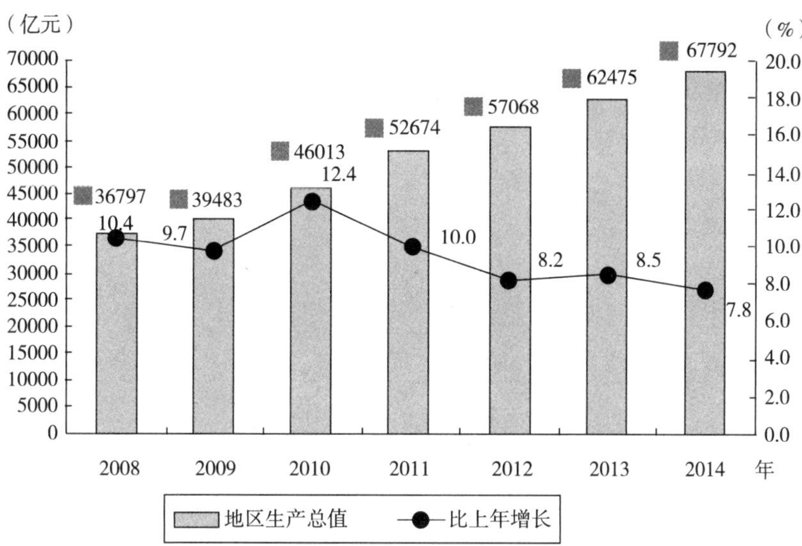

资料来源：广西2014年度国民经济和社会发展统计报告。

图1 2008—2014年地区生产总值及其增长速度

（三）广西壮族自治区国民经济和社会发展概况

广西壮族自治区2014年地区生产总值（GDP）15672.97亿元，比上年增长8.5%。其中，第一产业增加值2412.21亿元，增长3.8%；第二产业增加值7335.60亿元，增长10.1%；第三产业增加值5925.16亿元，增长8.1%。第一、二、三产业增加值占地区生产总值的比重分别为15.4%、46.8%和37.8%，对经济增长的贡献率分别为6.4%、60.2%和33.4%。按常住人口计算，人均地区生产总值33090元。

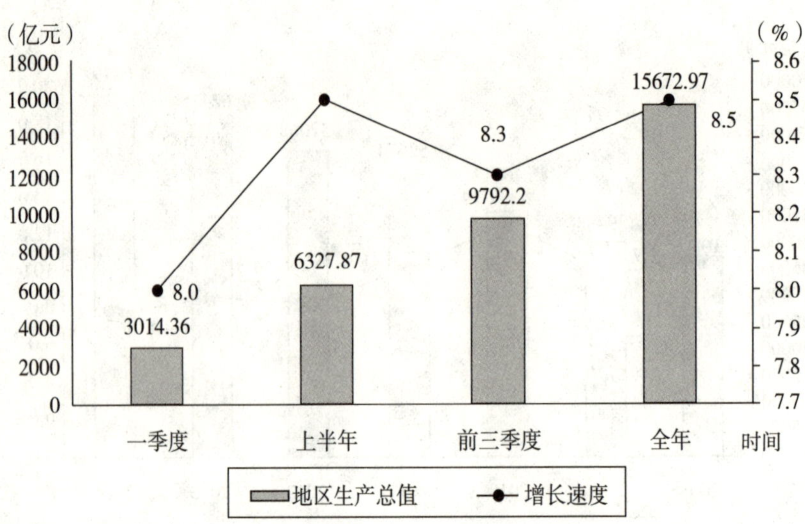

图 2　2014 年地区生产总值及其增长速度

（四）海南省、广东省、广西壮族自治区 2007—2014 经济、金融等数据比较

表 1　海南省、广东壮族自治区（2007—2014 年）相关指标比较

年份	GDP（亿元）		进出口贸易（亿美元）			年末存贷款余额（亿元）	
海南省	全省	人均/元	进出口总额	出口总额	进口总额	年末存款	年末贷款
2007	1229.6	14923	73.58	18.38	55.2	1873	1228.04
2008	1459.2	17691	105.24	18.63	86.61	2350.9	1383.47
2009	1646.6	19254	89.58	19.0	70.58	3175.7	1940.86
2010	2052	23831	108.02	23.9	84.11	4217.3	2509.72
2011	2515.3	23665	130.23	25.42	104.81	4504.5	3194.59
2012	2855	32374	143.30	31.43	111.87	5109.7	3890.0
2013	3147	35317	149.78	37.06	111.72	5952.5	4630.78
2014	3501	38934	159.3	44.3	115.0	6427.9	5391.5

续表

年份	GDP（亿元）		进出口贸易（亿美元）			年末存贷款余额（亿元）	
广东省	全省	人均	进出口总额	出口总额	进口总额	年末存款	年末贷款
2007	360.7	33890	6340	3693	2648	48955	30617.29
2008	35696.5	37589	6833	4041	2792	56119	33836
2009	39081.6	41166	6111	3590	2522	69692	44510
2010	45472.8	44736	7847	4532	3315	82019	51799
2011	52673.6	43596	9135	5319	3815	91590	58615
2012	57068	54095	9838	5741	4097	105100	67077
2013	62164	58540	10916	6364	4552	119686	75664
2014	67792.4	63462	10767	6462	4305	127882	84922
广西壮族自治区	全省	人均	进出口总额	进口总额	出口总额	年末存款	年末贷款
2007	5885.9	12408	92.8	51.1	41.7	5749.9	4287.8
2008	7171.6	14966	132.8	73.5	59.3	7075.2	511.1
2009	7700.4	15923	142.1	83.7	58.4	9638.9	7360.4
2010	9502.4	16959	177.1	96.1	81.0	11814	8980
2011	11714	25315	233.3	124.6	108.7	13528	10646
2012	13031	27943	294.7	154.7	140.1	15966.7	12356
2013	14378	30588	328.4	187.0	141.4	18400.5	14081
2014	15673	33090	405.5	243.3	162.2	20299	16071

资料来源：广东、海南、广西 2007－2014 年度国民经济和社会发展统计报告。

四、推进南海海洋新兴产业发展

（一）南海海洋新兴产业发展中的主要方面

南海海洋经济产业结构分析和战略价值认证；南海海洋新兴产业贡献度与密度差异分析；南海海洋新兴产业与世界海洋产业差异性发展的因素分析；海洋科技创新对海洋新兴产业发展的作用；海洋科技创新对

海洋新兴产业发展的主要措施；创建海南海洋合作开发特别新兴产业经济区的战略推进。主要有以下六个方面：

（二）大力扶持发展潜力大、带动性强的六大海洋新兴产业

构建现代海洋产业体系，以推进产业结构转型升级为主线，带动海洋新兴产业，突破关键核心技术，提升海洋产业核心竞争力。

（1）培育壮大海洋工程装备制造业。发展深海勘探和开采设备、海洋新能源开发设备、海洋环保装备及海水利用成套装备制造，形成具有较强国际竞争力的海洋装备制造业集群。

（2）加快发展海洋生物医药业。充分利用南海海洋生物资源丰富的优势，研发生产海洋药物、工业海洋微生物产品、海洋生物功能制品及海洋生化制品。

（3）发展海水综合利用业。加快研发和推广海水综合利用的技术、工艺和装备，推进海水淡化综合利用技术产业化，努力形成养殖业海水、工业海水、生活海水、淡化海水四大产业群。

（4）积极发展海洋新能源产业。科学规划海洋新能源开发，加快海洋风电、波浪能、潮汐潮流能发电等技术创新和产业化发展。

（5）加快培育现代海洋服务业。依托南海中心城市、主要港口和临港工业基地，重点发展港口物流、海洋会展业、海洋信息服务和航运金融保险服务业，促进广东海洋产业结构由“资源开发型”向“海洋服务型”转变。

（6）加快南海旅游业发展。南海有得天独厚的海洋、岛屿旅游资源，以三沙市为依托促进南海全方位的旅游业发展。

五、以海洋技创新推进南海海洋新兴产业发展中金融支持体系构建，建设海洋经济强国

（一）推进南海海洋新兴产业发展中金融支持体系构建，提升海洋新兴产业技术水平和经济总量

南海海洋新兴产业是科技创新的技术性密集产业，需要在产业初期

投入大量的技术、海洋工作设备、海洋工作船，进行海洋新兴产业研发和建设。南海幅员辽阔，蕴藏着丰富的宝藏，海洋项目的开发和海洋新兴产业发展要依靠长期的，持续不断的巨额资金支持，完善的金融支持体系才是南海海洋科技创新和经济发展繁荣的重要保障。在南海海洋新兴产业发展和南海资源开发过程中，应充分发挥金融体系的融资功能，资源配置功能，信息提供功能和金融体系的支付和清算功能，为南海资源开发利用和区域经济发展服务。

加强南海区域内的金融合作，更好地开发利用南海资源，服务于全国经济发展。从银行机构的业务情况来看，专职南海新兴产业和资源开发性的商业银行还没有，南海开发主要是三沙市政府财政支出的款项。三沙市虽然设立了中国工商银行和中国人民保险公司，但信贷业务和财产保险业务较小，不能适应南海经济的迅速发展。南海开发需要专职的商业开发银行、证券公司和保险公司等金融机构。随着南海的开发建设粤琼桂需要建立南海区域开发银行，从境内外引进资金和金融机构，完善南海区域金融组织体系，提高南海区域金融聚集力度，尤其是粤琼桂地区的金融机构的密切合作。要以国家银行主体，三省区、国内、港澳台官方、非官方和民间资本的多元化资金的投入，服务于南海经济的发展。

表2 2014 年度国家广东省、海南省、广西壮族自治区 GDP、银行存贷款统计

单位：亿元

2014 年度	GDP		银行存款余额			银行贷款余额	
名称	GDP 总额	较上年增减	占全国比重	银行存款总额	较上年增减	银行贷款总额	较上年增减
全国	636463	7.4	100	1174000	9.5	868000	13.3
广东、海南、广西合计	86966	9.13	13.67	154609	7.34	106385	12.7
广东	67792	10.9	10.7	127882	6.8	84922	12.2
海南	3501	11.2	0.55	6427	9.6	5392	16.4
广西	15673	0.9	2.5	20299	10.3	16071	14.1

资料来源：广东省、海南省、广西壮族自治区 2007—2014 年度国民经济和社会发展统计报告。

（二）加强粤琼桂区域的金融合作

广东省现代金融业务发达，广西壮族自治区和海南省金融服务业比较先进，可为南海资源开发利用提供大量的金融服务和资金，用来采购南海开发必需的设备，科学技术等。因此，应加强南海周边的粤琼桂地区的金融合作。首先，要构建南海区域金融合作基础框架，明确提出南海区域金融合作的近、中、远期目标，推进融资便利化，营造良好的金融合作环境。其次，奠定南海金融合作法律基础，完善金融体系建设。制定一系列关于南海区域金融合作的法律文件，使其成为指导南海区域资源开发利用金融合作的重要基础。最后，建立南海区域金融合作组织，为企业搭建了金融合作平台和市场化融资渠道。

发挥金融机构的杠杆作用，推动南海科技创新和海洋新兴产业的发展 应制定切实可行的金融政策，大力支持南海新兴产业发展。解决重点项目融资问题，扩大信贷投资规模，在信用贷款、结算业务、投资银行业务、国际化业务等方面全面加强战略合作，提供融资租赁服务，创新融资渠道，培育和促进粤琼桂港澳台金融机构在海南岛设立总部。要引进金融人才，提高金融机构服务质量，促进南海资源开发利用。优化金融环境，为南海科技创新新兴产业提供保障，金融机构要制定南海经济发展的金融服务项目规划，尤其是要开展债券、基金融资，利用直接融资服务于海洋新兴产业。优化金融、证券、保险业务发展环境，为南海海洋新兴企业提供金融支持。南海经济发展过程中，国家要制定针对南海开发建设各项区域性促进和优惠政策，创造有利条件；建立健全金融组织和体系，注重财政政策、货币政策和产业政策有机结合，为南海海洋经济发展提供有力保障。

（三）建立支持南海科技创新和海洋新兴产业区域性商业银行体系

南海海洋新兴产业建设和经济发展需要大量的资金，需要建立专门服务于南海区域开发的银行，应成立以国家控股，金融机构和企业参股的南海区域性银行——南海商业开发银行。国家可允许南海商业开发银行存款不受法定准备金的限制，对金融业务和离岸银行业务减征或者免征营业税和所得税。使南海银行有更大的优势对南海海洋新兴产业和资源的开发利用提供长期的，充足的，低成本的资金支持，保证南海资源开发利用的大规模进行。另外，推进南海区域金融模式创新，鼓励外资银行和金融机构在南海区域内设立服务于南海经济发展的商业银行，并提供相应的优惠条件。

（四）建立支持南海科技创新和海洋新兴产业区域性投资融资体系和保险金融机构

为了适应南海区域经济发展和粤琼桂金融合作的不断深入，完善区域内的金融环境，应成立南海投融资体系和保险金融机构，为南海资源开发提供全方位的金融服务体系和支持南海科技创新和海洋新兴产业区域性保险体系。一是推动南海商业开发的金融机构之间的联系；二是加强南海区域内投融资等金融信息的交流和共享；三是南海开发中的重点投资领域和大型基础项目的资金合作；四是为南海开发中提供商业机会和有效的财产、技术、资源和人员的保险能力。

（五）建立支持南海科技创新和海洋新兴产业区域性其他金融机构

近期目标是建设南海商业开发银行、南海区域直接投融资机构和南海商业开发综合保税区、大型商业银行离岸业务中心；长期目标是建设成为国际离岸金融区域。设立南海海洋新兴产业企业债券和基金。在金融工具和金融产品等方面进行创新，引导企业进入直接融资渠道。

六、金融机构要在支持南海经济发展中创新，大力发展离岸金融业务

（一）制定适合南海金融体系建设中的金融离岸金融市场发展的政策

国家赋予上海自由贸易区、深圳前海、珠海横琴岛和海南省离岸金融业务试点。海南国际旅游岛建设上升为国家战略后，在国家赋予海南的一系列优惠政策中，“探索开展离岸金融业务试点”被誉为含金量非常高的政策之一。南海经济发展与金融体系建设中，积极开展离岸金融业务。

1. 离岸金融市场的形成已由过去的自然形成型向政策推动型发展

政府要在海洋强国战略的基础上，全力推动南海区域商业开发离岸金融市场的建设。要制定出适合离岸金额业务发展的金融政策、税收政策和现代服务业政策。在离岸金融市场的形成过程中发现，迄今多数离岸金融市场的形成是顺应了日益增大的国国际资本流动的需要而自然形成的，也就是说，这些岛国在发展之初只是作为避税港而存在。不少企业、银行、信托、保险公司等为避税前去找出路，逐渐金融机构增多，市场规模日益扩大，金融法规随之健全，从而形成了较大规模的离岸金融市场。近些年，又一类离岸金融市场的诞生格外引人注目。这就是某国政府适应国际资本流动和世界经济一体化的趋势，利用政策优势，将某地辟为离岸金融市场，取得相当成功，此类市场为政策推动型。这类离岸金融市场的形成时间较之自然形成型要短得多，多则 8 ~ 10 年，少则 3 ~ 5 年。典型的例子是马来西亚纳闽离岸金融中心。马来西亚联邦政府 1989 年 11 月提出建立离岸金融中心的设想，并选定纳闽为实施地点。为此，马来西亚政府在一年时间里投人巨额资金加紧办公设施，邮电、交通等基础设施建设，拟定了银行、信托、保险等金融法规，构筑了离岸金融中心的税收框架，经一年紧张筹备，1990 年 10 月，马来西亚政府郑重宣布：纳闽国际离岸金融中心成立。中心成立不到两年，各类外币存款达 4. 47 亿美元，外币贷款近 3 亿美元。注册的岸外公司 8O 余家。汇丰、三菱、麦加利、东京等国际著名大银行前往开业。据当地媒体披露，截至 1993 年 8 月，该中心外币存款贷款余额达 10 亿美元。纳闽的例子说明，只要政府从实际出发，因势利导，利用政策优势促进离岸金融中心的形成是可以办得到的。在实践中，就各融中心、离岸金融中心的形成而言，政策推动都曾发挥过重要作用。

2. 较低的税收政策

区域商业开发离岸金融市场建设，在税收方面要借鉴一些岛屿国家的离岸金融市场的税收政策，争取做到在税收上采取优惠低税收政策，税收品种少，对一般从事岸外交易的公司，纳税税率以 3% 为纳税上限。注意离岸金融市场的税率与其他离岸金融市场税率的比较。

3. 为离岸金融市场发展制定有利于现代服务业发展的政策

（二）建设有海洋新兴产业开发经济特点的离岸金融市场

（1）市场经济稳定。政府为发展经济，在不断改善投资环境的同时，十分重视市场经济的稳定，政府以此作为发展经济的首要条件。

（2）法律健全。为发展离岸金融市场业务，规范市场行为，要在国家现有法律框架的基础上，重视南海区域商业开发离岸金融市场金融法律法规的建设。例如，制定金融服务法等母法外，还制定了银行、保险、信托、基金等业务法及相关法规，如存款保护法、防欺诈法等。

（3）税赋优惠。这是导致数以千计的金融机构云集各离岸金融市场的重要原因，所有岛国离岸金融中心无一例外地实行低税率政策。有的国家仅设少数间接税，不征直接税，不少国家除征收海关税和较低的所得税外，其余税种一律减免。

（4）环境优良。其中包括：①金融机构种类齐全，金融投资环境宽松，对金融机构的经营活动限制很少，为金融业务开展提供良好的基础设施和技术手段；②交通运输十分发达，邮电通信便捷；③各类金融中介服务机构服务网点多，各类为离岸金融市场服务的专业技术人材业务素质高，人数多。

（三）建立南海离岸金融市场的类型

关于可选择的离岸金融市场类型，南海区域商业开发离岸金融市场可选择内外分离型为主，渗透型为辅的类型。这是鉴于目前南海金融产业和金融市场的发展水平和金融环境的实际情况来考虑的。其具体理由如下：

（1）在目前我国经济实力加强，外汇干预能力较弱的条件下，可维护国内货币金融政策的独立性。

（2）有利于我国金融业国际化。内外分离型的离岸市场可以作为国内金融市场与国际金融市场“接轨”的桥梁，为我国金融业走上国际金融市场提供便利。

（3）有利于人民币汇率制度改革。人民币汇率改革的最终目标是实现彻底的自由兑换。人民币的自由兑换可以在离岸金融市场上进行实验，以便为人民币的自由兑换提供经验。

(4) 居民可有限制地向离岸金融市场借款，有利于扩大南海开发利用外资的规模。

(四) 建立南海离岸金融市场的具体步骤

(1) 充分利用上海自由贸易区、广东前海、横琴岛和海南省离岸金融业务政策，中国——东盟自贸区优惠政策，发展现代服务业，积极发展南海区域离岸金融业务。

(2) 积极发展南海区域实体经济，为离岸金融业务和金融市场的建立提供产业需求保证。从服务于南海开发、保税区建设，逐步发展为服务于国际金融、国际贸易、转口贸易、海上勘探、采矿、养殖、仓储、海陆运输、出口加工、临港经济开发区等产业，同时发展银行业、保险业、商业、信息产业。

七、推进南海海洋新兴产业发展中金融支持体系法律和实施的保障措施

(一) 建立南海开发金融支持体系的法律保障措施

(1) 制定离岸金融中心企业、个人营业税法，个人所得税法和离岸金融业务管理办法。

(2) 制定离岸金融中心社会保障和劳动保障法。加强劳动保险，保障服务，使离金融中心的社会保险、劳动保障等制定和国际衔接。

(3) 制定离岸金融中心金融监管法，预防金融系统性风险。制定离岸金融中心的监管法律体系；建立信用和征信体系

(二) 提供良好的离岸金融业务运行的基础设施和环境

(1) 在人民银行总行和银行业监督管理委员会的监督管理下，制定与建立南海商业开发金融体系和南海区域商业开发银行，投融资机构管理，离岸金融市场有关的法规、政策和操作规程，以便吸引更多的金融机构来南海区域设立分支机构，并在这个基础上批准成立由粤琼桂发起组建的南海商业开发银行，国内外商业银行分支机构，离岸银行和非银行金融机构。

（2）开展特殊的商业银行存贷款业务、准备金制度及离岸金融业务工作，以便逐步形成金融产业对海洋新兴高科技产业的支持力度。建立离岸和在岸帐户的分离机制，并设立“离岸资金在岸使用”专用账户，逐步开展包括存款、贷款、短期资金的拆借、票据承兑和贴现、债券和大额可转让存款的发行、银行贷款，以及信托、保险、结算、投资、咨询等离岸业务。

（3）加强对商业银行存贷款业务和离岸金融业务的管理工作，提高其资产质量，确保南海商业开发银行及离岸业务的健康运行。随着以上具体步骤的逐步实施，就可以为建立南海商业开发银行和离岸金融市场提供更好的软硬环境，从而实现南海金融中心在华南地区、在中国以至在亚太地区的战略定位。

（4）南海商业银行及离岸金融中心内的银行业结构免除存款准备金；降低银行的利息收入营业税和所得税税率。允许在离岸金融中心落户的金融机构开展离岸金融业务，发行境内外人民币债券和外国货币债券，以服务于南海金融体系发展。

八、建设南海区域金融中心城市，推动区域金融产业发展

目前，我国经济发展格局和模式已经基本建成。随着“海洋强省”“海上丝绸之路”建设和中国—东盟自由贸易区的实施、海南国际旅游岛发展及南海区域合作的扩大，将有利于使位于南海的重要城市海口市成为名副其实的国际中心城市，推动南海区域金融产业发展，促进整个南海城市产业群发展，成为中国经济发展的另一增长极。加快南海商业开发金融支持体系建设，促进南海海洋科技创新，实现发展南海海洋新兴产业的优化路径，推进海南新兴产业发展和产业结构优化升级，提高经济发展的质量和效益，从而推动和加快南海区域省份转变经济发展方式，实现可持续发展战略。

参考文献

[1] 范祚军．区域开发与金融支持——以环北部湾经济区开发为例［M］．北京：人民出版社，2013（9）．

[2] 李芳芳．知识经济时代下我国海洋高新技术产业的发展［J］．海洋开发与管理，2005（1）．

[3] 沃尔特·爱萨德著、杨开忠、沈体雁等译，区位与空间经济：关于产业区位、市场区、土地利用、贸易和城市结构的一般理论（Location and Space－Economy：A General Theory Relating To Industrial Location，Market Areas，Lend Use，Trade，and Urban Structure.

[4] 吴士存．世界著名岛屿经济体选论［M］．北京：世界知识出版社，2006（9）：223－224.

[5] 中华人民共和国国务院．关于推进海南国际旅游岛建设发展的若干意见［N］．海南日报，2010－01－05.

[6] 中华人民共和国发展改革委员会．海南国际旅游岛建设发展规划纲要［N］．海南日报，2010－06－01.

[7] 丁娟．国内外关于海洋新兴产业的理论研究：回顾与述评［J］．产业经济评论，2012（2）．

[8] 仲雯雯．国内外战略性海洋新兴产业发展的比较与借鉴［J］．中国海洋大学学报，2010（3）．

[9] Nicolai Lovdal，Frank Neumann，Internationalization as a strategy overcome industry barriers—An assessment of the marine energy industry，Energy Policy，Volume 39，Issue 3，March 2011，Pages 1093 － 1100.

[10] Wright，Glen，Regulating marine renewable energy development：a preliminary assessment of UK permitting processes，Society for Underwater Technology，Underwater Technology，Volume 32，? Number 1，March 2014，pp. 39 －50（12）．

[11] Si Ocean（欧盟主导的从2012—2014年为期两年的研究项目组织）文献题目：Wave and Tidal Energy Market Deployment Strategy for Europe 国籍：欧盟发表刊物：Si Ocean2014－06：5.

[12] IRENA 国际可再生能源署. Ocean Energy: Technology Readiness, Patents, Deployment Status and Outlook，国际可再生能源署报告，2014.

[13] 王广谦.20 世纪西方货币金融理论研究：进展与述评［M］. 北京：经济科学出版社，2010.

[14] 夏斌、陈道富. 中国金融战略［M］. 北京：人民出版社，2011.

[15] 徐新华. 南海资源开发中的金融支持体系构建［J］. 经济纵横，2013（6）：107－109.

[16] 徐新华. 进一步加强南海资源开发过程中的琼粤滇港澳台经贸合作研究［J］. 发展研究，2013（7）：45－49.

[17] 徐新华. 通胀剪刀差的汇率调节策略研究［J］. 经济学动态，2014（11）.

[18]《深圳新一轮金融改革方略》课题组. 深圳新一轮金融改革方略［M］. 北京：中国财政经济出版社，2014（11）.

[19] 中国人民大学国际货币研究所.2013—2014 人民币国际化报告［M］. 北京：中国人民大学出版社，2016（6）.

[20] 卢进永. “走出去”战略与中国跨国公司崛起［M］. 北京：首都经济贸易大学出版社，2012（11）.

第四篇

"一带一路"战略与海南经贸发展

海南融入国家“一带一路”战略布局的思考

周东凯
（辽宁石油化工大学 工商管理学院）

一、参与“一带一路”战略的重大意义与路径选择

（一）海南省参与“一带一路”战略的重大意义

海南省之所以有今天的繁荣发展局面，归因于在国家的大力支持下抓住了几次重大历史机遇。自1978年以来，改革开放的春风为全国尤其是包括海南岛在内的沿海地区的飞速发展带来了第一次历史性机遇。1988年，海南省成立并成为全国唯一省级经济特区，为海南省参与泛珠三角、中国—东盟自贸区等区域经济建设创造了第二次历史性机遇。2010年1月4日，国务院发布《关于推进海南国际旅游岛建设发展的若干意见》，要求在2020年将海南初步建成世界一流海岛休闲度假旅游胜地，使之成为开放之岛、绿色之岛、文明之岛、和谐之岛，为海南省发展以旅游为主导的现代服务业指明了方向，为海南省开发开放、融入世界带来了第三次历史性机遇。2015年3月，国家发布了《推动共建丝绸之路经济带和21世纪海上丝绸之路的愿景与行动》，明确提出以政策沟通、设施联通、贸易畅通、资金融通、民心相通为主要内容，扩大和深化对外开放、加强和亚欧非及世界各国互利合作，并要求“加大海南国际旅游岛开发开放力度，加强海口、三亚等沿海城市港口建设，成为21世纪“海上丝绸之路”建设的排头兵和主力军”，“一带一路”战略布局

为海南省全面融入中国新一轮对外开放格局带来了第四次历史性机遇。唯有争当敢闯敢试、敢为人先的弄潮儿，才能加速实现科学发展、绿色崛起。海南一方面要加强开放合作，尽快融入世界分工大格局；另一方面要加强自身能力建设，全方位提高参与“一带一路”建设的支撑能力。

（二）海南省参与“一带一路”战略的路径选择

（1）陆路融入“一带一路”：通过环岛高铁、田字形高速公路，经琼州海峡跨海通道，实现与大陆干线公路、铁路网快速连接。向西北，融入新欧亚大陆桥，参与丝绸之路经济带建设；向西南，经云南、广西边境口岸，通达越南、缅甸、老挝、泰国、印度等国家，参与中国—中南半岛、中巴、孟中印缅等经济走廊建设。

（2）航空融入“一带一路”：通过国际门户机场、通用机场，近至三沙、北部湾、珠三角、长三角，远至环南海、环印度洋、环太平洋国家。

（3）水路融入“21 世纪海上丝绸之路”：向东北，联结日本、韩国、俄罗斯、远至太平洋国家；向西南，联结南亚、印度洋、南太平洋、欧洲国家。

二、推进“一带一路”战略的重点任务

（一）建设多维立体大通道，提高基础实施互联互通水平

目前，海南省域内的综合立体交通通道、能源通道、通信通道建设滞后，尚未形成从地下、海上、陆上、低空、中空、太空的多维立体通道，与三沙市、广东省等邻近省市及国内沿海地区、泛北部湾地区、东盟等的互联互通水平亟待提高。要全面加强跨海地下光缆、跨海石油天然气管道、高速铁路、高速公路、轨道交通、港口群、码头群、高压电网、通用机场群、国际门户机场、卫星应用等基础设施建设，提高区域互联互通水平，使海南省成为21 世纪“海上丝绸之路”重要人流、货物中转枢纽。

（二）多角度促进产业合作，融入世界产业分工的大格局

（1）以旅游带动现代服务业国际合作。国际旅游岛上升为国家战略以来，海南热带滨海旅游吸引了全世界的眼光，国际酒店、国际健康医

疗、国际免税购物、国际邮轮游艇、世界小姐大赛、海天盛筵等国际旅游元素日益集聚，为海南省旅游业融入世界提供了重要支撑。2014 年，海南省接待国内外游客 4789.1 万人次、增长 10.6%，旅游总收入 506.5 亿元，游客人均消费不足 1100 元。接下来，一是要大力加强与国内沿海港口、沿线国家港口合作，提高通关便利化水平，发展环南海、环印度洋、环太平洋邮轮航线①。二是要扩大游客过境免签范围，争取全球免签，延长签证时间，发展国际休闲度假旅游，争取更加便捷的游客往来政策。三是要更加注重高端游客比重，降低观光旅游比重，增加休闲度假旅游比重，以提高单位游客的收入为导向，从吃、住、行、游、购、娱全方位拓展消费空间和消费层次，着力发展国际水准的私人订制服务，刺激国际高端游客消费，发展时尚奢侈品交易、古董拍卖等产业。四是要加快培育旅游新业态，全面加强海南岛、三沙市旅游一体化建设，顺应医疗旅游全球化趋势，引进日本、韩国、泰国、印度、德国、美国等国家医疗元素，大力发展疗养度假旅游产业；加快发展滨海度假旅游、休闲农业旅游、民族特色旅游、帆船游艇、深海垂钓、会议会展等旅游相关产业。全面建成具有国际影响力的中国旅游特区，融入中国—东盟自由贸易区升级版②和中国—东盟命运共同体③建设。

（2）全面推进一产、二产跨国合作。在海洋渔业方面，在种苗培育、深海网箱养殖、远洋捕捞等方面加强国际协作，共同建设科研中心、组建企业集团，雇用沿线国家劳工。在农业方面，以打造“种业硅谷”为契机，在东盟、东南亚、南亚国家广泛建立水稻、玉米、木薯、瓜果、橡胶、甘蔗、西沙诺丽等种植基地，建立跨国投资的产业园区。在工业方面，以海口高新区和洋浦石化基地重点企业为依托，促进光伏、汽车、航空、新材料、石油化工等产业率先“走出去”。探索与沿线国家建立利

---

① 胡秀群，李俊成．世纪海上丝绸之路之南洋航线：海南需要做什么？［J］．中国海商法研究，2015，26（1）：14－18.

② 朱环．丝绸之路经济带旅游发展对策——基于中国—东盟无障碍旅游区构建视野［J］．开发研究，2014（3）：46－49.

③ 葛红亮，鞠海龙．“中国—东盟命运共同体”构想下南海问题的前景展望［J］．东北亚论坛，2014（4）：25－34.

益分享机制，通过产业合作打造广泛的利益共同体。

（3）加快推进投资贸易领域与国际接轨。创建以面向东盟为主的中国（海南）自由贸易试验区。在复制和借鉴上海市、广东省、天津市、福建省等自由贸易试验区成功经验的基础上，挖掘区位、资源优势，推进以旅游业为龙头的现代服务业扩大开放和自由贸易投资体制建设，为海南省进一步加快改革、扩大开放合作搭建广阔平台。10 年内，中国旅游特区的旅游和贸易、投资、人员往来便利化达到香港特别行政区水平，现代服务业产值占总产值的比重达到台湾的水平。20 年内，人均生产总值、对外贸易、蓝色经济水平达到新加坡等发达地区的发展水平。

（三）全面推进生态文明建设，创建“一带一路”示范典范

（1）建设生态型经济发展示范省。保持生态环境顶端优势，将生态优势转化为产业优势、经济优势和发展优势，提高生态经济发展水平，将优质的阳光、空气、沙滩、海水转化为经济增长动力，促进旅游、酒店、房地产、康复、疗养、度假、会议会展等产业健康发展，加快培育“生态 + 文化 + 旅游”的新业态，形成生态产业体系。

（2）建设幸福宜居省。海陆统筹，全面加强生态环境保护。采取最严格的措施，保护好耕地、森林、大气、水体、海域岸线，让青山更绿、海水更蓝、沙滩更美、空气更清新。严格实施海洋功能区划、海域使用权属和海域有偿使用制度，划定自然岸线保护红线。推进实施国家制订的水、土壤、大气污染防治行动计划，履行《濒危野生动植物种国际贸易公约》。加强对红树林、珊瑚礁、海草场等保护。推进海防林恢复、天然林保护，以及城镇绿化美化工程，建设风情小镇、美丽乡村。

（3）创建生态文明示范城省。把生态文明建设融入经济建设、政治建设、文化建设、社会建设各方面和全过程，形成有利于节约资源和保护环境的空间格局、产业结构、生产方式、生活方式。深化生态文明体制改革，建立生态文明制度，完善生态环境保护机制，建立生态环境损害责任终身追究制。

（4）建设低碳发展示范省。提高应对气候变化能力，提高绿色发展、低碳发展水平。调整和优化能源结构，提高非化石能源比重，积极发展

清洁能源。加强资源能源的集约节约利用、高效利用和循环利用，实行能源消耗总量控制和二氧化碳排放总量控制，提高能源利用效率和资源能源产出率。强化工业、农业、交通运输、建筑、公共机构等节能减排和低碳发展，推广合同能源管理模式。加大冰蓄冷、地源热泵技术的示范利用，倡导低碳生活和消费方式。建设低碳城镇、园区、景区、社区、建筑等示范。

三、保障措施

（一）开放型体制机制保障

以开放促改革、以改革促发展，转变政府职能，加强制度建设和政策创新，推进“多规合一”。用好、用足、用活经济特区政策和国际旅游岛先行先试政策，充分发挥市场配置资源的决定性作用。提高投资、贸易和人员往来便利化水平。深化与沿线国家海关、检验检疫等方面的双边多边合作和政策交流，探索建立准入前国民待遇加负面清单的投资管理模式。加强与沿线国家出入境管理合作，扩大与沿线国家双向免签范围，适度放宽对沿线国家出入境管理。

（二）发展建设资金保障

加大政府财政投入，积极争取中央财政和省财政专项资金支持，争取亚洲基础设施投资开发银行、海上丝绸之路银行、中国丝绸之路基金、国家开发银行等提供金融支持。加大信贷投放。积极吸引社会资本参与重大基础设施开发、建设与运营，推广运用政府和社会资本合作（PPP）等新型投融资模式。拓展民间投资渠道。加强地方债务管理。研究设立产业发展基金，吸引国内资本及符合战略意图的国外资本设立旅游发展等专项风险投资基金。推动符合条件的企业到国内及境外资本市场上市融资、再融资。推动发展债券市场，促进企业融资。

（三）优惠政策扶持保障

实施产业优惠政策，对海洋渔业、海洋旅游业、海洋物流运输业、热带农业及供水、供电、供食、供网等基础产业，加大产业投资优惠补贴力度；大力支持海水综合利用、海洋工程装备研发、远洋渔业、海洋节能减排、海洋生态保护等海洋高新技术产业发展，争取国家和省单列一批重点扶持和鼓励发展的科技项目。实施税收优惠政策，对旅游休闲、商务服务、金融服务、文化创意、科教研发和高新技术等技术先进性服务企业实行减免税率政策。

（四）科技创新能力保障

切实提高自主创新能力，以全球视野谋划和推动创新，吸引国际高端创新人才，引进关键技术，加快建设支持研究、开发、创新及成果产业化的科技基础设施和科技资源共享平台，全面提高海南省原始创新、集成创新和引进消化吸收再创新水平。培育多元化投融资体制和风险投资机制，鼓励企业加大研发投入，加强知识产权保护和转化，构建军产学研用创新联盟，促进大众创业、万众创新，鼓励发展战略性新兴产业，推动产业转型升级，培育核心竞争力。

参考文献

[1] 胡秀群，李俊成．世纪海上丝绸之路之南洋航线：海南需要做什么［J］．中国海商法研究，2015，26（1）：14－18.

[2] 朱环．丝绸之路经济带旅游发展对策——基于中国—东盟无障碍旅游区构建视野［J］．开发研究，2014（3）：46－49.

[3] 葛红亮，鞠海龙．“中国—东盟命运共同体”构想下南海问题的前景展望［J］．东北亚论坛，2014（4）：25－34.

海南在21世纪“海上丝绸之路”建设中的角色及作用

高　健1，寇　漫2，李世杰2

（1 海南大学土木建筑工程学院；2 海南大学经济与管理学院）

一、引言

海上丝绸之路是我国古代与世界其他地区进行国际交通贸易和文化交往的海上交通“大动脉”，是由当时东西洋间一系列港口网点组成的国际贸易网。海上丝绸之路主要有东海起航线和南海起航线两条主线路。通过海上丝绸之路往外输出的商品主要有丝绸、瓷器、茶叶和铜铁器四大宗，往中国国内运的主要是香料、花草及一些供宫廷赏玩的奇珍异宝。海上丝绸之路形成于秦汉时期，发展于三国隋朝时期，繁荣于唐宋时期，转变于明清时期，是已知的最为古老的海上航线。

2013 年 10 月，习近平总书记访问东盟国家时提出了建设 21 世纪“海上丝绸之路”。东南亚是海上丝绸之路的重要枢纽和组成部分，习近平总书记基于历史，着眼于中国与东盟建立战略伙伴十周年这一新的历史起点上，为进一步深化与东盟的合作，构建更加紧密的命运共同体，实现共赢，提出了此战略构想。

从我国沿海起航的海上丝绸之路主要有两条：一条是东海丝绸之路；另一条是南海丝绸之路。其中，南线是海上丝绸之路最早开辟的和最主要的航线。历史上的南海丝路经马尼拉至非洲各国，为中国沿海地区的发展产生过积极的影响。而海南曾经是海上丝绸之路重要的中继站、中转站，海南一方面为海上丝绸之路做出重要的贡献，另一方面海南也因海上丝绸之路有了更大的进步。

二、海南的独特优势

（一）区位及海上运输条件

海南省位于中国最南端，背靠中国大陆，面向东南亚诸国，地处西太平洋通往印度洋的南海国际海运要道，南通亚洲第一大港新加坡港，北邻香港，历史上早有东方航线上的中途站之美誉。海南对外开放基础好，面向东盟最前沿。处于中国—东盟自由贸易区的地理中心，是泛珠三角“9 +2”与东盟自由贸易区“10 +1”的结合部。海南是一个海洋大省，其所管辖的南海诸岛及附属海域是海上丝绸之路的重要航道和交通要冲。

海南具备海上运输通道和海上合作的基础条件，当前全球1/3、我国3/4以上的国际贸易都要通过南海。历史上海上丝绸之路的三大航线（东洋航线、南洋航线、西洋航线）其中两条都经过南海。海南四大港口完全有能力承担大规模停泊和集装箱装货使命。表1是海南省2000—2013年的港口吞吐量和历年增速。

表1　2000—2013年海南省的港口吞吐量及历年增速

单位：万吨

年份	港口货物吞吐量	增速
2000	1976	17.48
2001	1982	0.3
2002	2309	16.5
2003	2757	19.4
2004	3602	30.65
2005	3773	4.75
2006	5444	44.29
2007	7331	34.66

续表

年份	港口货物吞吐量	增速
2008	7692	4.92
2009	8345	8.49
2010	9662	15.78
2011	10905	12.86
2012	11792	8.13
2013	11005.52	-6.67

资料来源：《2014 年海南省统计年鉴》。

由表 1 我们可以看出，2011—2013 年，海南省港口货物吞吐量逐年递增，增速明显，除了在 2013 年较上年有 6.67% 的下滑，2006 年较上年增速最高，为 44.29%。并于 2011 年突破了 1 亿吨大关。由此看来，海南省港口具备一定潜力，随着经济的发展，其将会日益增长。

（二）政策优势

海南作为中国最大经济特区并正在进行国际旅游岛建设，国际旅游岛优惠政策、保税港区政策等其他多项优惠政策以及机缘优势，使海南参与 21 世纪“海上丝绸之路”建设中有更大创新试验的空间。8 月 29 日，在海南三亚，总投资 50 亿元、建筑面积 12 万多平方米、汇集近 300 个国际知名品牌的海棠湾免税购物中心将于 9 月 1 日营业。这一全球最大单体免税店的建成，就得益于离岛免税政策。

（三）资源禀赋

海南是一个资源丰富的宝岛，如热带动植物资源、热带经济作物资源、水产资源、矿产资源、民族文化资源、旅游资源等，这些资源都将在新海上丝绸之路建设中发挥独特作用。

（1）海南岛热带作物资源丰富。岛上原来生长有 3000 种热带植物，建国后，从国外引进 1000 种，并从国外野生资源中发掘出 1000 多种有用植物进行栽培试验均取得显著成绩。目前栽培面积较大、经济价值较高的热带作物主要是：橡胶、椰、油棕、槟榔、胡椒、剑麻、香茅、等。经济作物主要甘蔗、麻类、花、芝麻、茶等；水种类繁栽 培野类 29 科、

53属栽培形商品水主要菠萝、荔枝、龙眼、香蕉、芭蕉、柑橘、芒、西瓜、杨桃、菠萝蜜等；蔬菜120种。

（2）海南的植被生长快，植物繁多，是热带雨林、热带季雨林的原生地。到目前为止，海南岛有维管束植物4000种约占全国总数1/7，其中600多种海南所特有。在4000种植物资源中，药用植物2500种；乔灌木2000种，其800种经济价值较高，列为国家重点保护特产与珍稀树木20种；果树（包括野生果树）142种；芳香植物70多种；热带观赏花卉及园林绿化美化树木200多种。植物资源最大藏量在热带森林植物群落类型中，热带森林植被垂直带明显且具混交、层、异龄、绿、干高、冠宽等特点。

（3）水产资源。海南海洋水产资源具有海洋渔场广、品种多、生长快和渔汛期长等特点，是中国发展热带海洋渔业的理想之地。全省海洋渔场面积近30万平方公里，可供养殖的沿海滩涂面积2.57万公顷。海洋水产在800种以上，鱼类就有600多种，主要的海洋经济鱼类40多种。许多珍贵海特产品已在浅海养殖，可供工养殖的浅海滩涂约2.5万公顷，养殖经济价值较高的鱼、虾、贝、澡类等20多种。

（4）油气资源。经地质普查勘探证实，海南有丰富石油、天然气资源，先后圈定北部湾、莺歌海、琼东南3个大型沉积盆，总面积约12万平公里，其中，对油气勘探有利的远景面积约6万平公里。发挥洋浦在“海上丝绸之路”中的油气加工与出口基地作用。洋浦港是中国联结与东南亚、印度洋、大西洋最近的大型良港，而东南亚各国炼油等油气化工产业基础薄弱，有利于对外建立经贸关系。

（5）旅游资源。海南旅游资源十分丰富，极富特色。有狭长独特的海岸带景观，山岳、热带原始森林，奇特的珍奇异兽，大河、瀑布、水库风光，火山、溶洞、温泉，沙滩、潜水、海鲜，总是能带给游客独特的感受和最满足的享受。

（四）侨乡优势

海南是我国第三大侨乡，海外侨胞有300多万人，侨居在世界各地。他们既为居住国的经济建设做出了巨大贡献，也为家乡经济建设贡献和赤子之心。广大侨胞中人才济济，不仅有众多商界奇才、政界要员，还有不少人是居住国文化、科技、金融、企管等领域的精英和专家，人才资源非常丰富。改革开放以来，我省还有2万多人通过讲学、留学等形式移居海外，经过拼搏，他们已经融入当地主流社会。许多人在科技、文化、学术等方面创造了自己的天地，逐渐成为华侨华人社会的主体，成为日益重要的力量。

三、海南如何成为“海上丝绸之路”桥头堡

（一）深化与东盟国家的贸易投资合作

利用海南与东盟各国贸易互补性明显的特点，继续加大我省成品油、机电产品、纸制品、化肥等产品的出口和东盟木片、椰果、热带水果等的进口；利用东方与越南等东盟国家长期的边贸基础和良好的八所港口岸条件，推动“海南东方边贸城”建设，争取国家支持，允许海南东方市开展边民互市贸易；积极推进我省与东盟国家在石化产业、港航物流、新兴产业等方面的投资合作，力争在打造中国—东盟自由贸易区升级版中增加海南的份量。

（二）加快推进服务性基础设施建设

加快推进服务性基础设施建设，发挥海上丝绸之路的“驿站”作用。如加快海陆交通设施的建设与对接、资源平台和海上公共服务平台的建设与跟进，形成资源互通、信息共享的有效合作机制，为“海上丝绸之路”提供高水准务保障，促进跨境贸易投资的便利化，推动跨境电子商务平台建设，增强“海上丝绸之路”的金融服务和保障能力。

（三）争取建设资金

结合海南环境资源优势和发展绿色总部经济规划，积极筹备，力争将“海上丝绸之路”建设基金或开发银行总部落户海南。目前，虽然中国在非洲、拉丁美洲等地区均有帮助一些国家开展大规模的基础设施建设，但基本处于“各自单干”的情况。我们可以推进“海上丝绸之路”建设为契机，全面有效整合我国金融能力和基础设施建设能力，在“亚

洲基础设施投资银行”的基础上择机设立“海上丝绸之路建设基金”或者“海上丝绸之路开发银行”，以协调中国经济的“走出去”和海外的经贸投资活动。

（四）打造现代商贸的海南物流基地

大宗商品和繁荣的商贸物流是21世纪“海上丝绸之路”经济合作的重点领域和重要标志。海南航运货物运输仍局限在农产品和本岛工业产品出口领域，远洋货运输出仍比较落后。但是，目前海南四大港口完全有能力承担大规模停泊和集装箱装货使命。我们应该适时发展航运服务产业链，积极参与并推动中国—东盟商贸物流集散中心建设，实施“电商丝路”工程，积极打造北部湾自由贸易港，推动修建琼州海峡跨海通道工程。

（五）加速三沙成为“海上丝绸之路”的中继站和海上服务基地

三沙市有利于守卫我国南海的安全，也可作为服务站为过往的船舶提供物资和服务。三沙市矿产资源和油气资源丰富，但陆地面积较小，可以通过多种方式拓展战略腹地。建成集酒店宾馆、商场超市、文化娱乐场所、体育场馆以及医院保健中心为一体的平台。这样不仅可以有效地拓展三沙市的战略腹地，也可以带动多种海洋科技创新，夯实三沙市开发的基础。

（六）推动临港、临空保税区发展

在海口综合保税区等特殊监管区先行实行自由贸易区政策和管理体制；积极推动临港、临空综合保税区发展成为自由贸易园（港）区。

（七）发挥博鳌亚洲论坛的平台和品牌优势

加快推进博鳌公共外交示范基地、三亚国家首脑休闲外交基地、万宁中非交流合作促进基地和海口侨务工作交流示范区建设，使海南在与周边国家和地区互联互通、海上丝绸之路上发挥更大作用。

四、存在问题及政策建议

（一）商业收益滞后性，对企业吸引力不足

政府主导，企业跟进。在推进海上丝绸之路进程中，政府需要打前

站，因为很多地区合作目前见不到直接的商业收益，尤其是涉及大型互联互通的项目，但如果仅由政府主导，企业不跟进或企业见不到收益，肯定是不可持续的。

（二）远洋货物运输落后

大力发展海洋交通运输业，抓好港口建设，培育航运市场，建设服务基地，开拓航线。为此应以港口为依托，海运为纽带，结合海南区位优势，建设面向东南亚的航运枢纽、物流中心和交易基地，由琼州海峡航运转向南海和国际海运运转中心发展。

（三）工业基础差

大力发展海南临港工业。随着南海成为国家的核心利益以及海南建设国际旅游岛上升为国家战略，海南社会经济发展又一次迎来了难得的重大历史机遇。从国内来看，以钢铁、石油化工、农副产品加工等为重点的工业制造业，出现向沿海港口城市转移的趋势。另外，发达国家的产业结构正向知识技术密集的高加工阶段转移，出现加快向我国沿海地区转移的趋势。因此，无论从市场需求还是从吸引外资来看，海南省拥有丰富的海洋矿产资源，发展临港工业和临港产业都是社会经济提升的一大机遇。大力发展临港工业能带动更多相关的配套项目、物流、交通、金融等其他服务业的发展。

（四）对大陆的依赖较强

海南的很多物资都是从大陆运过来的，对大陆的依赖程度比较强。应完善交通网，促进海南与内地之间的货物贸易，互通有无，调剂余缺。将海南省建设成一个货物的集散地和中转地。同时，在考虑环境的条件下，也鼓励大陆企业投资设厂，一方面，有利于减少运输成本，另一方面，方便快捷，促进就业，增加产品多样性。

（五）与东南亚存在相似性

海南和东南亚、南亚在气候、热带资源、海洋资源、旅游景观等方面存在相似性，所以应该看到与东盟之间的贸易互补性，拓宽合作领域。同时，双方应该互相学习，弥补自身在技术、管理等方面的不足，共同进步。例如，对于旅游资源的相似性，我们可以赋予更多的人文因素，如丛林探险、少数民族风情游；对于热带农业，可以开设观光农业、丰收体验等旅游项目；对于热带水果，可以做成不同的成品，如果汁、糖果、果肉饮料、罐头等。

（六）对人才数量质量需求高

建设21世纪“海上丝绸之路”，高素质的人才队伍是重要的必不可少的要素。所以要大量引进高质量人才，建设海南，使海南抓住机遇，促成自身长足发展。同时，以开拓、建立新“海上丝绸之路”的人才培养合作机制。

参考文献

[1] 王军，李锋．通过六大政策支点打造21世纪“海上丝绸之路”[N]．证券日报，2014－02－25.

[2] 陈涛，罗利明．牢牢把握“海上丝绸之路”建设重大机遇，探索积累全面深化交通运输改革海南经验[N]．中国交通报，2014－04－11（1）.

[3] 陈敬儒．发展海上丝路，海南具备基础[N]．海口晚报，2014－04－12（A03）.

[4] 王明初，兰岚．海南要建设“海上丝绸之路”的“桥头堡”[N]．共筑中国梦，2014（5）.

[5] 金昌波．打造海南海上丝绸之路桥头堡[N]．海南日报，2014－06－21（A03）.

[6] 饶思锐．发挥海南优势，共建海上丝路[N]．海南日报，2014－06－03（B04）.

[7] 冯颖．海南：打造“海上丝绸之路”战略枢纽和桥头堡[N]．中国旅游报，2014－03－10（001）.

[8] 刘瑾．海南联合7省9市共谋“海上丝绸之路”申遗[N]．中国文物报，2014－07－04（001）.

[9] 彭青林．海南如何搭上“海上丝路”顺风车[N]．海南日报，2014－03－08（A02）.

[10] 杜颖，张谯星. 海南争当“海丝之路”桥头堡 [N]. 海南日报，2014-03-04 (A03).

[11] 何伟，李万祥. 海上丝绸之路带来新机遇 [N]. 经济日报，2014-03-07 (003).

[12] 陈万玲，何传添. 海上丝绸之路的各方博弈及其经贸定位 [J]. 区域经济，2014，(3).

[13] 杜颖. 海上丝路，海南应发挥集聚集散效应 [N]. 海南日报，2014-04-12 (A03).

“一带一路”背景下海南省自由贸易区建设探索

高　健1，宋良园2，李世杰2
（1 海南大学土木建筑工程学院；2 海南大学经济与管理学院）

一、引言

自由贸易区是伴随着国际贸易和世界经济发展而产生的，在其出现之后反过来进一步推动了国际贸易发展。从各国的实践过程来看，在加强经贸往来，打破国际贸易壁垒、促进技术和资本的国际间流动、刺激体制创新等方面，自贸区都发挥了很重要作用。所以，为了中国经济进一步融入世界经济全球化进程，要求国内的特殊监管区在更深层次上参与国际经济的合作，在原有功能基础上进一步发展，向着集进出口的贸易、制造、加工，仓储、保税物流、金融及其他相关配套服务于一体的综合型自由贸易区发展，才能与国际上其他自由贸易区竞争，成为联结国内外市场和资源的通道，发挥其在服务中国对外贸易发展中的作用。在世界经济下行压力继续增大态势下，中央政府决定进一步深化改革、扩大开放力度，并于2013年7月，批转设立“中国（上海）自由贸易试验区”，推动建设具有国际水准的监管高效便捷、投资贸易便利、法制环境规范的自由贸易试验区，在上海自贸区进行推动改革开放的试点，以形成可复制并推广的经验。

改革开放以后，中国政府一贯积极倡导南海周边国家共同拓展多边贸易，推动地区合作，共同致力于构建南海区域安全稳定海上通道，维护国际贸易顺畅进行。特别是近年来，随着中国经济实力和对外贸易的不断增长，通向欧美等地的海上运输发展迅速。于是，横穿南海的海上运输线路日益繁忙，承担着愈加重要的运输任务。更重要的是，环南海诸国的产业结构和经济结构与中国存在极强的互补性——据测算，未来5~7年内，中国与东盟的双方贸易总额或超过5万亿美元，新增双向投资额可达1500亿美元。中国与东盟诸国之间的贸易拓展和合作深化，或将会在该地区构建起统一的共同市场，形成与现在的北美自由贸易区、欧盟自由贸易区鼎足而立的全球三大自由贸易区。在经济全球化与区域一体化并存的今天，重启并建设内涵更为丰富、全面的“海上丝绸之路”，将带动与东亚、南亚、西亚各国在经济上的深层次合作，甚至能在一定程度上改变了国际政治与经济的地缘格局。

海南省地处中国最南端，内靠粤港澳深华南经济圈地，外临东南亚地区，处于中国—东盟自由贸易区的地理中心位置，是21世纪“海上丝绸之路”的重要节点地区。作为“海上丝绸之路”的重要一站，海南地区本应该在国际贸易中发挥重要作用；但因工业基础薄弱等因素，海南岛虽扼守着“海上丝绸之路”的交通要道，却长期处于被忽视和边缘化的尴尬境地。作为中国最年轻的省份和最大的经济特区，海南完全可以以更为开放、包容的姿态，积极发展同“海上丝绸之路”沿线国家的友好关系，参与国际交流与合作。国家层面“一带一路”战略，不仅给海南带来难得的发展契机，更为海南经济腾飞提供了战略支点。布局于全岛的产业转型与经济升腾，绸缪于中国海洋发展战略的先行试验田，海南建设自由贸易区的条件已经具备。建设海南自由贸易区（试验园区），不仅对海南的发展具有促进与推动作用，对于全面提升我国开放型经济水平、强化中国—东盟全面合作伙伴关系、实施“一带一路”国家战略等都具有重要意义。

二、相关概念与文献综述

（一）自由贸易区基本概念

自由贸易区是经济全球化的必然产物，按照区内所包含的国家领土范围，自由贸易区可分为两种：多国共建的自由贸易区和一国自行建设的自由贸易区。一种自由贸易是在 WTO 框架下，两个或两个以上的国家或地区或单独关税区组成的，在区内取消关税和其他非关税限制，并在区外实行保护贸易的特殊经济区域或经济集团（Free Trade Area，FTA），如欧盟、北美自由贸易区等。另一种是一国在本国境内自行建设的自由贸易区，这种贸易区是划在所在国或地区的海关辖区关卡之外，实行自由贸易政策的多功能经济特区（Free Trade Zone，FTZ）。两者设立的目的相同，都是为降低贸易成本促进经济发展，但不同之处在于 FTA 是根据政府间协议设立的包括协议区在内的经济体，FTZ 则是根据本国（地区）政策法规在本国（地区）境内设立的经济特区。虽然这两个概念有相近之处，性质却完全不同，更不能相互替代。所以，本文中所研究的自由贸易区（FTZ）均为后者。

（二）相关研究文献评述

世界各国（地区）自由贸易区的建设原因不尽相同，学界关于自贸区的设立动力也存在分歧。Kankesu Jayantha Kumaran（2002）认为，新加坡设立出口加工区的目的在于吸引国外投资，泰国、韩国等其他一些国家的自贸区是作为该国内向型经济转向外向型进程的促进手段之一而设立。Johansson（1994）指出通过“前向关联”“后向关联”和“知识外溢”自由贸易区可以提高所在地区的竞争力和经济社会实力。Miyagiwa（1986）通过构建模型得出了建立自贸区将会对经济利益产生的影响，即促进经济增长和国外投资增加。Rodriguez 等（2014）学者围绕自贸区的建立及发展展开了研究，并阐述了在此过程中其对周边地区的带动作用。Feltenstein 等（2008）学者从成本—收益分析角度出发研究对外贸易区的效益问题。United Nations，ESCAP（2005）解释了自由贸易区及其腹地的构成要素，并分析了亚欧地区自由贸易区及其腹地发展中有关物流型自由贸易区规则。Barovick（1983）和 Brooks（1984）等学者通过分析美国贸易结构变化，认为，自由贸易区为进口提供的便利远大于出口。Miyagiwa（2002）分析自由贸易区的区位选择问题及福利效应，指出经自由贸易区进口货物对国家福利的减少会有一定的影响。

侯远亮（2014）从经济发展视角分析了自由贸易试验区试验区发展的问题，指出当前全球经济规则面临着清洗，发达国家不断制约经济的发展，中国被迫地接受发达国家参与经济组织制定的规则，使我国的外贸处于被动地位，而自由贸易试验区的建立有利于我国打破国际制约的格局、积极的参与新规则。李奇（2009）分析发现我国保税区转型成为自由贸易区，是不断适应外在环境变化的客观要求，以及解决内部出现问题的主观要求。在转型时首先要明确转型改革的目标模式，其次要不断学习国际先进经验、结合考虑本国国情、规范制度规章、不断开拓思路，从而合理构思中国保税区向自贸区转型选择路径。并据此不断完善我国保税区，使其早日转型成功，来提高我国开放程度、推进贸易自由化，使经济能更有力地发展。徐艳玲（2010）提出了随着我国加入世界贸易组织，不断深入参与全球经济一体化，国内关税水平已经开始普遍下降，建立保税区初期所有的国际经济贸易、出口货物加工、物流保税仓储三大优势已不如当初明显。因此，我国保税区转型成为自由贸易区是大势所趋。张建平（2013）认为上海自由贸易区的建立是加快经济转型升级和推动对外贸易发展的重要途径之一。对上海自贸区来说，发展不应局限为模仿某种范例，应该在考虑国际经济趋势与中国进一步深化改革的需求基础上，发展在自由港模式上结合其他各种类型自由贸易区优点的，集转口贸易、保税仓储、出口加工、自贸区服务产业等功能于一身的综合型自由贸易试验区。夏善晨（（2013）提出自贸区的发展要注重管理构架的创新，自贸区的建设应重点突破法制的顶层设计，进行自贸区管理模式的探索，定位所经营的主体，避免无序的竞争和开发，避免用保税区的理念建设自贸区。

三、国内外自由贸易区的发展经验及启示

中国自由贸易区是政府全力打造中国经济升级版的最重要的举动，但直到2013年才成立第一个自由贸易区，即上海自由贸易区，所以在建设自贸区的方面缺乏经验，这个时候就需要向一些成功的自贸区案例进

行学习，汲取其精华，从而在建设海南自由贸易试验区的时候可以少走一些弯路。美国对外贸易区以及上海自由贸易区均发展良好，可以从中总结经验并得到启示。

（一）美国对外贸易区

美国自由贸易园区又称为外贸易区（Foreign Trade Zone）。为了应对包括劳动成本在内的其他成本的上升所带来的企业经营成本上升，提高美国企业的出口竞争力，美国各州都设立了大量对外贸易区。目前，全美共有近两百个对外贸易区仍在运营之中。

1. 管理模式

采用由国有企业或非营利组织来作为园区受让人对对外贸易区进行管理的模式。园区管理公司需向全国对外贸易委员会负责，具体职责包括提交园区建设申请、园区日常运营维护、园区建设融资、园区的停用和启用，以及园区年度报告的制作提交、对于区内企业的经营活动进行管理。

2. 主要产业

美国对外贸易区的主要产业包括石油化工和汽车制造。因为对外贸易区内的低税率，世界主要的石油公司和汽车制造厂家都有在园区内设立工厂，进行原料零件的接收、经由对外贸易区的进口或加工组装成品的出口。这两个产业的进出口总额通常会占到所在对外贸易区的很大比例。

3. 税收优惠

美国的对外贸易区设置了很多种优惠、灵活的税收政策，包括：鼓励货物在各个对外贸易区之间自由的转移；鼓励待进口或待出口商品存储在对外贸易区内的可免除商品一部分应交给州的税款的“关税减免”；关税在离开对外贸易区时缴纳的“关税延迟”；为企业提供灵活的税率选择；进出对外贸易区的商品可以免去先交税再退税的出口退税手续等。

4. 便利化措施

美国的对外贸易区具备灵活的报关制度，来自美国国内的货物可以不报关直接进入对外贸易区；进口货物还可以提前提出申请直接进入对外贸易区从而免去报关程序；同时，出口企业可集中对一段时间内的货物一起进行报关，以节省报关成本并建立电子报关系统来进行海关报关以此来提高运作效率。

（二）中国上海自由贸易区

2013 年 9 月 19 日，在上海综合保税区（包含上海外高桥保税区、洋山保税港区、浦东机场综合保税区）和外高桥保税物流园区的基础上建立的，中国境内第一个符合国际惯例的总面积 28. 78 平方千米的自由贸易区——中国（上海）自由贸易试验区正式挂牌成立。试验区主要目的是借助上海自贸区平台进行扩大服务行业、投资和金融行业开放；转变政府职能；转变贸易发展方式等方面的改革。主要政策措施有：

1. 完善法制保障

全国人民代表大会常务委员会和上海市人民代表大会常务委员会相继通过决议暂停实施外资企业法、中外合作经营企业法和中外合资企业经营法等法律条款中与《中国（上海）自由贸易试验区总体方案》（以下简称《方案》）相关规定不一致的若干规定，并调整与方案相抵触的各地方性的法规。这为自贸区发展提供了法律保障。

2. 负面清单管理，扩大金融等服务业开放

《方案》按照国际自贸区通行的相关规定，采用“负面清单”的外商投资管理模式，在此名单以外的行业外资均可进行投资，这是进行转变政府的管理方式和进一步市场化改革的措施之一。暂停或取消了一些股权、资质方面的限制，在商贸、航运、专业、文化、金融和社会六个服务领域的对民营资本和外资进行开放。

（三）国内外自由贸易区建设的经验

世界上成功的自由贸易区，大多是受到其独特区位、制度、资源，以及当时世界经济形势等多种因素影响，但仍然可以找到可资借鉴的基本建设和发展原则。

1. 完备的法律体系

自由贸易区的成功运作首先需要立法，通过一系列涵盖自由贸易区

运行各个方面的法律、规章制度，形成完备的法律体系为自贸区的运作以及自贸区内企业的经营提供法律保障。同时，需要在此基础上设立一个透明、完善、高效的管理机构对自贸区进行管理，来维护自贸区的正常运转。

2. 坚持自由贸易宗旨

虽然世界上第一个自由贸易区在1547年的时候就已经出现，但之后一直到第二次世界大战结束的几百年时间里，由于国际经济环境一直都是贸易保护主义盛行，所以在世界范围内，自由贸易区并没有得到很好的发展和认可。直到随着"二战"结束后社会重建等各种经济和政治因素影响带来的自由贸易政策盛行，这时施行区内投资和金融自由的自贸区才开始出现。20世纪60年代开始的发达国家产业结构升级和转移带来了发展中国家大量出口加工区的快速发展。20世纪90年代的经济全球化趋势和区域经济一体化，使对外贸易自由化发展成为全球共同认可的趋势。由此可见自贸区的发展很大程度上受到了世界各国对自由贸易理念接受程度的影响。

3. 贯彻贸易便利化原则

对各种国际贸易的相关流程简化称为贸易便利化。各种各样简化贸易程序措施的目的都是为了减少交易的成本，实现优化管理效益和提高相关管理效率。首先是要授权或者设立一个部门来对全国范围内的自贸区进行统一的管理，负责诸如自贸区的审批、相关项目的投资和基础设施等方面的管理。作为处于境内关外的自由贸易区，体现贸易便利化原则的另一个重要方面是对于出入自贸区的货物的海关监管的便利化。此类的措施包括：进行电子信息化的管理、海关机构的精简、实行诸如"一线放开""二线管住""区内自由""管进不管出"之类的监管方式。一般来讲，对进出口商品和区内公司所提供贸易便利化层次，在很大程度上决定了该自贸区优势的发展程度。

4. 发挥优势，特色发展

由于各国各地区的内外部经济、社会状况及自然资源等条件的不同，各国所设立的自由贸易区的主要目标功能也是各不相同。各个自贸区也因此有了其特殊的优势：例如，交通便利、地理位置优良、腹地广阔的地区通常设立综合型的自贸区或者保税仓储物流型的自贸区，又如，欧洲的一些自由港就属于这种情况。有大量的廉价劳动力资源的沿海地区通常设立加工出口型的自由贸易区，再如，亚洲地区广泛存在的出口加工区。同时，自贸区的税收等优惠政策要根据自身的经济发展阶段和外部国际经济形势来制定，并及时随它们的变化而调整。

三、海南建立自由贸易试验区的必要性

（一）世界经济一体化的需要

在贸易自由化、全球经济一体化的趋势下，我国在开展国际经济活动过程中，要与国际接轨，参与国际间的竞争，进行开放、自由的贸易。但是，真正意义上的自由贸易在当今世界情况下，即经济发展不平衡，两级分化严重的情况下是不能够真正落实的。由于本国利益是各个国家首先关注的地方，因此各国不可能取消设置的贸易壁垒，而是在逐步开放，互相交流的过程中寻找一个平衡点。自由贸易区正是这种螺旋式上升的过程中，在维护本国利益的前提下，有利于他国利益的恰当选择。

在这个大环境下，中国应有相应的能力在更高层次、更宽领域上主动参与国际间的竞争与合作。因此，要对我国海关特殊监管区进行建设，使之成为既能充分在参与国际竞争的情况下维护本国的利益，又能在与他国的合作中更好实现开放的自由贸易区。而我国能以开阔的视野，明确有关法律规定，发挥“境内关外”的功能优势，我国必将可以主动参与到世界经济一体化进程中。

（二）推进海上丝绸之路经济带建设的需要

2013 年底，中央提出构建 21 世纪“海上丝绸之路”的战略构想，海南地处“海上丝绸之路”经济带的交通要冲，是我国与东盟各国进行海上交往合作的最前沿，海南自贸区是最理想的缓冲区和试验区，有助于打造中国与东盟国家的合作平台，更好地促进区域各国在各领域的合作发展，进而打造区域“命运共同体”和“利益共同体”。

（三）海关特殊监管区自身发展的需要

自由贸易区作为强化多边合作和融合国际市场的重要纽带工具，能起到提升中国经济的开放水平、促进区域经济一体化发展和推动经济全球化发展的作用。在过去几十年里，中国政府根据自身发展条件，不断摸索经验，在不同城市和地区的口岸建立了包括保税区、保税物流园区、出口加工区，以及综合保税区在内的多种开放性区域，以争取和国际市场的衔接，促进本国经济的良好发展。其中海南通过多年的不断的开发开放实践，成功地建设了具备自由贸易区部分功能的洋浦保税港区等海关特殊监管区，这些海关特殊监管区的建设发展形式可以称为是自由贸易港区的初期模拟准备。但这些建立起来的特殊监管区的功能作用与自由贸易区的功能作用相比是有限的，从海关监督制度、优惠政策、区域自由度等方面仍然存在较大差距，不能完全与国际接轨。特别是海南的海关特殊监管区经济基础较薄弱、配套设施不完善、整体上仍然相对落后，远不能满足区域发展的需求。而且随着国内外经济形势的变化，与全中国其他特殊监管区一样出现了定位、管理不科学，优势弱化等问题，需要在管理体制、法律方面向着国际通行自由贸易区转型，以获得区域的持续发展。

（四）海南经济特区开放深化的需要

海南省作为我国最大的经济特区，其所具备的政策优势和自然条件一直以来都是其他省份难以复制的。并且过去的 5 年中，海南省地区生产总值、人均地区生产总值年均增长 9.5%、8.4%，城镇常住居民和农村常住居民人均可支配收入分别年均增长 11.6%、14.3%。服务业增加值年均增长 10.6%，占 GDP 比重比 2010 年提高 7.1 个百分点，接待游客总人数、旅游总收入分别比 2010 年增长 73.6%、110.9%。所以在未来 5 年，通过政府及相关机构的努力，完全有能力、有条件推动全省经济社会发展得更快、更好。

海南“十三五”时期的目标很明确，即“三大目标”和“三大愿景”，“三大目标”中第一个目标是和全国同步建成小康社会；第二个目标是基本建成国际旅游岛；第三个目标是建设美丽海南。“三大愿景”则是建设全省人民的幸福家园、中华民族的四季花园、中外游客的度假天堂。海南省在“十三五”期间确立的“三大目标”与“三大愿景”，是基于海南省有“三大优势”。作为全国唯一的热带省份，海南有全国最好的生态环境，是全国最大的经济特区，也是全国唯一的国际旅游岛。

通过在现有的特殊监管区基础上发展海南自由贸易区，将更好的发挥海南省的“三大优势”，进而成为海南经济发展的主要增长动力，同时也将作为海南经济特区对外开放的重要基础设施，增强海南省对资金、国际商品和技术人才的吸引，配合实施海南省在落实各项发展目标方面的政策措施。

（五）有利于南海战略的创新实施

南海是我国面积最大的海域，中国海上战略通道和重要资源开发基地，以及中国和平崛起的战略支点。2012 年 6 月，国务院批准设立三沙市，标志着南海开发已经上升为国家战略。在海南建设自贸区并探索海洋经济合作开发的新模式，是优化沿海区域开发布局的客观需要，是贯彻国家海洋经济发展战略，是维护海洋权益和南海主权的必然选择，更是促进周边国家睦邻友好、互联互通，稳定开发利用南海资源的战略举措。

四、海南建立自由贸易试验区的优势

（一）良好的生态环境

海南岛是中国最大的“热带宝地”，土地总面积达 344. 2 万公顷，占全国热带土地面积约 42. 5%，可用于农、林、渔、牧的土地人均约 0. 48 公顷。由于光、水、热等优越条件，生物生长繁殖速率较温带和亚热带为优，农田终年可以种植。海南岛已开发并利用的土地约 315. 2 万公顷，其中可用于农业开发利用达到了 90%。海南岛入春早，升温快，日温差大，全年无霜冻，冬季温暖，菜满四季，稻可三熟，是中国南部繁育农作物的理想基地。海南岛热带作物资源丰富，并且植被生长也快，植物繁多，是热带季雨林、热带雨林的原生地。到目前为止，海南岛有维管束植物4000多种，约占全国总数的1/7，其中600多种为海南所特有。海南的海洋水产资源具有海洋渔场广、生长快、品种多和渔汛期长等特点，是中国发展热带海洋渔业的理想之地。海南岛还是中国理想的天然盐场，沿海港湾滩涂的许多地方都可以晒盐，已建有莺歌海、榆亚、东方等大型盐场，其中莺歌海盐场是中国南方少有的大盐场。并且海南矿产资源种类较多，其中，石碌铁矿的铁矿储量约占全国富铁矿储量的70%，品位居全国第一。海南省生态环境优越，并且坚持在保护中发展，在发展中保护，严守生态红线，创造生态文明省。

（二）经济特区的制度基础

作为全国最大的和唯一的省级经济特区，海南自建省以来，始终坚持以经济建设为中心，秉承“以开放促改革，以改革促发展”的基本发展思路，立足本岛实际，科学谋划、积极探索、先行先试、稳步推进，在体制机制改革方面屡有创新，屡结硕果，在全国创下了多个“率先”，不仅为海南社会经济的又好又快发展提供了强有力保障，也为国内其他地区的改革发展提供了借鉴。在国家掀起新一轮改革开放大潮的今天，回顾20多年来海南体制机制创新的成就，并在此基础上积极探索海南体制机制创新的未来着力点，无疑具有积极的现实意义和深远的历史意义。

（三）国际旅游岛的政策支持

由于基础差且发展起步晚，海南省社会经济发展的整体水平仍然较低，调整经济结构、保护生态环境、推动科学发展的任务也十分艰巨。充分发挥海南的区位及资源优势，打造有国际竞争力的旅游胜地，建设海南国际旅游岛，是海南加快发展现代服务业，实现经济社会式步入正轨的有效途径。2010年1月4日，国务院发布《国务院关于推进海南国际旅游岛建设发展的若干意见》。至此，海南国际旅游岛建设正式步入正轨。经过6年的发展，海南国际旅游岛的基本格局已经形成。2015年，全省接待国内外游客总人数5335.66万人次，比上年增长11.4%，增速比上年提高0.8个百分点；其中，接待旅游过夜人数4492.09万人次，增长10.6%。旅游总收入572.49亿元，增长13.0%。未来5年海南省旅游业的发展目标是，力争到2020年，年接待游客总量突破8000万人次，年均增长9%。自国际旅游岛建设上升为国家战略以来，海南基础设施投资力度持续加大，基础设施建设的水平也在不断提高，邮轮假期、直升机旅游等新业态走进大众市场，全球单体面积最大的免税城在海棠湾国家海岸开业迎宾，一大批国际国内品牌度假酒店一个接一个的出现在海南度假海湾，一年四季不间断上演各种时尚或传统的节庆活动，更让中外游客充分感受和体验到海南国际旅游岛的非凡魅力。

（四）区位和交通的明显优势

海南省是中国所属南海区域的门户岛屿，是"海上丝绸之路"中国部分的最南端，与越南、新加坡、菲律宾、马来西亚等东南亚国家隔海相望，也是中国管理南海的最佳基地。海南仅本岛海岸线就长达1823公里，管理海域而积200多万平方公里，天然气蕴藏量约12万亿立方米，石油蕴藏量约328亿吨。全球唯一一条环岛高铁已在海南建成运行。全省拥有沿海港口15个，千万级国际机场2个。岛内高铁、高速、公路等陆地交通条件日益完善，海陆空立体高效的交通运输网络正逐步形成。

（五）与东盟合作经贸的迅速发展

2015年海南对外贸易进出口868.6亿元，其中第四季度实现8.4%的正增长。海南贸易伙伴继续扩容，已遍布全球163个国家和地区，与61个"一带一路"沿线国家和地区贸易额高达419.9亿元，占全省外贸总值的48.3%，其中东盟以160.3亿元的贸易额成为海南第一大贸易伙伴。东盟各国来琼投资和海南企业对东盟投资都呈现出一派繁荣的景象。

五、海南建立自由贸易试验区存在的潜在障碍

（一）经济基础较为薄弱

海南近些年来经济快速发展，取得了长足进步，但由于原有的经济基础较为薄弱，经济总量和财政收入仍然较为落后，产业结构单一，总量偏小，自主增长能力不强，经济的稳定性、抗风险能力不够，群众生活水平、老百姓收入总体上偏低，所以依然处在欠发达阶段。海南省2014年地区生产总值3500.72亿元人民币，在全国排名30位，2015年地

区生产总值3702.8亿元人民币，在全中国排名第28位，远落后与其他沿海省份，这也制约财政收入得增加，进而制约了对于海南基础设施等建设得投资，以及影响后续的招商引资、人才引进等优惠政策的实施效果，使政府产业引导能力较弱。

（二）海关监管水平有待提高

海南经济特区同时存在四个海关特殊监管区。在实际工作中，各管理部门和地方政府由于对各个特殊监管区的监管政策看法不一致，并且由于缺乏更高层次上的全局统筹管理，制定的政策也仅局限于部门、地区范围，造成了各部门、各政策之间的不协调、不连续等问题。各个特殊监管区之间缺乏协调，没有一个公共的信息系统，造成各区之间的信息、运输、报关程序复杂，跨区业务发展缓慢。对于产业布局缺乏统筹规划，造成各区内的企业并未建立起完整的产业关联，没有形成产业集群。

六、海南成立自由贸易试验区的思路和对策措施

（一）战略定位

海南位于中国最南端，承担守护南海的特殊使命，地处改革开放前沿，是中国最大的经济特区和唯一热带岛屿省份，海南推进自由贸易区建设有条件。在对接东盟方面，海南与广西形成了错位竞争，其中广西更多依靠陆地连接，而海南优势则是港口。目前，海南的洋浦和东方两个港口与东盟国家贸易往来频繁，贸易额呈现逐年快速上升态势，呈现出一片繁荣景象。所以如果国家批准海南设立自贸区，双方贸易必定会进一步加强，海南未来将成为中国对东盟贸易的“海上桥头堡”。

每个自贸区都有一个主题。已经获批运行的上海自贸区、广东自贸区、福建自贸区及天津自贸区，从地理位置上来看，虽都与21世纪“海上丝绸之路”关系密切，但又都各具特色。例如，广东主打“港澳牌”，福建重点突出对接台湾自由经济区，天津战略定位挂钩京津冀协同发展。所以，海南在申报建设自贸区的同时，应该紧紧抓住东盟和国际旅游岛这两个主题。

海南建立自由贸易试验区的战略定位应是：发挥三大优势，以东盟和国际旅游岛为主题，依托现有的洋浦综合保税港区、海口综合保税区、三亚、三沙为主体按照“一区多片”管理模式，打造面向东盟的中国（海南）自由贸易试验区。

（二）发展方式

海南建设自贸区，其前提是开放。所以应该重点支持以健康、教育、医疗为重点的服务业市场全面开放，放宽社会资本尤其是外资参与海南教育、医疗发展的限制，在多方面实施贸易、投资、服务自由化政策，真正使海南成为开放之岛。

海南自贸区建设可以分三步来走。第一步是要加紧自贸区申报工作，在去年两会之前，各地都在积极申报自贸区，并在省“十三五”规划中写入自贸区建设相关内容，其中就包括海南、浙江、黑龙江、四川、陕西、贵州、甘肃、广西等地。在两会期间，申报自贸区的省份更多，达到21省。从申请的省份数量来看，第三批自贸区试点的竞争还是比较激烈的。而且，重庆、四川、湖北、河南、广西、辽宁六地的官员已经参加了为期一周的自贸区培训班，获批自贸区的可能性较大。所以，虽然海南已经以洋浦保税区、海口保税区、三亚、三沙为主体申报自贸区，且方案已经上报，但是仍需加紧申报自贸区的工作，努力争取成为第三批自贸区试点。

第二步是将一些自贸区政策在海南先落地，如可以借鉴上海自贸区经验，在海南探索实行企业自主登记制度，探索实现与香港商事制度接轨，形成更为精简的负面清单，并取消企业一般投资项目备案制。

第三步是海南可以发展多种项下的自贸区，如洋浦发展油气资源项下的自贸区，海口可以发展教育、健康、医疗项下的自贸区，还可以将日用品免税在全省实施，这些都符合岛屿经济要求。

（三）具体对策措施

1. 建立健全法律体系

由于法律的建立是一个自上而下的过程。所以应当由最高立法机构—人民代表大会定法律，该部法律要完整、明确阐述海关特殊监管区相关内容，作为有关海关特殊监管区最权威的法律。其次，各海关特殊监管区在这部法律的基础上，根据自身特殊情况，调整确立地方性法规。最后，有关海关特殊监管区的法律、制度、规章将成形。另外，立法实施也可以采用试点实验的方法。按照先试点，后推广的原则，现在规定区域实行制定法律，再根据反馈不断调整完善法律。

2. 创新海关监管方式

贸易便利化核心之一在于海关监管的便利化，所以这也是现如今各国海关改革的目标之一。而中国虽然在近些年设立了众多的海关特殊监管区，但是由于大多采用区内仓库和卡口同时监管的模式，依旧很烦琐。

海南建立自由贸易试验区需要真正做到“一线放开、二线管住、区内自由”。“一线”真正放开，即商品进入从国外出入自由贸易区时不需办理出入境手续，事后企业能够按照规定备案即可，并简化分拨货物出入自由贸易区、国际中转所需要办理的相关手续。“二线”按正常的进出口货物进行监管，优化卡口管理，促进“二线”与“一线”监管模式的对接。“区内自由”，是指货品在区内的所有权转移、加工和储存等活动自由，简化自由贸易区内的货物转移所需的手续，进而实现自贸区内货物的自由流动。

同时，海南建立自贸区也要抓紧完成自由贸易区电子信息管理系统的建设。整合现有的各海关特殊监管区的信息系统，结合现有的海关电子口岸平台，在此基础上建立一个包含税务、海关等进出口相关管理部门在内的自由贸易区信息系统，从而方便企业向管理机构提供注册、备案等各项相关数据，各相关的政府监管部门也可以实现对自贸区内企业行为的联合、实时管理。这样的一个信息系统需要做到高度智能化以尽可能的减少人工审批的环节以提高效率，同时也要做到可远程登录以实现企业异地得及时报关。

3. 扩大金融服务业的开放

随着改革开放的进一步深化，中国现行的金融业监管制度在一定程度上已经阻碍了经济的进一步发展，无论是国内国外都对中国的金融自由化有了更高层次的要求。同时，由于自由贸易区的发展离不开金融服务业的支持，并且国家支持海南省的金融改革创新。所以，为了使金融更好的服务于海南自由贸易试验区的发展，建议在自贸区内进一步完善金融组织和市场体系，促进金融产品和服务创新，加强金融服务基础设施建设。并且坚持创新金融监管，建立适应自由贸易区发展要求的、相对独立的、更加贴近市场的自贸区内的金融监管体制，根据海南自由贸易试验区内的具体的金融业风险特点，相应调整存贷比、流动性等金融监测指标的要求，并简化相关的监管手续。

4. 加快海洋强省建设步伐

十八大提出建设海洋强国战略，海南作为管辖的海域面积有 200 万平方公里的海洋大省，应该起到表率作用，抓住国家实施“一带一路”战略机遇，发挥比较优势，担当起这个历史责任。

海南建设海洋强省的主要任务，就是在维护好海洋权益，保护好海洋生态的前提下，大力发展海洋经济。海洋经济在传统产业方面主要是指海洋渔业、海洋交通运输业、海洋旅游业，海南岛在这些方面都需要进一步提升。在现代海洋产业方面，高新技术需要在海洋产业得到体现，同时也需要大力培养创新性应用型海洋人才。2015 年，琼州学院更名为海南热带海洋学院，使海南省拥有了自己的海洋类高校。但是，这对于要建设海洋强省的海南来说，还需要积极引进国际海洋组织和国内海洋研究机构落户入驻，争创全国海洋科技合作区，增强科技进步对海洋经济发展的促进作用。

所以，海南在推进海洋大省向海洋强省转变时，需要大力发展海洋经济，推进海洋基础设施的建设，并加快科技兴海的步伐，向海洋要质量、要效益、要增长。

5. 加快推进国际旅游岛升级版建设

自海南国际旅游岛建设上升为国家战略以来，海南彻底大变样，海南国际旅游岛建设已经取得阶段性成效。但是，海南国际旅游岛与国外旅游岛屿相比仍存在一定差距。当前海南国际旅游岛建设面临着四个突出问题，第一，就是服务业的整体水平有待提高，接待能力、服务质量等方面都需要很大的提升。第二，随着海南国际旅游岛建设的不断推进，旅游业人才不足的问题日渐凸显。第三，从总体上来看，相比国际旅游岛建设，对金融保险的需求还远远不够。第四，当前，海南旅游景点主要集中在东部沿海市县，其数量占全省已开发景点数量的78%，年接待旅游人数占全省90%以上，中西部地区许多富有特色的旅游资源尚未得到有效开发。

针对上述问题，在当前“一带一路”国家战略大背景下，海南要切实推进国际旅游岛升级版建设，必须要进一步解放思想，扩大开放，敢于在重大改革领域先行先试。第一，要加大对医疗旅游的政策支持，以健康服务业为主题，丰富海南国际旅游岛发展内涵。第二，海南还要借力“互联网+”推动产业结构转型升级，以“互联网+”为支撑提升海南国际旅游岛发展水平。第三，海南还要进一步优化国际旅游岛的软环境，以体制机制创新进一步激发海南国际旅游岛活力。第四，建议海南引入港澳台参与国际旅游岛建设，以多种形式的合作机制强化在现代服务业领域的紧密合作。

6. 调整产业结构，促进产业转型升级

为了海南长远健康的发展，在抓当前、稳增长的同时，需要努力解决海南省产业结构单一、增长质量效益不高的问题。在开展一系列调查、研究、论证基础上，确定做优做强和重点培育旅游、互联网、热带特色高效农业等十二个产业，已经初显成效。全年旅游业增加值同比增长8.1%，互联网产业增长14.8%，农业增长5.5%，金融业增长19.6%，医疗健康产业增长11.1%，医药产业增长16.8%，会展业增长9.9%。

海南省接下来还需更加充分地发挥市场机制作用，实施更加精准的产业政策，以“十二大产业”为主攻方向，培育壮大新兴产业，改造提升传统产业，加快海南省产业结构转型升级。

7. 实施人才强省战略

海南省人才储备不足，流动性大，其显示出海南需要建立完善产、学、研合作的人才培养机制，培养一批科技领军人才和创新人才团队。通过组织开展“特贴专家”“省优专家”“百千万人才工程”“515人才工程”的评选，选拔并培养一批学术技术领先、职业道德优良、业绩突出的各行业各领域带头人。推进社会科学创新工程，强化应用对策研究，推进具有海南地方特色和优势的基础理论研究。坚持培养和引进并重，解决好海南省社会科学领域各类领军型人才短缺问题。支持中国南海研究院、中国（海南）改革发展研究院建设成为在国内外均有广泛影响力的新型高端智库。优化人才发展政策和环境。建立柔性的引才机制，充分发挥候鸟型人才的作用。

参考文献

[1] 范宏云，孙光永. 香港建设自由贸易区的经验田［J］. 特区实践与理论，2008（3）：56－59.

[2] 王道军. 上海自贸区建立的基础与制度创新［J］. 开放导报，2013（5）：30－33.

[3] 黄志勇，李京文. 中国保税港区发展战略研究［J］. 国际贸易问题，2012（6）：32－39.

[4] 许鲁光. 从上海自贸区成立看深圳保税区转型升级［J］. 南方论丛，2013（5）：50－54.

[5] 吴海鹏. 天津港保税区转型研究［D］. 上海：复旦大学，2011.

[6] 夏善晨. 中国（上海）自由贸易区：理念和功能定位［J］. 国际经济合作，2013（7）：11－17.

[7] 崔迪. 从欧美自由贸易园区发展经验看上海建立自由贸易园区研究［J］. 江苏商论，2013（6）：38－42.

[8] 魏小安，白长虹，吴必虎. 抢抓机遇建设世界一流旅游特区［N］. 海南日报. 2015，（A06）.

[9] 吕余生. 深化中国—东盟合作，共同建设21世纪海上丝绸之路［J］. 学术论坛. 2013（12）.

[10] 杨丛. 新形势下发挥广西在中国—东盟自贸区中的主导因素作用［J］. 广西经济，2012（4）：12－14.

[11] 刘玉江．舟山群岛新区创建自由贸易区的战略研究［D］．杭州：浙江大学，2013.

[12] 陈革．上海自贸区成立的现实意义与发展思考［J］．行政事业资产与财务，2013（9）：12－13.

[13] 杨坤，舒敏．我国保税区转型模式探析［J］．黑龙江对外经贸，2009（1）：12－14.

[14] 赵韬．经济全球化下保税区的功能转型与发展模式研究［D］．武汉：武汉理工大学，2011.

[15] 邓全伦．重庆自由贸易园区畅想［N］．西部时报，2013－06－25（003）.

[16] 杜颖．21 世纪海上丝路与海南机遇［N］．海南日报，2014－04－14.

[17] 林莹，邓韶勇．海南岛海岸线总长 1823 公里［N］．南国都市报，2011－05－07.

[18] 王毅武．海南区域发展模式与产业结构配置［J］．特区经济，2008（11）：78－79.

[19] 李恒．海南建设自由贸易试验区的构想［J］．对外经贸，2014（7）62－64.

[20] 黄舸．论海南“自由贸易区”建设［J］．咸宁学院学报，2010－03（3）.

第五篇

一带一路”战略与海南产业培育

21世纪“海上丝绸之路”之南洋航线：海南需要做什么？

胡秀群，李俊成
（海南大学经济与管理学院）

近段时间以来建设21世纪“海上丝绸之路”的全新提法引起了社会各界的普遍关注。所谓“海上丝绸之路”是借用陆地“丝绸之路”的说法代指海上交通运输通道。虽说是借用陆地“丝绸之路”之名，但在当前，“海上丝绸之路”正显得越发重要。众所周知，在过去以大陆文明为中心的时代背景下，中国的经济和商贸往来主要是通过陆地进行的。但如今，从全球化的时代视角来看，当前全球化的浪潮是通过海上之路席卷而来的。时至今日，在数千年后的今天，“海上丝绸之路”以更加炫目的光芒向时代发出了召唤。

2013年10月，习近平在出席APEC领导人非正式会议期间，向东南亚国家提出了共同建设21世纪“海上丝绸之路”的倡议，这与2013年9月习近平在哈萨克斯坦纳扎尔巴耶夫大学演讲时提出的“丝绸之路经济带”一脉相承。海陆并举的“丝绸之路”战略举措，充分体现了国家对“海洋强国”战略的高度重视。建设21世纪“海上丝绸之路”是中国应对日趋复杂的国际政治形势、顺应地区各国人民共同期待、塑造繁荣稳定、互利共赢的亚太新格局的重大合作开放战略，具有十分重要的历史和现实意义。国家建设21世纪海上丝绸之路，为海南进一步开放发展提供难得的机遇和广阔空间，海南作为我国实施周边外交战略的重要支点，理应有所担当、发挥重要作用。

一、21世纪"海上丝绸之路"之南洋航线——东南亚段建设前景广阔

"海上丝绸之路"古已有之。19世纪下半期，德国地理学家李希霍芬（Ferdinand von Richthofen）将横贯东西的陆上交通路线命名为"丝绸之路"，后有学者加以引申，将东西方的海上交通路线称为"海上丝绸之路"[1]。"海上丝绸之路"早在中国秦汉时代就已出现。唐中后期，海路取代陆路成为中外贸易主通道。宋元时期，航海技术的突破和经济贸易空前诉求更是使"海上丝绸之路"达到鼎盛。进入21世纪，"海上丝绸之路"已然成为了一张连接全球的贸易网络。一般认为"海上丝绸之路"有三大航线：一是东洋航线，由中国沿海港至朝鲜、韩国和日本的航线；二是南洋航线，由中国沿海港至东南亚诸国的航线；三是西洋航线，由中国沿海港至南亚、西亚和东非沿海及至美洲诸国的航线[2]。具体到海南来说，参与的主要是21世纪"海上丝绸之路"之南洋航线——东南亚段的建设。越南、柬埔寨、泰国、马来西亚、新加坡、印度尼西亚、菲律宾、老挝、缅甸，这些国家都是21世纪"海上丝绸之路"东南亚段上的节点国家。

东南亚是当今世界上经济发展最有活力和潜力的地区之一，是世界上最重要的制造业集中地。作为世界的"代工厂"，东南亚与中国存在联系密切的生产力共享网络。世界各国组装的部件在东南亚生产后运到中国组装，再由中国出口到欧美等世界各地。这种密切连接的生产力共享网络把东南亚各国与中国紧密地联系在了一起，形成了中国与东南亚各国之间独特的生产优势。尽管如此，东南亚各国（除新加坡外）经济发展还是比较落后。当前，东南亚地区正处于提速发展的关键时期。东南亚各国的开发与建设亟须吸引国际资本的投资与支持。因此，东南亚各国也迫切渴望与中国开展更为广泛的国际合作。我国可以加大对东南亚各国基础设施项目的投资与帮助，如能源管道的合作建设与互联互通、运河航道的共同开发与维护等。加大对东南亚各国基础设施建设的

投资力度，不仅可以为东南亚各国创造大量的就业机会，也有助于东南亚地区经济的加速发展，对东南亚各国具有极大的诱惑力。作为对中国投资的回报，东南亚各国可以与中国共享其丰富的能源优势。应当注意到，东南亚对中国能源安全的重要性正日益凸显。一方面，中国超过80%的石油进口依靠马六甲海峡，南海诸岛是该航线的关键组成，东南亚安全稳定对于中国能源进口来源及运输都具有重要意义。另一方面，在相关能源资源进口来源方面，我国对东南亚各国的依存度与日俱增。目前，来自印度尼西亚、越南等周边国家的煤炭进口量已超过我国煤炭总进口量的80%，来自印尼和菲律宾的对电力至关重要的镍的进口量更是超过了我国镍总进口量的90%[3]。东南亚地区对中国能源安全起着举足轻重的作用。至此看来，中国与东南亚各国完全可以实现优势互补，促成未来世界的新增长极，进而成为全球新的贸易轴心，这种前景的存在是乐观的。

二、海南参与21世纪“海上丝绸之路”之南洋航线建设的战略意义

海南参与21世纪“海上丝绸之路”之南洋航线的建设，目标虽以开展经贸合作发展为主，但其战略意义广泛，事关国防安全、经贸安全、能源安全、海洋安全等重要领域的全局性国家安全问题，具有重大的政治和经济意义。

（一）海南参与21世纪“海上丝绸之路”建设是中国全方位开放体系的需要

从改革开放政策来看，海南参与21世纪“海上丝绸之路”建设是中国全方位开放体系的需要。党的十八大报告提出，“要全面提高开放型经济水平，实行更加积极主动的开放战略，完善互利共赢、多元平衡、安全高效的开放型经济体系，推动同周边国家互联互通，形成引领国际经济合作和竞争的开放区域”。《中共中央关于全面深化改革若干重大问题的决定》更明确提出，“加快沿边开放步伐，允许沿边重点口岸、边境城

市、经济合作区在人员往来、加工物流、旅游等方面实行特殊方式和政策。建立开发性金融机构，加快同周边国家和区域基础设施互联互通建设，推进丝绸之路经济带、海上丝绸之路建设，形成全方位开放新格局”。海南参与21世纪“海上丝绸之路”有助于加快中国对外开放进程，完善多元平衡的开放型经济体系，同时也与“海洋强国”的国家战略是相辅相成的。

（二）海南参与21世纪“海上丝绸之路”建设是对中国开放型经济体系的补充和完善

改革开放以来，中国基于比较优势参与国际分工，并取得了巨大成就，特别是对外贸易，成为推动中国经济高速增长的重要力量[4]。数据显示，2012年中国对发达经济体出口占67.9%，对新兴及发展经济体出口仅占32.1%，从发达经济体进口与从新兴及发展经济体进口规模相当；同期，中国实际利用外资来源国前十位是发达国家，占91.4%[5]。由此可见，中国外经贸发展具有不平衡性，加强与新兴及发展经济体的外经贸关系十分必要。如今，海南参与21世纪“海上丝绸之路”建设，为中国全面深化与东南亚各发展中国家的经贸合作打开了新的窗口。当前，东南亚各国正处于提速发展的关键时期，存在大量的基础设施建设需求。作为联系东南亚各国的最前沿，海南参与21世纪“海上丝绸之路”建设不仅有助于东南亚地区的经济要素流向中国，而且可以帮助中国消化过剩的产能，承载了中国“走出去”功能。因此，海南参与21世纪“海上丝绸之路”建设为中国全新一轮的对外开放带来新的机遇和空间，是对中国开放型经济体系的补充和完善。

（三）海南参与21世纪“海上丝绸之路”建设是对中国维护国家主权的有力支持

党的十八大明确指出，中国将坚持合作共赢方针，着眼于中国人民的根本利益和世界人民的共同利益，努力使自身发展更好惠及周边国家。其后，“命运共同体”成为中国政府发展对外关系、周边关系的新指针。中国政府以“命运共同体”理念审视和看待中国与东南亚国家的关系，希望通过21世纪“海上丝绸之路”的建设，推进中国与东南亚国家的政治互信，使中国与东南亚国家的合作安全关系得到有效落实。从国家外交策略的角度来看，海南参与21世纪“海上丝绸之路”建设是寻求解决复杂多变的南海问题的正确路径。当前，国际形势日益严峻、经济社会日益复杂，以美国为首的西方国家构筑海上岛链包围中国[6]。海南参与21世纪“海上丝绸之路”建设为中国和东南亚各国的互动营造了良好的政治氛围，为南海争端各方提供了处理争议的新框架，绘就了南海局势发展的新图景[7]。

三、海南打造21世纪“海上丝绸之路”之南洋航线的独特优势

海南参与21世纪“海上丝绸之路”之南洋航线——东南亚段建设具有突出优势。主要表现为以下几个方面：

（一）独特的区位优势

海南岛位于祖国的最南端，面临南中国海，与东南亚各国隔海相望。早在汉代，海南就通过海路与东南亚各国的官方发生往来。元明时期，海南与东南亚的贸易达到了前所未有的水平。即使是明朝时期实施海禁，海南也依靠自身独特的区位优势继续保持着与东南亚诸国的贸易往来而未曾中断。如今，海南是中国—东盟自由贸易区的重要地理枢纽，在泛北部湾、泛珠三角等多方区域合作中扮演承接东南西北的独特角色[8]。海南虽是陆地小省，却是一个海洋大省，其所管辖的南海诸岛及附属海域是海上丝绸之路的重要航道和交通要冲。当前，全球1/3、我国3/4以上的国际贸易都要通过南海。

（二）良好的贸易基础

海南与21世纪“海上丝绸之路”东南亚段上的节点国家有着良好的贸易基础。由于华人在东南亚各国人口中占有很大比重，许多华人又保留着中国传统的生活习惯，因此中国商品得以大量打入东南亚市场。海南向东盟出口的机电、化肥、纸制品等商品深受东南亚各国的欢迎，而东盟在热带农产品种植、加工和农业产业化方面与海南也有着广阔的合

作前景。在发展对东南亚各国的贸易方面，海南有比内地各省更为优越的条件。当前，东盟已成为海南第一大贸易伙伴。

（三）突出的侨乡优势

海南四面环海，琼人自古就常以海为家，四处漂泊，因此海南是中国著名的侨乡。琼籍华人华侨分布在世界各地的有300万人，主要集中在东南亚国家，比例之高居全国首位。这些琼籍华人90%以上已经加入了所在国国籍，并在各个领域崛起，出现了大批的政界要人、商界巨子和社会名流。马来西亚有琼州会馆联合会、新加坡有琼州商会、泰国有泰国海南商会和海南会馆，这些组织渗透在东南亚各国的各个领域，这也就决定着海南与东南亚各国有着比其他大陆省份更密切的关系[9]。琼籍华人的产业布局枝繁叶茂，盛开在21世纪“海上丝绸之路”东南亚段的各个结点上。

四、海南积极参与21世纪“海上丝绸之路”之南洋航线的战略措施

建设21世纪“海上丝绸之路”之南洋航线，海南应以构建与东南亚各国的利益共同体为战略目标，以深化与东南亚各国的经贸合作为战略内容，以打造与东南亚各国的共同市场为战略推手，进一步推进与东南亚各国政策沟通、道路联通、贸易畅通、货币流通、民心相通，构建区域一体化新格局。因此，海南要想积极参与和服务好21世纪“海上丝绸之路”之南洋航线建设，就需要分别从硬件和软件两个方面着手。硬件建设主要包括中国与东南亚各国的海上航道的联通，“海上丝绸之路”服务性基础设施建设等。软件建设是指加强贸易自由化、完善管理制度、改善投资环境等。具体来说，包括以下几个方面：

（一）扩大区域外生需求，积极开拓东南亚市场

根据美国著名经济学家诺斯（North）提出的诺斯出口基地理论，一个区域经济的增长取决于其输出产业的增长，区域外生需求的扩大是区域经济增长的重要原动力。也就是说，一个封闭的、没有外部需求的地

区，是无法获得持续高速的经济增长的[10]。从目前海南产品结构来看，全方位开拓远洋市场的条件尚未成熟，但对东南亚市场尤其是越南、老挝、柬埔寨、缅甸等国家的市场来说还是拥有较大的潜力。扩大区域外生需求，海南可以在热带资源开发方面与东南亚各国开展合作。东南亚各国是传统的农业国，有传统的种植技术和先进的科技水平，在橡胶、椰子、菠萝、咖啡、可可、胡椒等种植技术上先于海南，因此海南可以从东南亚国家特别是东盟国家引进先进的种植技术和品种，改良我省热带作物。在椰子开发和加工方面，海南的技术优于东南亚，天然椰子汁是世界首创的“拳头”产品，而东南亚也需要该项技术，所以是可以相互补偿的。此外，双方在天然橡腔制品、鱼虾、珍珠养殖等方面的合作也是广泛的[11]。

（二）加快互联互通建设，增强海上航道的张力和活力

21 世纪“海上丝绸之路”东南亚段的航线条件和基础设施均有一定的基础，海南的主要任务是进一步增强东南亚航线的张力和活力。海南应加快海陆交通设施的建设与对接、资源平台和海上公共服务平台的建设与跟进，形成资源互通、信息共享的有效合作机制，为“海上丝绸之路”提供高水准的服务保障。除了海上航道的建设外，海南也应加快港口及陆地集疏运道路和设施建设。建设快捷的集疏运体系（包括海港与空港）不仅对建设 21 世纪“海上丝绸之路”至关重要，对海南经济社会的发展也具有巨大推力。与此同时，海南应积极争取与东南亚各国的能源管道的联通，尤其是海上能源管道的联通。海南要通过依靠互联互通建设，打造中国与东南亚各国的海上经济走廊，构建内通外达、快捷通畅、高效安全的现代综合运输体系[12]。

（三）提升自由贸易水平，改善贸易环境和条件

中国与东南亚各国经贸合作源远流长，具有良好的基础。越南、老挝、柬埔寨、缅甸对中国实现“零关税”自由贸易，这将为 21 世纪“海上丝绸之路”东南亚段的建设创造良好的贸易环境。海南应充分发挥自身的区位优势，积极探索区域性自由贸易，研究东南亚各国在税收、土地使用、投资比例、外汇管理、行政管理等方面的政策，并在此基础上

研究出海南针对东南亚各国的优惠措施，争取国家支持。同时，简化过境程序、加快通关速度、加强管理制度的建设与创新，以此次各国共建21世纪“海上丝绸之路”为契机，打造自由高效的人员往来制度。海南要通过创造良好的贸易环境和条件，吸引东南亚各国投资资本和境外产业园的进驻，并进一步争取中国与东南亚各国的自由贸易区在海南落户。

（四）发挥旅游资源优势，谋划创建无障碍旅游区

海南与东南亚各国地理位置相近，旅游资源极其丰富。所以海南可以借助21世纪“海上丝绸之路”建设的东风，充分利用“海上丝绸之路”这一历史商路的旅游产品，以旅游带动文化交流，以文化促进经济更好更快发展[13]。海南应充分认识到东南亚各国的旅游优势，并积极主动地与东南亚各国开展旅游合作，共同构建21世纪“海上丝绸之路”无障碍旅游区，以促进21世纪“海上丝绸之路”的旅游业的更快发展。海南应与东南亚各国密切合作，共同谋划21世纪“海上丝绸之路”无障碍旅游区，通过为世界游客提供廉价的旅游航空、邮轮等方式，把两国的旅游业紧密联系起来，共同发展。

（五）加强海洋合作，积极发展海洋合作伙伴关系

实施海洋开发、发展海洋经济、促进海洋可持续发展已成为沿海国家共同的发展战略。深化海洋经济与产业合作，既契合沿线国家实现现代化的诉求，又可带动中国产业结构优化升级，是促进中国与沿线国家经济深度融合的重要途径[14]。海南要以共建21世纪“海上丝绸之路”为契机，加强与东南亚各国的海洋合作，在环保、科研、搜救以及渔业方面与东南亚各国开展广泛合作。通过落实海洋经济、开发海洋资源、安排海洋争端解决机制，努力把海南打造成与陆地丝绸之路对接的海岸“桥头堡”。

（六）完善对外经贸服务支持体系，提供互联互通的投融资平台

建设21世纪“海上丝绸之路”必然伴随跨国资本在中国与东南亚各国之间游走。具体会涉及货款结算、货币兑换、国际直接投资、间接投资、国际信贷及融资等。《国务院关于推进海南国际旅游岛建设发展的若干意见》（国发〔2009〕44号）第十五条中明确海南省内可以探索开展

离岸金融业务试点工作。海南参与21世纪“海上丝绸之路”东南亚段的建设应大力推进人民币结算及汇兑，具体可以把经常项下个人人民币跨境支付纳入规范化的跨境人民币结算业务管理，发挥货币互换的引领作用，促进在岸市场和离岸市场间的互动[15]。同时，海南应积极向国家申请支持，为东南亚及本地区提供互联互通的投融资平台。

参考文献

[1] 冯定雄．新世纪以来我国海上丝绸之路研究的热点问题述略［J］．中国史研究动态，2012（2）：61－67.

[2] 陈万灵，何传添．海上丝绸之路的各方博弈及其经贸定位［J］．改革，2014（3）：74－83.

[3] 于宏源．能源携手奠基海上丝路大发展［EB/OL］. http：//news. cnpc. com. cn/system/2014/07/10/001496568. shtml，2014－07－10/2014－09－01.

[4] 周喆．中国地区间经济发展不平衡——水平测度和成因探究［J］. 山西财经大学学报，2012（2）：20－36.

[5] 陈万灵，何传添．海上丝绸之路的各方博弈及其经贸定位［J］．改革，2014（3）：74－83.

[6] 胡鞍钢，马伟，鄢一龙．“丝绸之路经济带”：战略内涵、定位和实现路径［J］．新疆师范大学学报（哲学社会科学版），2014（2）：1－10.

[7] 葛红亮，鞠海龙．“中国—东盟命运共同体”构想下南海问题的前景展望［J］．东北亚论坛，2014（4）：25－34.

[8] 王明初，兰岚．海南要建设“海上丝绸之路”的“桥头堡”［J］. 今日海南，2014（5）：27.

[9]［10］陈英豪．海南省与东南亚各国贸易关系展望［J］．特区展望，1992（1）：20－22.

[11] 刘松竹，吴尔江．海上丝绸之路建设背景下广西与东盟经济合作深化问题研究［J］．广西财经学院学报，2014（3）：44－47.

[12] 梁颖. 打造中国—东盟自由贸易区升级版的路径与策略 [J]. 亚太经济, 2014 (1): 104 -107.

[13] 朱环. “丝绸之路经济带”旅游发展对策——基于中国—东盟无障碍旅游区构建视野 [J]. 开发研究, 2014 (3): 46 -49.

[14] 刘赐贵. 发展海洋合作伙伴关系推进21 世纪海上丝绸之路建设的若干思考 [J]. 国际问题研究, 2014 (4): 1 -8.

[15] 21世纪商业评论. 有人民币“丝绸之路”吗?[EB/OL]. http://finance. sina. com. cn/leadership/mroll/20140715/004619700653. shtml, 2014 -07 -15/2014 -09 -01.

“一带一路”背景下海南文化产业发展研究

罗晋京，秦建国，李世杰
（海南大学经济与管理学院）

“一带一路”已上升为国家的发展战略，海南有幸被纳入其中。“一带一路”战略蕴含着文化“走出去”的内容，当今的海南文化产业发展无法回避“一带一路”这个历史背景和发展战略，本文试就“一带一路”背景下海南文化的发展相关问题进行探讨。

一、海南文化产业发展状况

（一）文化产业规模

海南文化产业增加值及所占地区生产总值（GDP）的比例见表1：

表1　海南文化产业增加值及所占地区生产总值（GDP）的比例一览

单位：亿元

年份	2008	2009	2010	2011	2012	2013
文化增加值	27.97	34.20	43.26	71.15	85.91	100.52
GDP	1459.23	1646.6	2052.12	2515.29	2855.26	3146.46
文化增加值占GDP的比例	1.9	2	2.1	2.8	3	3.2

以上数据根据2009—2014年海南统计公报整理而成，文化增加值根据2012年《文化及相关产业（2012）》所定标准进行统计。

从表1可以看出，自2008年开始，海南的文化产业进入稳步发展的阶段，每年都能保持0.1到0.2个百分点的增长率。文化增加值占地区生产总值的比例也在逐步增长。尤其最近两年的表现最值得肯定：

2012年海南文化及相关产业实现增加值85.91亿元，按同口径和现价计算比上年增长23.57%，增速比全国平均水平高出7.07个百分点；按可比价格算较2011年增长16.03%，比2012年GDP增速高出6.9个百分点，比第三产业增加值增速高出6.5个百分点。2012年文化及相关产业增加值占GDP的比重为3%，比上年提高了0.2个百分点，对当年GDP增长的贡献率为4.92%，拉动GDP增长0.45个百分点。

2013年海南文化产业增加值为100.52亿元，按照可比价格计算比2012年增长15.7%，占GDP的比重为3.2%。又比上年提高0.2个百分点，对当年GDP的贡献率为5.0%，拉动GDP增长0.5个百分点。

在业界，经常会使用三个指标来衡量文化产业的发展：整体实力（文化产业增加值占GDP的比例）、竞争力（文化产业从业人员占全部从业人员的比重和对国民经济的贡献）、贡献度（文化产业对国民经济的贡献度）。

还有研究者提出，省市文化产业发展评价指标体系从涉及文化产业的投入、驱动、产出三个环节出发，构建产业生产力、产业影响力、产业驱动力三大一级评价指标，文化资源、文化资本、人力资源、经济影响、社会影响、市场环境、公共环境、创新环境8个二级评价指标。[①]

从文化产品和服务的提供主体来分析，2013年，海南文化产业法人单位数3566家，比上年增长42.8%；文化产业法人单位增加值为87.20亿元，比2012年增长21.3%。全省规模以上文化服务业法人单位中，共有传统文化产业32家，占42.1%；同时，吸纳就业人数3974人，占规模以上文化服务业法人单位从业人数的31.0%；营业收入总额为10.85亿元，实现增加值4.91亿元，占规模以上文化服务业法人单位实现增加值总量的14.9%。全省规模以上文化服务业法人单位中，共有新兴文化产业企业35家，占规模以上文化服务业法人单位总数的46.1%；同时，吸纳就业人数7920人，占规模以上文化服务业法人单位从业总人数的61.8%；营业收入总额达52.19亿元，实现增加值24.48亿元，占文化服

① 彭翊．中国省市文化产业发展指数报告（2014）［EB/OL］．北京：中国人民大学出版社，2014：42.

务业企业实现增加值总量的38.8%。

目前，在会展文化方面，海南有博鳌亚洲论坛、国际热带农产品冬季交易会、国际汽车工业博览会、热带渔业博览会、高尔夫博览会等国际、国内有名的展览和交易会。在旅游度假方面有天涯海角旅游度假区、亚龙湾国家旅游度假区、三亚呀诺达热带雨林、海口国家地质公园，三亚南山景区等著名景点。在主题公园方面，有海洋主题文化园、大型湿地公园、长影海南“环球100”、文昌航天主题公园等。

此外，海南省还拥有国家文化产业示范基地3个，省级文化产业示范园区2个，省级文化产业示范基地7个等，展现出良好的发展态势和规模经济效应，在海南文化产业发展中起到引领和带动示范效应，成为海南省文化产业发展的标杆。

2013年海南文化消费的数据无法获取。2012年海南省城镇居民人均教育文化娱乐服务支出为1319.54元，按当年价计算较2011年增长15.57%，占城镇居民家庭人均消费支出的比重为9.1%，比上年提高0.1个百分点；农村居民人均文化教育娱乐消费支出达到213.68元，按当年价计算较2011年增长15.41%，占农村居民家庭人均消费支出的比重为3%。根据海南省统计局的统计数据，2012年海南常住居民为8865500人，其中城镇人口占51.6%，即城镇人口为4574598人，以城镇居民人均文化支出1319.54元计算，海南2012年城镇居民的文化消费支出约为60.3亿元。农村人口为4290902人，以农村居民人均文化消费支出213.68元计算，2012年海南农村居民的文化消费支出约为9.1亿元，两者相加得出海南2012年本地居民的文化消费支出约为69.4亿元。而2012年海南文化产业增加值为85.91亿元，本地居民消费占到整个增加值的80.7%，岛外居民的文化消费为19.3%。从统计数据来分析，海南的文化消费目前还是以本岛居民为主。

2006年海南的文化增加值仅有19.03亿元，2007年、2008年、2009年和2010年分别为23.55亿元、27.97亿元、27.97亿元、34.2亿元，均是在缓慢增长。2011年的文化增加值为71.15亿元，比上一年度增加了将近一倍，2013年的文化增加值更是首次突破百亿元。应该说，海南文化产业发展取得一定的成绩跟政府的积极推进和支持分不开。

（二）政策扶持和规划制订情况

2010年，海南省委、省政府《关于加快推进文化改革发展的决定》（以下简称《决定》）正式出台，海南省首次有了一个清晰的文化发展战略。《决定》明确提出，把文化建设与经济建设、政治建设、社会建设摆在同等重要位置，一同研究、一同部署、一同实施、一同考核。形成热带岛屿海洋文化、黎族苗族风情文化、琼崖历史文化、地方民间民俗文化、自然生态环保文化、多元开放文化并存融合魅力独特的海南文化体系。“一区三带九重点”，南北互动、东西相融、差异化发展的产业格局。即以国际旅游岛先行试验区（文化产业集聚区）为突破口，大力发展文化旅游、文化创意、出版发行、影视制作、演艺娱乐、文化会展、动漫游戏、体育健身、休闲疗养等重点产业，形成东线以滨海旅游文化为主体，集中发展现代、时尚、国际一流的现代文化产业带；中线以民族风情、特色旅游文化为主体，重点发展自然、生态、环保、民俗的绿色文化产业带；西线以高科技、环保、民间文化为主体，重点发展新兴工业观光、乡村旅游、历史文化旅游的特色文化产业带。截至2015年，“一区三带九重点”文化产业格局初步形成，文化产业增加值占全省GDP的4%。到2020年，全省文化产业增加值占全省GDP比重超过8%，文化产业成为新的经济增长极和支柱产业，规模、质量、效益达到国际先进水平。

2011年，海南省政府又出台《关于支持文化产业加快发展的若干政策》（以下简称《若干政策》），《若干政策》明确指出，文化产业是指从事文化产品生产和提供文化服务的经营性行业。本政策主要支持符合国际旅游岛建设规划、对地方经济社会发展和文化繁荣发展具有较大带动作用的文化产业重点项目，包括规模化、集聚化、专业化程度高的省级以上文化产业园区、示范基地和文化主题公园，战略性、先导性、带动性强的新兴文化产业，与旅游高度融合的富有民族民俗风情的地方特色文化产业，以及在海南举办的国内一流、国际著名的大型文化活动、体育赛事和填补我省产业空白的文化产业项目等。《若干政策》构建了土地政策、财政税收政策、投融资政策、市场准入政策、人才政策等对文化产业进行优惠和大力扶持的政策体系。

2013 年制定《海南"十二五"时期文化改革发展规划》(以下简称《发展规划》,要求加快建设"国际化水平高、本土文化魅力独特、创新创意性强"的现代文化产业体系,"一区三带九重点"、南北互动、东西相融、差异化发展的产业格局初步构建,文化与旅游融合发展特色明显,一批重点项目、产业园区和示范基地建成,文化产业向规模化、集聚化、专业化发展,整体实力和竞争力明显增强,文化产业增加值达到全省 GDP 的 4% 左右。提出文化与旅游融合发展战略、重大项目带动战略、改革创新驱动战略、国际化与本土化相结合战略、人才兴文战略。

《发展规划》细化了《决定》的发展战略,提出基本建成规模大、开放度高、国际一流的国家级重点文化产业集聚区,发挥对国际旅游岛建设的示范带动作用。着力打造三条文化产业带。依托海口、文昌、琼海、万宁、陵水、三亚等沿海市县,形成以滨海旅游文化为主体,以现代、时尚、国际一流为特征的东线蓝色文化产业带。依托五指山、保亭、定安、屯昌、白沙、琼中等中线内陆市县,形成以民族风情、特色旅游文化为主体,以自然、生态、环保、民俗为特色的中线绿色文化产业带。依托儋州(洋浦)、澄迈、临高、昌江、东方和乐东等西部市县,形成以高科技、环保、民间文化为主体,以新兴工业观光、乡村旅游、历史文化旅游为重点的西线金色文化产业带。加快发展九大重点文化产业。各地区各市县根据资源优势、产业基础和空间布局,因地制宜地发展文化旅游、文化创意、出版发行、影视制作、演艺娱乐、文化会展、动漫游戏、体育健身、休闲疗养等文化产业项目,形成具有海南特色的新型文化产业体系。

正是以上省委、省政府的一系列政策扶植和发展规划的制订,使海南引进了一些重大的文化项目,引导社会资金不断向文化产业投入,海南的文化产业自 2011 年以来实现跨越性发展。

(三)海南文化产业总体状况分析

虽然海南的文化产业在最近几年取得长足的进步,但跟其他文化强省相比还有很大差距,并且在全国的排名中还是处于比较靠后的名次。

2012年海南文化产业增加值为85.91亿元，占GDP的3.01%，低于3.48%的全国平均水平0.47个百分点。在中国文化产业发展指数（CCIDI）研究成果报告中，海南连同四川、新疆、黑龙江、内蒙古、甘肃、宁夏为“孵化型地区”，说明文化产业在经济中的重要性还比较低，尚处于培育和孵化阶段。

根据云南大学文化产业研究院和国家文化产业研究中心的专家的研究，海南的综合竞争力和发展基础因子在全国排序同为第28位，发展绩效因子在全国排序为第31位，需求能力因子为第24位，成长潜力因子为第15位，产业聚集效率为第29位。海南属于文化产业竞争力相对劣势地区。①

还有研究者指出，2011年海南的文化资本指数为95.5，排名全国第二位，文化资源指数为67.9，人力资源指数为60.5，分别第22位和第27位。数据严重失衡，文化资源的缺失，以及文化产业人才的匮乏，严重制约了海南文化产业的发展。②

二、“一带一路”的文化发展战略

无论海南是否已做好充分的准备，海南已被列入国家“一带一路”的发展战略里面，成为海上丝绸之路的“排头兵”。

（一）“一带一路”战略的提出及其宗旨

2013年9月和10月，中国国家主席习近平在出访中亚和东南亚国家期间，先后提出共建“丝绸之路经济带”和“21世纪海上丝绸之路”（以下简称“一带一路”）的重大倡议，得到国际社会高度关注。

共建“一带一路”旨在促进经济要素有序自由流动、资源高效配置

① 杨传张．东南地区：从文化制造走向文化创意［M］//张晓明，王家新，章建刚．中国文化产业发展报告（2014）．北京：社会科学文献出版社，2014：243；胡洪斌．中国区域文化产业竞争力实证分析［M］//张晓明，王家新，章建刚．中国文化产业发展报告（2014）．北京：社会科学文献出版社，2014：277.

② 彭翊．中国省市文化产业发展指数报告（2014）［M］．北京：中国人民大学出版社，2014：52.

和市场深度融合，推动沿线各国实现经济政策协调，开展更大范围、更高水平、更深层次的区域合作，共同打造开放、包容、均衡、普惠的区域经济合作架构。“一带一路”致力于亚欧非大陆及附近海洋的互联互通，“一带一路”的互联互通项目将推动沿线各国发展战略的对接与耦合，发掘区域内市场的潜力，促进投资和消费，创造需求和就业，增进沿线各国人民的人文交流与文明互鉴。

（二）“一带一路”与文化产业的关系

关于“一带一路”发展与文化的关系，已有研究者作出有益的探索：

“一带一路”格局下的丝绸之路文化，是沿线各国、各地区共同的文化记忆和文化符号，是沿线国家不同文化深入交融的融合剂。文化交流是民心工程、未来工程。文化的影响力超越时空，跨越国界。文化是“一带一路”的灵魂，文化产业便是这其中的战略基础。与美国先军事合作再经济合作的方式不同，中国走的是先文化、再经济、再安全的基本路径。在这里，文化及其产业的战略基础与缓冲作用不可忽视。①

“一带一路”不仅是一条“经济发展带”，更应该是一条人类文明交融创新的“文化认同带”。“合作共赢，文明互鉴”即是对“一带一路”建设的最新最好诠释。顺利推进“一带一路”战略，离不开中华文化所蕴含的博大、包容、共存精神。通过文化认同才能更好更快地串联起“一带一路”上一盏盏发展明灯，照亮沿线国家的前进之路。②

（三）“一带一路”对海南文化产业的要求

2015 年 3 月，国家发展改革委、外交部、商务部经国务院授权，联合发布了《推动共建丝绸之路经济带和 21 世纪海上丝绸之路的愿景与行动》（以下简称“愿景与行动”），“愿景与行动”中涉及文化产业及海南的主要内容有：

（1）民心相通是“一带一路”建设的社会根基。传承和弘扬丝绸之路友好合作精神，广泛开展文化交流、学术往来、人才交流合作、媒体合作、青年和妇女交往、志愿者服务等，为深化双多边合作奠定坚实的

---

① 虚革．“一带一路”格局中的文化产业发展［N］．团结报．2015 – 04 – 4：（5）．

② 丁武超．“一带一路”建设需要文化浸润［N］．昆明日报．2015 – 05 – 11.

民意基础。这就要求海南要在文化交流、学术往来、人才交流合作、媒体合作、青年和妇女交往、志愿者服务等方面要有所作为，将其纳入下一步的文化发展规划。

（2）扩大相互间留学生规模，开展合作办学，中国每年向沿线国家提供1万个政府奖学金名额。沿线国家间互办文化年、艺术节、电影节、电视周和图书展等活动，合作开展广播影视剧精品创作及翻译，联合申请世界文化遗产，共同开展世界遗产的联合保护工作。深化沿线国家间人才交流合作。

（3）继续发挥沿线各国区域、次区域相关国际论坛、展会以及博鳌亚洲论坛、中国—东盟博览会、中国—亚欧博览会、欧亚经济论坛、中国国际投资贸易洽谈会，以及中国—南亚博览会、中国—阿拉伯博览会、中国西部国际博览会、中国—俄罗斯博览会、前海合作论坛等平台的建设性作用。支持沿线国家地方、民间挖掘“一带一路”历史文化遗产，联合举办专项投资、贸易、文化交流活动，办好丝绸之路（敦煌）国际文化博览会、丝绸之路国际电影节和图书展。倡议建立“一带一路”国际高峰论坛。在这方面海南要积极发挥博鳌亚洲论坛、国际热带农产品冬季交易会、国际汽车工业博览会、热带渔业博览会、高尔夫博览会等原有论坛、展会的作用，积极参加丝绸之路国际电影节、图书展和“一带一路”国际高峰论坛，提升海南文化产业的层次和国际知名度。

（4）加大海南国际旅游岛开发开放力度。加强上海、天津、宁波—舟山、广州、深圳、湛江、汕头、青岛、烟台、大连、福州、厦门、泉州、海口、三亚等沿海城市港口建设。以扩大开放倒逼深层次改革，创新开放型经济体制机制，加大科技创新力度，形成参与和引领国际合作竞争新优势，成为“一带一路”特别是21世纪“海上丝绸之路”建设的排头兵和主力军。发挥海外侨胞以及香港地区、澳门特别行政区独特优势作用，积极参与和助力“一带一路”建设。

三、海南文化产业与“一带一路”战略的差距

国家“一带一路”战略对海南的要求，既给海南的文化产业发展带

来机遇，同时也是一种挑战。目前来看，海南文化产业与“一带一路”战略存在以下一些差距：

（一）发展地位的差距

2012 年，海南财政用于文化体育与传媒业的支出为 19. 85 亿元，虽比上年增长 19. 57%，但低于海南财政一般预算支出增长速度 0. 8 个百分点，占一般预算支出的 4. 85%。城镇固定资产投资中用于文化、体育和娱乐业的投资为 17. 29 亿元，比上年减少 61. 22%，占当年城镇固定资产投资的 0. 85%，比上年较少 1. 97 个百分点。

在全省认定的 2497 家文化产业法人单位中，骨干企业仅有 80 家企业，占全部法人单位的 3. 2%，与“规模化、集聚化、专业化”的产业发展目标仍有一定差距。集约化程度低、自主创新和核心竞争力不强、带动辐射能力差和产业链条短等是海南文化产业企业存在的普遍问题。另外，海南的产业园区缺少规模性、专业性和联动性的发展，没有周边产业配套的协作和产业链的拓展，多数项目还处于开发建设阶段，因此规模效益和集聚效应还未彻底显现。

从海南文化市场体系的建设情况来分析。首先，海南省文化市场体系（包括文化商品市场、文化产业要素市场、文化融资市场等）均有待进一步构建和完善，文化企业需要从转型经济中寻找突破路径。其次，从文化产业的经济类型和行业角度观察，海南省民营文化企业占绝大多数，处于产业链的低端，且发展滞后。再次，尚未形成有特色、差异化发展的区域文化产业发展格局，表现为区域发展不平衡及存在着明显的区域文化产业结构趋同现象。最后，文化产业的资本投入增加，但效益却未能随着显著提高。

因此，海南的文化产业发展状况与海南在“一带一路”中的发展地位还有一定差距。海南应该选择发挥后发优势，在“一带一路”相关文化产业中重点突破。

（二）发展规划的差距

从前文的论述可知，政府的政策扶持及文化发展规划的制定大大促进了海南文化产业的发展，实现海南文化增加值的大幅度增长。但是，从海南文化产业发展规划的制订情况来看，主要围绕“一区三带九重点”这样的岛内发展思路。这样的思路在当时的历史背景来看，是符合海南文化产业发展的实际要求。但是“一带一路”的发展战略却主要以文化“走出去”为主线，提倡文化交流和合作，增进人文交流与文明互鉴。

因此，海南未来的文化发展规划需要根据“一带一路”的要求做某些必要的调整，要将加强文化交流、学术往来、人才交流合作、媒体合作、青年和妇女交往、志愿者服务等，扩大留学生规模、合作办学，互办文化年、艺术节、电影节、电视周和图书展等，合作开展广播影视剧精品创作及翻译，联合申请世界文化遗产，共同开展世界遗产的联合保护工作等纳入海南的文化发展规划，要站在国际化发展的角度，形成国际合作、共同发展的战略眼光。

（三）本地特色文化挖掘的差距

海南具有丰富而又独特的黎苗族文化、本地民俗文化、红色文化、热带雨林文化、生态文化、南海文化、侨乡文化和岛屿文化等，但由于起步晚，基础薄弱，对这些本地特色文化资源研究与挖掘不够、保护不足，产业化和市场化程度较低。

海南本土文化中最有价值的是黎苗文化，尤其黎族具有3000多年的历史积淀，是海南民族文化的核心部分。黎族人口有130多万人，是海南人口最多的少数民族。黎族人民创造出了黎锦、黎族医药、船形屋、打柴舞、竹筒饭、山兰稻、山兰酒等灿烂的民族文化。2009年10月1日，海南黎族传统纺染织绣技艺被联合国教科文组织列人首批急需保护的非物质文化遗产名录。黎族织锦是黎族文化最具代表性的载体之一，也是文化的活化石。

又如琼剧是海南最大的地方剧种，也是海南最具代表性的地方特色文艺。在其30多年的发展历史中，琼剧渐渐从渔村、海岛、村落等地的土台演出，逐步形成了如今这种行当齐全、形式成熟、风格独特的舞台艺术，琼剧几度进京演出，登上了国家的大舞台，同时还每年到新加坡、泰国、马来西亚、越南等东南亚国家，以及美国、港澳台等地，在广大琼籍华侨中间，产生了越来越广泛的国际影响。

除了黎族织锦、琼剧，还有“三月三”、海南八音、海口骑楼、保亭嬉水节、儋州调声、临高渔歌等本地特色文化都有待于深度挖掘和保护。

（四）文化创新、文化与科技结合的差距

在科技迅速发展，追求核心竞争力的今天，文化产业不仅仅是对传统文化的复制，也凝结着现代科技的方法和手段。因此，要实现文化产业的快速可持续发展，必须转变文化发展方式，紧紧依靠网络和电子信息技术等高新技术，推动文化和科技深度融合，积极发展文化新业态，全面提升文化产业的自主创新和核心竞争力。

海南大部分企业对科学技术在文化产业发展中的作用地位认识不深刻，尚未充分重视运用现代科技开发具有品牌影响力和核心竞争力的文化创意产品，2013 年，海南的新兴文化产业企业 35 家，占规模以上文化服务业法人单位总数的 46.1%。但一些文化企业的经营对象还主要停留在传统服务业，经营能耗少、附加值高、科技含量高的文化产品的企业还比较少，经营管理手段也比较落后。科学技术在文化产业发展中没有起到真正的引领和支撑作用，这在一定程度上抑制和影响海南文化产业的可持续发展。

在科技与文化的结合方面，“一带一路”战略提出以扩大开放倒逼深层次改革，创新开放型经济体制机制，加大科技创新力度，形成参与和引领国际合作竞争新优势。

四、对海南文化产业发展的若干设想

在分析了海南目前的文化产业发展状况、“一带一路”战略要求、海南文化产业与“一带一路”要求之间的差距以后，如何发挥海南的后发优势努力实现“一带一路”的战略目标，笔者试提出以下几点设想：

（一）分类分层次保护和发展

从海南的文化类型来看，既有历史的民族民俗文化，也有现代特殊的文化及自然生态文化，这就要求我们要区分不同的文化类型及发展层次，采取不同的发展策略。例如，对于黎苗族文化及琼剧等，要以挖掘

和保护为主，这也符合联合国环境规划署通过《生物多样性公约》的规定精神。该公约第8条规定，依照国家立法，尊重、保护和维持土著和地方社区体现传统生活方式而与生物多样性的保护和持续利用相关的知识、创新和实践并促进其广泛应用，由此等知识、创新和实践拥有者认可和参与下并鼓励公平地分享因利用此等知识、创新和做法而获得的惠益。联合国教科文组织（UNESC）通过的《保护世界文化和自然遗产公约》中也声称，“任何文化或自然遗产的破坏或灭失都将使全世界的遗产消亡”。

对于航天文化、南山养生文化、南海文化、博鳌风情小镇等则主要以开发利用为主，充分发挥其经济效益。中央提出海南要成为中国向南海发展的服务基地、“一带一路”战略的重要支点，海南省要实现绿色崛起、打造旅游天堂，就要把文化产业发展与社会进步、社会建设和生态建设、城镇化发展结合起来，把文化产业各个领域结合起来考虑，将博鳌品牌转向内生动力，带动其他产业链条发展。博鳌亚洲论坛与海上丝绸之路关系密切，海南应该精心打好博鳌这张牌。

（二）处理好政府和市场的关系

目前海南文化产业尚未形成完整的产业链，市场主体“小”“乱”“零”“散”，这就需要政府加大政策扶持力度，积极引导文化资源有效配置，打造一批具有影响力、竞争力和辐射力的骨干企业。这是主动发挥政府的作用。但海南在发展文化产业的过程中也发现一些企业打着文化项目幌子、从事与文化无关的经活动，甚至主要是开发房地产。靠商业地产支撑文化产业的做法和模式难以持续。做文化产业就是要做文化，要寻找到文化要素的盈利模式。

从海南文化消费的具体情况来看，海南还主要是靠本地居民支撑文化产业的发展。因此，以后的发展应主要通过减税、开放市场、鼓励万众创业来激发市场活力。海南文化产业未来发展要适应经济发展新常态的形势，促进文化产业发展由政府推动向增加市场内生动力方向转变。市场本身具有无序性，而文化具有价值性，所以要调整好政府和市场的关系，政府要坚持“适度干预、合理引导”的原则，让市场机制发挥基础性的资源配置作用。

这也符合共建“一带一路”的宗旨，即促进经济要素有序自由流动、资源高效配置和市场深度融合，发掘区域内市场的潜力，促进投资和消费，创造需求和就业，充分发挥民间和市场的力量。

（三）总体规划与专项规划相结合

有专家指出，一个文化规划应该正式地体现和阐明一个社会合理的文化秩序。文化发展战略就是要为这样一个文化秩序的建立提供全部合法性和合理性依据。文化发展规划只有建立在文化发展战略的基础上才具有历史合理性。①

海南已制订了《“十二五”时期文化改革发展规划》，现在面临制订“十三五”文化发展规划的难题。从“十二五”规划的执行情况来看，一些措施没有落到实处。如前文所述，海南各地的文化产业发展水平不一，各地也颇具本土文化特色。因此，如果在省政府的层面制订了文化整体发展规划，应该允许各地针对自己的文化禀赋和发展实际情况，制订文化专项发展规划，而不是各市县也要制订一个“大而全”的文化总体规划，这样会导致文化的发展规划只是“规划规划，墙上挂挂”，无法真正落实。

在“一带一路”的发展背景下，海南未来的文化发展规划只有建立在国际旅游岛发展战略、“一带一路”战略、南海战略等基础上，才能经得起历史的考验。

（四）加快文化产业立法

从全国层面来看，我国文化立法起步晚，基础薄弱，不能满足文化产业快速发展的需要。文化产业的快速健康发展需要法律的促进和保障。党的十八届四中全会决定提出制定文化产业促进法，把行之有效的文化经济政策法定化，健全促进社会效益和经济效益有机统一的制度规范。在全面推进依法治国的战略下，加快文化产业立法尤显重要。

在文化产业立法方面，海南是跟其他省市站在同一个起跑线上，甚

① 胡惠林. 国家文化治理：中国文化产业发展战略论［M］. 上海：上海人民出版社，2012：12.

至还稍稍进步一些。省委宣传部已经在2013年已启动《海南省文化产业促进条例》的立法调研，目前《海南省文化产业促进条例》已列入海南省人大的立法计划。在文化立法方面海南有优势，首先，是经济特区立法权。1988年4月13日七届全国人大第一次会议通过的关于建立海南经济特区的决议，授权海南省人大及其常委会制定经济特区法规，在本经济特区内施行。《立法法》再次确认特区授权立法权。其次，海南省人大及其常委会享有宪法及其他法律明确规定的省级人大及其常委会立法权，而且是唯一拥有“两个立法权”的省级立法机关。因此，如果能进一步加深海南文化产业方面的立法，会对海南文化产业的发展提供强有力的保障，这也可能是后发优势的表现之一。

（五）加强文化人才的引进和培养

正如有的研究者所指出的，文化专业人才的匮乏已成为制约海南文化产业发展的“瓶颈”。人是万物之灵，也是文化的载体。文化人才承担着文化创新和文化传承的重任，而文化创新将同时改变人的物质世界和精神世界，文化传承将延续我们的历史。海南文化产业的发展和“一带一路”战略的实施都离不开一定数量的文化人才。

2011年海南省宣传思想文化系统人才约为1.5万人，《海南省中长期宣传思想文化发展规划（2011—2020年）》要求，到2020年宣传文化人才要增长到2.5万人左右。《海南省中长期人才发展规划纲要（2010—2020）》提出实施选拔培养宣传文化系统“四个一批”人才工程。到2020年选拔培养“四个一批”全国人才约15名，省级“四个一批”人才100名。实施青年文艺人才工程计划，用5~10年的时间，培养造就一批在海内外具有较高影响力和知名度的优秀青年文艺人才。

《“十二五”时期文化改革发展规划》也提出造就一批优秀的文化职业经理人和有影响的文化企业家。抓住海外人才回流机遇，制订高层次文化人才的引进聘用计划，引进一批经营管理和业务领军人才，特别是国际会展、高端演艺、网络技术、数字技术、动漫游戏、游艇产业、邮轮产业、国际赛事等国际旅游岛建设急需的高端文化产业人才。对引进的高端人才，在户口、住房、科研经费、职称评聘、家属随迁、子女入学等方面实行更加灵活更加优惠的政策。研究出台允许以资本、技术、管理和知识产权等要素参与项目投资和利润分配的政策。

现在的主要任务是，要努力落实已经制定的文化人才引进和培养政策。并且将行之有效的政策上升到地方立法的层面。

五、结语

对于某一地区而言，文化产业就是该地区的文化制度和发展战略。海南的文化产业，有先天不足之处，也存在后发优势。根据中国社科院编的《中国文化产业发展报告（2014）》，在对中国区域文化产业竞争力实证分析中，海南的综合指标排名为第28，仅高于宁夏、青海、西藏，但海南的产业成长潜力因子排名为15，表明了海南有较强的产业持续发展能力和新兴产业发展状态较好。“一带一路”已将海南纳入其中，如果海南能加强自身文化产业建设，充分利用“一带一路”的发展机遇，海南的文化产业将取得长足进步。如果没能抓住这个历史机遇，将是海南之憾，也是国家之憾！

参考文献

[1] 彭翊. 中国省市文化产业发展指数报告（2014）［M］. 北京：中国人民大学出版社，2014：42.

[2] 杨传张. 东南地区：从文化制造走向文化创意［M］//张晓明，王家新，章建刚. 中国文化产业发展报告（2014）. 北京：社会科学文献出版社，2014：243；胡洪斌. 中国区域文化产业竞争力实证分析［M］//张晓明，王家新，章建刚. 中国文化产业发展报告（2014）. 北京：社会科学文献出版社，2014：277.

[3] 彭翊. 中国省市文化产业发展指数报告（2014）［M］. 北京：中国人民大学出版社，2014：52.

[4] 虚革. “一带一路”格局中的文化产业发展［J］. 团结报，2015-04-04（5）.

[5] 丁武超.“一带一路”建设需要文化浸润 [J]. 昆明日报，2015-05-11 (002).

[6] 胡惠林. 国家文化治理：中国文化产业发展战略论 [M]. 上海：上海人民出版社，2012：12.

“一带一路”战略下海南省离岸金融市场培育

高　健1，王保女2，李世杰3

（1 海南大学土木建筑工程学院；2 海南大学经济与管理学院；

3 海南大学经济与管理学院）

一、引言

离岸金融中心始于冷战时期，由于其交易活动不受所在国法律的监管，具有高度自由化、国际化且能快速实现资金的跨国流动，弥补各方资金紧缺，降低交易成本等特点。各国纷纷开展离岸金融业务，建立离岸金融市场，使离岸金融得到了迅速的发展。目前，离岸金融市场遍布全球各地，离岸金融作为金融业的一部分，已成为提升国家金融竞争力的一把武器。

2013 年 9 月和 10 月，中国国家主席习近平在出访中亚和东南亚国家期间，先后提出共建“丝绸之路经济带”和“21 世纪海上丝绸之路”的重大倡议，其涵盖范围包括两个经济带，共计 18 个省、自治区、直辖市。海南省作为“一带一路”的重要节点，是海上丝路南洋线的必经之地，肩负着历史重任。而海南国际旅游岛的建设在相当程度上依托于以金融业为重点的现代服务业的发展。国务院又为推动海南国际旅游岛建设，采取了免关税、落地签证、开放航权等积极的优惠政策吸引海外游客，以离岛旅客免税购物吸引国内游客，为离岸金融市场的发展潜在的积累了丰富的客源。在国际旅游岛大开放、大开发形势下为我省吸引保险、投资基金、国际大银行等金融机构和跨国公司的区域总部落户海南，形成集聚效应，增创非贸易外汇收入和确立金融业务发展新优势提供了便利途径。基于以上背景，建立起海南特色的离岸金融市场，以作为一个契机参与“一带一路”建设，肩负起历史之责，推进海南国际旅游岛建设并辅助我国参与国际金融竞争，提升我国金融竞争力是当前重中之重。

审视国际旅游岛背景下经济的增长，海南形成“资本洼地”的条件逐渐成熟，在国际旅游岛建设和“一带一路”战略大背景下正是海南建立离岸金融市场的良好时机。利用国家准许海南省发展离岸金融业务的试点资格，集各方力量，发展离岸金融业务，建立离岸金融市场，支持国家参与国际金融竞争，提升国家实力并最终把海南打造成金融生态“国际岛”，推动海南国际旅游岛建设意义深远。

二、相关文献综述

（一）关于离岸金融市场形成条件

关于离岸金融市场形成条件，Hal Scott 和 Philip（1997）和 Ronen Palan（1998）等认为，离岸金融市场的形成主要是金融自由化、国际化以及金融不断创新等多因素共同推动的结果，完善的金融管制是离岸金融市场发展进程的催化剂。国内学者钟红（1995）和杨福明（1996）等认为，离岸金融市场的形成是由国内发达的金融市场、稳定的经济和政治、完善的金融体系、自由宽松的外汇政策，以及金融法规管制等因素共同作用的结果。张韬（2008）等通过分析我国发展离岸金融市场的利弊，并提出我国发展离岸金融市场的政策建议。

（二）关于离岸金融市场模式选择

Sharon Cobb（1998）认为，离岸金融模式不外乎内外一体型、内外分离型以及避税港三种主要类型。其还通过选取在岸和离岸在资本流动、政策监管等因素对不同模式下发展的离岸金融业务进行比较分析。随着离岸金融市场的发展，国际上的主要观点不再拘泥于现有的模式选择，开始鼓励在现有模式的基础上能进行探索和创新，这方面的代表观点有Diamond. W. H（1994）等。国内关于离岸金融市场模式选择问题在研究进程中出现了两种代表观点。一种观点认为，我国离岸金融市场模式应采用内外分离型，如刘冲（2009）通过对内外一体型、内外分离性以及避税港型三种模式进行阐述，在得出我国具备建立离岸金融市场的条件下，认为我国应选择内外分离型的金融市场模式。另一种观点则认为，应该在内外分离型的基础上有限的参透。如乔桂明和车玉华（2014）等，通过对世界上各个模式进行分析，再结合我国实际，认为我国建立离岸金融市场在初期应采用内外分离型，待发展成熟后逐渐转型，向有限参透方式转变。

（三）关于风险防范及法律监管问题

Mary Zephirin（2002）、Edmund . Kwaw（2006）等人分别从不同角度研究风险的来由。前者认为脆弱的金融体系、缺失的金融监管政策是导致风险发生原因；后者则从反洗钱、金融犯罪的角度阐述，并提出应加强金融监管以规避金融犯罪的泛滥。2003 年的《巴塞尔新资本协议框架》等类似的相关文件中，都对跨国银行进行的相关业务进行了信息交流、最低标准要求、资本充足性等方面严格监管。

在关于离岸金融市场风险防范问题上，张帅梁（2010）基于对国际离岸金融市场存在的风险分析，探讨我国离岸金融监管问题并提出相关对策。司彧钰（2013）等人，从离岸账户这一微观工具出发，研究离岸账户的操作手法及其给东道国带来的风险，进而探讨我国如何进行风险防范的问题。关于离岸金融市场监管问题，鲁国强（2008）从市场准入、业务运行、退出三个方面，提出不同阶段我国应该采取何种监管模式。而罗国强（2010）则在分析国外监管经验前提下，提出我国在离岸金融业务处理上仍还是适合审批制等相关建议。张亚亚（2012）、姚扬（2012）等也大体通过分析世界离岸金融中心的监管模式及经验、发展历程等，再结合我国的国情及离岸金融市场的发展现状，提出我国离岸金融监管的模式问题。

（四）相关研究文献评述

海南关于离岸金融市场的相关研究相对较少，主要集中在发展离岸金融业务的可行性、模式选择、发展的必要性等方面的研究。如鲁斯琪和陈弦（2015）、郭海雄（2010）、颜蕾、符瑞武（2011）等人通过分析海南发展离岸金融所具备的条件及不利因素的基础上，一致认为海南发展离岸金融业务应采取内外分离型模式，但颜蕾和符瑞武对此模式进行了润色，认为可在内外分离型模式的基础上，可适度加入渗透型，两者结合使用。林丹（2013）也认同此模式，但提出需要建立相应的配套设施，以加强管理。中国人民银行海口中心支行课题组（2012）就海南所具有的离岸金融试点条件和发展的意义所在，提出发展海南离岸金融业务应适当放松管制、制定适应的外汇政策，并给予更加优惠的财税政策以支持。丁鹏（2013）、肖思智（2014）等通过分析海南发展离岸金融业务之必要性、发展的不利因素、具备发展的条件等方面，就专业机构人才、经济发展情况、税收政策、法律及监管制度等方面进行探讨，提出海南应如何发展离岸金融业务的政策建议。

综上所述，境内外关于离岸金融的研究，多以离岸金融市场发展的形成条件、发展模式、风险监管为主。关于海南发展离岸金融业务的研究也多集中在可行性、发展模式等内容上，且涉及离岸金融市场的内容要么避而不谈，要么蜻蜓点水。随着我国金融对外依存度的加深，海南也随形势开展离岸金融业务，拓展海南离岸金融市场已是一个迫在眉睫的课题。本文将对此开展一些探索性研究工作。

三、海南省金融业基本现状与离岸金融的发展探索

（一）海南省金融业基本发展现状

经历了20世纪90年代初期房地产泡沫经济重创的海南金融业，从1995年起，通过消化不良贷款、加强风险监控、改善经营管理、股份制改造等措施，逐步走出困境，重新焕发光彩。虽然相比于国内领先的金融发展大省，还存在差距，但是经过多年发展，海南金融业已见成效，金融体系逐步完善，金融业贡献率不断提升、资本市场发展活跃、金融体制改革稳步推进。

中信、招商、浦发、民生、兴业、华夏等银行的进驻加大了中小型银行在海南银行体系中的比例。海南本土商业银行，如海口农村商业银行、海口联合农商行、三亚农商行的建立，整体上提高了银行的服务能力。截至2014年，海南银行业金融机构营业网点数量达1412个、从业人员21656人、资产总额9430.6亿元。关于各类银行业金融机构的详细数据见表1。本地银行业金融机构的资产质量保持稳定，不良贷款率低于全国平均水平0.6个百分点；本外币存贷款总额规模不断扩大（见图1）。

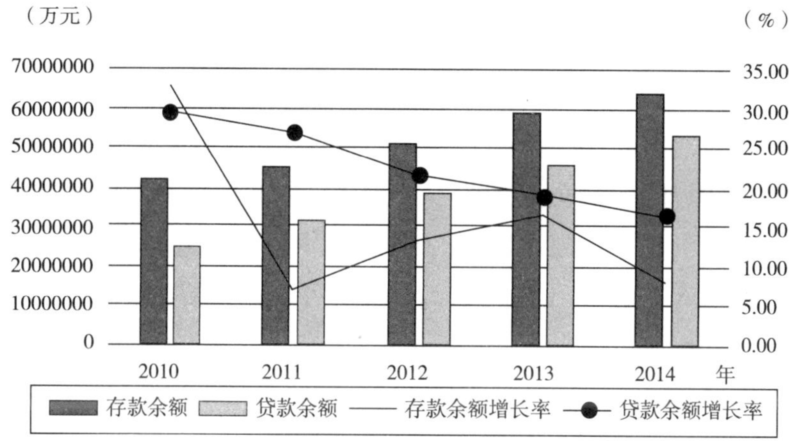

图1 2010—2014年海南省本外币存贷款余额及增长率变化

资料来源：根据2015年海南省统计年鉴整理。

表1 2014年海南省银行业金融机构基本情况（单位：个、人、亿元）

机构类别	机构个数	营业网点从业人数	资产总额	法人机构
大型商业银行	520	12078	3837.2	0
政策性银行	20	618	2447.9	0
股份制银行	65	1747	1142.4	0
小型农村金融机构	434	5124	1365.9	21
新型农村金融机构	19	360	31.7	17
财务公司	3	148	92.3	3
邮政储蓄	350	1546	501.9	—
外资银行	1	35	11.4	0
合计	1412	21656	9430.6	41

资料来源：根据2014年海南省金融运行报告整理。

保险业方面，稳步发展，服务领域全面拓展，经济补偿能力提高，风险防范作用持续增强。同时，保险服务机构也在不断完善，总部设在辖内的保险公司有一家，保险公司分支机构在海南的已有23家。截至2014年末，全省保险公司保费收入85.2亿元，同比增长17.3%。保险覆盖面持续扩大，保险密度同比增加134.7元/人；保险深度同比提高0.1个百分点。农业保险充分发挥经济“助推器”和社会“稳定器”的作用，全年政策性农业保险保费收入3.8亿元，同比增长17.1%。

证券业方面，平稳运行，规模逐渐扩大。截至2014年末，证券营业部、服务部数量小幅增长，海南省境内上市公司增至27家，海南矿业成功上市，成为近两年首家进军A股的海南公司，琼中农信社等3家企业在“新三板”挂牌，海南股权交易中心宣告成立，资本市场取得较快发展。证券期货市场规模也逐步扩大，全省证券和期货交易总额79440.3亿元，同比增长1.3%通过发行、配售股票共募集资金89.5亿元；股票市价总值2758.7亿元，同比增长53.6%。可见海南金融业正在稳步中发展，且效果明显。

（二）海南省离岸金融的发展探索

2002年6月，中央银行在1998年金融危机中停止了中资银行所经营的离岸金融业务后，首次批准招商银行和深圳发展银行全面恢复离岸业务。同时允许交通银行和浦东发展银行开始经营离岸业务，交通银行离岸部通过交通银行海南省分行向在海南的非居民推行离岸金融业务，南洋商业银行海口分行则采用“内接外理”的方式，利用其内部电子系统为海南的非居民办理离岸业务。而从《国务院关于推进海南国际旅游岛建设发展若干意见》同意我省“探索开展离岸金融业务试点”起，省委、省政府高度重视离岸金融试点工作，省金融办、人行海口中心支行、海南银监局等部门积极推进，2012年6月，省政府致函银监会恳请批准中国银行在海南开展离岸金融业务试点，2012年11月，中国银行向银监会上报了关于开办离岸银行业务的申请。同时，省金融办推动银监会就中国银行在海南开展离岸金融业务试点进行审核的同时，积极与交通银行等持牌银行进行沟通，探索扩大我省离岸金融业务量的路径。

目前，国内具有开办离岸金融业务资格的银行有交通银行、平安银行、浦发银行和招商银行，其在海南的分支机构开展的离岸金融业务也在稳步发展。但是其权限只是简单的业务处理，不涉及会计账务，可以说是总行在海南的一个推介。近几年来，海南省的离岸金融取得了一定的发展，2013—2015 年，在海南省经营离岸金融业务的 5 家金融机构中，交行和平安银行的业务结算量呈负增长的趋势，但其余三家仍保持增长的态势，特别是南商行，增长高达 73.6%，从业务结算总量上来看，相比于 2013 年，增长约 14%，其变化情况见图 2。

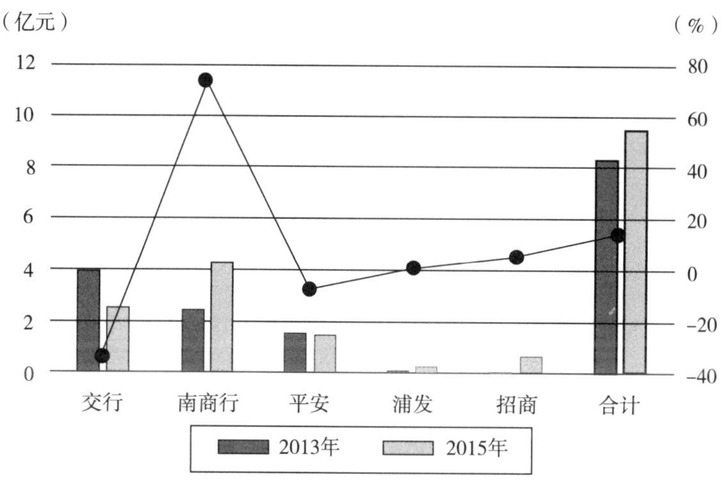

图 2　2013 年与 2015 年海南省各银行机构离岸业务结算量对比

资料来源：根据海南省政府金融办公室网站整理所得。

四、建立海南离岸金融市场 SWOT 分析

（一）优势（strengths）

1. 迅速增长的国民经济

1988 年 4 月 13 日，第七届全国人民代表大会第一次会议通过撤销广东省海南行政区，设立海南省，建立经济特区。20 多年来，海南从“摸着石头过河”为始，大胆探索，勇于实践，经受住政治风波、经济风险、“非典”疫情和严重台风、干旱等的严峻考验，实现了从计划经济到社会

主义市场经济的转变，从封闭、半封闭经济到开放型经济的转变，从贫困、解决温饱到总体小康的转变，从一个贫穷落后的边陲岛屿到初步繁荣昌盛的经济特区的转变，从昔日的“蛮荒之地”到如今为世人瞩目和向往的转变。这是海南经济发展所带来的盛况。加上 2008 年海南省政府正式启动国际旅游岛建设以来，海南省的经济相比于以前得到了更快的发展，人民生活水平得到了显著的提高。据统计：海南省 2008—2015 年人均 GDP 从 17691 元上升 38924 元，其中第三产业由 2008 年的 643.47 亿上升为 2014 年的 1815.23 亿。以服务业为依托的第三产业增长超过了第二产业工业的增长。迅速增长的国民经济为海南发展离岸金融市场作了坚实的后盾。具体变化情况见表 2。

表 2 海南省三大产业占比（100miollion） 单位：亿元

年份	生产总值	第一产业	第二产业	第三产业	人均生产总值（GDP）
2008	1503.06	436.04	423.55	643.47	17691
2014	3500.72	809.52	875.97	1815.23	38924

资料来源：笔者根据海南省 2015 年统计年鉴整理。

2. 区位优势突出和优越的自然环境

海南省位于华南和西南陆地国土和海洋国土的结合部，内靠我国经济发达的珠江三角洲，外邻亚太经济圈中最活跃的东南亚。现如今，又是“一带一路”海上丝绸之路南洋线的交通枢纽。综观全球的离岸金融市场，无一不位于主要的交通咽喉地带。海南省独特的地理区位优势对海南省离岸金融业务的发展具有重要意义。首先，中国东盟自贸区的建立需大量的资金及金融服务的支持，海南省离岸金融业务能有效满足其需求；其次，毗邻香港地区有利于海南省离岸金融业务的加快发展，海南省离岸金融业务的兴起能有效辅助、巩固香港地区确立全球离岸金融中心的地位；最后，海南省与祖国大陆间的天然屏障可以作为防范省内与大陆境内金融系统协同干扰的“防火墙”。而海南岛地处热带北缘，属热带季风气候，素来有“天然大温室”的美称。这里长夏无冬，年平均气温 22～26℃，气候宜人，空气质量优，适合居住，可以吸引金融人才汇集。

3. 金融风险防控相对容易

海南是一个地理位置上相对独立的岛屿经济特区省份，便于封闭性管理。由于海南省外向型经济规模较小，金融资产总量偏低，外币的资产池子较小，金融业务对整体经济的带动、辐射能力受限。一旦发生任何金融风险，对内陆经济金融造成的直接冲击有限，在风险防控上可操作性强。利用国家赋予海南最优惠的开放政策和改革试验田的优势，充分利用海南国际旅游岛建设和“一带一路”背景下海南的发展轨迹。开展扬长避短、错位发展的离岸金融业务试点探索，初期本着低风险理念开展低风险的传统的金融业务；加强监管力度，在体制和机制上制定完备的风险防范措施。随着金融监管水平的日趋提高和离岸金融业务管理制度的日趋完善。加上各方面的大力支持，健全的监督管理机制，足以把海南省离岸金融业务运行的风险放在可控范围内。离岸金融市场一旦落地运行，对重振海南金融的繁荣意义深远。

4. 国际旅游岛建设带来国际客源以及本土侨乡资源

《中华人民共和国公民出境入境管理法》和《中华人民共和国外国人入境出境管理法》颁布 20 年来，海南省在出入境管理方面发生巨大变化。2000 年 10 月 31 日，公安部经商外交部、国家旅游局，批准海南省开始实行 21 国免签证政策，21 国免签证政策实施以来，有力拉动了海南省的入境旅游市场，以年均递增 40% 的速度吸引了越来越多外国游客通过这一渠道来琼旅游度假。2010 年 8 月，公安部批准海南在已有 21 国免签证的基础上，先期增加芬兰、丹麦、挪威、乌克兰、哈萨克斯坦 5 国为入境免签证国家，使入境海南免签证国家增加到 26 个，2014 年海南全省接待过夜游客 4060. 18 万次，同比增长 10. 5%。其中接待的外国人过夜游客达到 42. 16 万次。而海南是著名的侨乡资源，琼籍华人华侨分布在世界各地的有 300 万人次，主要集中在东南亚各国，并且在各个领域出现了政界名人，商业巨子以及社会名流等。海南可利用此优势，通过华人华侨进一步吸引更多的非居民来琼办业务。众多的境外旅游资源和侨乡资源，将是海南开办离岸金融业务，发展离岸金融市场的重要客户来源。

（二）劣势（weakness）

1. 税收优惠幅度小

目前，我国对外币离岸金融业务和人民币离岸金融业务都没有税收优惠政策。近几年，我国天津、上海、深圳三处发展起来的离岸金融，都是政策推动型。海南省的离岸金融中心试点也是在政策推动下开始探索的。它们在发展离岸金融业务上均具有一定的政策优势，但并没有制定针对发展外币离岸金融业务的优惠税收政策。表三列举了三个离岸金融中心与海南省主体范围的税收对比情况。综观新加坡、美国、开曼群岛等国际离岸金融中心，其建立初期均以优惠的税收政策支持其发展。而海南省从总体上来看却与国内的其他省份沿用统一的税收体系，在发展需要自由化程度高的离岸金融业务来说，保守的税收政策难以对离岸金融客户和各个离岸金融机构形成吸引力。

表3 国际离岸金融中心与海南省主体范围税收政策对比

税种/地区	开曼群岛	新加坡	美国	海南省主体范围
企业所得税	无	10% ~17%	无	25%
营业税	无	无	无	5%
印花税	无	无	无	0.05‰~1‰
增值税	无	5%	无	17%
个人所得税（非居民）	无	0% ~20%	无	20% ~40%

资料来源：笔者根据网络公开资料整理所得。

2. 外汇政策的约束

根据《中华人民共和国外汇管理条例》制定的《离岸银行业务管理办法》（以下简称《办法》）用来规范银行经营离岸银行业务。《办法》中所称的“银行”是指经国家外汇管理局批准经营外汇业务的中资银行及其分行，所谓离岸银行业务即指银行吸收非居民的资金、服务于非居民的金融活动。本《办法》中的第二十六条规定非居民资金汇往离岸账户和离岸账户资金汇往境外账户以及离岸账户之间的资金可以自由进出；但是汇出或者汇入都应当按照结汇、售汇及付汇管理规定和贸易进口付汇核销监管规定，严格审查有效商业单据和有效凭证，并且按照《国际收支统计申报办法》进行申报。虽然国家实行了人民币业务、税收、海关政策等，但政策突破力度不大，外汇管制政策依然存在，复杂的市场准入审批程序在一定程度上降低了海南离岸金融业务对非居民来琼开办离岸金融业务的积极性。

3. 专业人才匮乏

离岸金融市场主要是为非居民提供境外货币借贷或投资、贸易结算；外汇黄金买卖、保险服务及证券交易等金融业务的一种国际金融市场，在市场内涉及的范围广、品种多样。因此离岸金融市场的发展需要一批具有较高素质的国际金融、会计师等专业人才，并熟悉了解我国的外汇、外债政策和发展离岸金融业务的各种法律法规，更能及时洞察国际金融的发展情况及趋势。虽然近几年来海南金融业取得了不错的成绩，但是海南发展离岸金融市场依旧面临专业人才缺失的窘境，这将直接影响海南发展离岸金融市场的建设。

4. 业务品种单一

离岸市场的业务范围可分为离岸银行业务、离岸证券业务、离岸保险业务等，其中离岸银行业务包括外汇存款贷款、同业外汇拆借等；离岸证券业务则表现为跨国公司和金融机构通过离岸金融市场进行证券发行或买卖来获得融资需求；离岸保险业务主要是针对一些跨国公司在海外投资而开展的一项业务。除以上所述三种业务，各种跨国信托投资、不动产投资、租赁经营等都可以通过离岸金融市场来完成。而在海南发展离岸金融业务的只有 5 家商业银行，其权限仅涉及客户服务和业务信息资格审查等简单业务，主要的会计账务仍集中到总行处理，且可以说是总行在海南的一个代理机构。因而开展的离岸金融业务并不是完整的离金融业务，基本上就是离岸银行业务，并且品种单一，成交量小，难以成规模。这在一定程度上制约了海南发展成为一个功能齐全的离岸金融市场的业务需求。

5. 中介服务机构种类少

一个成熟的离岸金融市场都需要完整的一套中介服务机构体系的支持，综观全球各个离岸金融市场，都具有完善的中介机构，以帮助客户提供各种咨询服务。而由于海南获得发展离岸金融业务试点资格也就近几年的事，离岸金融业务的发展还不够成熟，具体的离岸金融服务中介机构更是处于缺失的状态。离岸金融业务本是一种跨国界的金融活动，且海南离岸金融业务刚刚起步，对离岸金融的相关知识了解不深，这在一定程度上得依靠中介服务机构的指导、讲解，以消除在办理业务时的戒备心理。然而中介服务机构望尘莫及，将会导致客户资源流失，影响离岸金融业务健康发展。

（三）机会（opportunity）

1. 时机相对成熟

现阶段，海南发展取得的成就有目共睹，具备了完善的交通、通信等基础设施，这为海南建立离岸金融市场创造了优越的硬件环境。加上海南国际旅游岛建设的发展，海南已为世界所知晓，海南与世界各国经济的联系和交往日益密切。海南可最大限度的利用现有的资源与境外银行竞争，占领境外金融市场，为海南离岸金融市场的建设提供外部环境。而如今国家又推出了“一带一路”的建设，在“一带一路”的大背景下，海南凭着处于海上丝绸之路建设的战略要点，发挥自身优势，开展海洋渔业合作、热带农业合作、海上旅游合作等，进一步与东南亚各国加强经济文化等往来。又可以通过海上丝绸之路的南洋之线，深入地中海、直达欧洲，海上交通的建设，这又为海南离岸金融市场的建设创造了外贸基础。因而海南建设离岸金融市场在时机上是相对成熟的。

2. 沪深津以及全球离岸市场的经验可借鉴

目前，上海、深圳四家法人银行已经试行了内外分离模式，同时进行了初步的探索和创新，设立离岸账户、开展离岸租赁、离岸再保险、离岸人民币业务等开始出现。同时，以中国香港和伦敦、美国和日本、新加坡和曼谷、开曼群岛等分别代表的内外混合型、业务分离型、渗透分离型、避税港型 4 种离岸金融市场模式已然成功发展。各个离岸金融市场在建立过程中都经历了风风雨雨，才形成了适合自己发展的独特方式。内外混合型的在岸离岸账户不分离，资金出入无限制；业务分离型的在岸离岸账户分离，严禁离岸资金与在岸资金相互渗透；渗透分离型的分为离岸向在岸渗透型、在岸向离岸渗透型、离岸在岸相互渗透；而避税港型的以簿记型业务为主，赋税较低，基本无金融监管，强调金融监管自治。众多先行宝贵经验可借鉴，海南总会在探索中找出属于自己的一隅天空。

3. 各方面政策支持

为支持海南建设国际旅游岛的建设，国务院于 2009 年 12 月 31 日发布了《关于推进海南国际旅游岛建设发展若干意见》，第 15 条赋予海南探索海南离岸金融业务试点资格。2010 年 9 月海南省成立“海南国际离岸金融岛”课题研究领导小组，专项研究海南离岸金融发展情况；并于当年公布了《关于离岸金融业务试点工作进展情况的报告》；鉴于金融业发展对经济的正向作用，海南省政府于 2010 年初发布了《海南省支持金融业发展若干意见》。随后，为了推动离岸金融业务的发展，结合海南省情实际，提出了建设区域性、服务贸易型的《海南离岸金融业务试点方案》其主要内容分为三部分，分别是发展目标、总体思路和特色业务；2014 年 3 月，海南省政府颁布的《关于推进东南亚航运枢纽和物流中心建设实施意见》中提出了在洋浦保税港区开展航运离岸金融试点。可见，国家、省政府在政策上始终支持海南离岸金融的发展。

4. “一带一路”带来的机遇

“一带一路”是指“丝绸之路经济带”和“21 世纪海上丝绸之路”的简称，它是目前中国最高的国家级顶层战略，贯穿亚欧非大陆，一头是活跃的东亚经济圈，另一头是发达的欧洲经济圈。丝绸之路分有五条路线、海南位处南洋之线，起点福建泉州，终至威尼斯，途经福州、广州、海口、北海、河内、吉隆坡等发达城市。海南可以借助这条航线与沿线各个国家进行旅游合作、高校联盟、文化交流等活动，以求各国人民更多的了解海南，认同中国文化、海南文化、达到民心相通，并力图实现资金融通、贸易畅通、设施联通等。作为“一带一路”的重要节点，海南可扮演一个中间人角色，加强与香港地区财富管理的合作、互补，搭建中国内地、香港两地财富管理的服务桥梁，既可以让香港私人银行得以服务海南、泛珠三角地区乃至全国，又可帮助全国民众通过香港走向“一带一路”沿线国家。打造21世纪“海上丝绸之路”的“南海服务合作基地”。这将在另一方面为海南离岸金融市场的发展提供了优质的客源，这是海南离岸金融市场发展的一股巨大的催化剂。

（四）威胁（threat）

1. 离岸金融市场隐藏着市场风险

离岸金融业存在诸多风险，它所带来的巨额资金流动会对各国金融体系和金融秩序的稳定产生强大的冲击和重要的影响。其原因有：第一，离岸金融市场会对国内金融市场形成干扰和冲击，即使是内外分离型模式，也不能从根本上解决离岸资金与在岸资金的互相渗透的问题。第二，从离岸市场本身来分析，由于离岸金融市场具有高度自由化的特点，如果离岸金融监管当局不能量身制定正当监管政策或缺乏有效监管，则将带来一系列的信用、法律、流动性、操作等非系统性风险和系统性风险，随之而来的便会引起股市、房地产以及债务危机，如果危机不能控制在有效范围，则将引起全球金融危机。

2. 对监管当局的监管能力以及货币政策实施提出挑战

离岸金融市场是在传统国际金融市场的基础上发展起来的与市场所在国的国内金融体系分离，突破了交易主体、交易范围、交易对象、所在国政策法规等众多限制，具有市场的经营环境和市场业务高度自由化的一个高度国际化的金融市场。离岸金融市场监管的主要内容包括对市场准入、离岸金融业务以及退出监管等。由于金融市场的完全国际性，使一项普通的资金运作都可能涉及资金供给国、资金所在国、货币发行国、筹资国等多个国家，是一个虽然受到多方监管，但是经营环境依然自由且不受控制的市场。一旦海南建立离岸金融市场，势必会大量的资金流入流出，如省内资金与离岸资金出现较大利差时，很可能会发生大规模的套利转移；离岸资金的大量流入会冲击省内的信贷市场，结果可能造成省内信用规模失控等。这些在整体上都提升海南金融监管当局以及我国的金融监管当局的监管难度，在一定程度上可能影响中国货币政策的实施，或者使货币政策实施的最终结果偏离初始预期。

3. 金融更加自由化对海南经济产生冲击

金融自由化是由美国学者罗纳德·麦金农（R. I. Mckinnon）和爱德华·肖（E. S. Show）在70年代，针对当时发展中国家普遍存在的金融市场不完全、资本市场严重扭曲和患有政府对金融“干预综合症”影响经济发展的状况而首次提出的。金融自由化虽然在某些方面提高了金融市场效率，但同时也有其降低金融市场效率的作用。金融自由化以后，更多的外资银行会进驻海南，相比外资银行，国有银行在竞争力上处于下风，而外资企业进入，在外资银行的支持下，很容易形成市场垄断和产业垄断，冲击着省内企业发展；而一旦外资金融机构经营失误，则可能严重干扰我省金融市场的正常发展；金融市场一体化，众多金融创新机构出现将降低金融市场透明度。银行客户面对极端复杂的衍生工具，只能听从银行的建议，从而使银行对提高效率的积极性下降。以上这些，很可能带来金融市场的波动，进而影响到经济的正常运行。

（五）SWOT分析结论

离岸金融市场作为一个高度自由灵活、快捷便利、高效新型的市场，它的建立需具备以下基本条件：第一，所在国或地区的政治和经济稳定；第二，发达的国内金融市场；第三，有灵活自由的金融法规制度及优惠的财税政策；第四，比较优越的经济和自然地理位置。从以上的SWOT分析可见，海南地理位置优越、省内政治和经济增长稳定，金融市场发展较为繁荣，国民经济迅速增长和一定限度的优惠税收政策，宏观上具备建立离岸金融市场的基本条件。当然，海南建立离岸金融市场机遇与挑战并存，困难与希望同在。但是，任何一种影响海南建立离岸金融市场的因素并不是一成不变的，在一定条件或者在一定的时期内可以相互转化。各级政府及相关部门应当把握机遇与优势，将制约海南离岸金融市场发展的因素消除或将其控制在合理的范围内，将劣势转化成优势，将挑战转成机遇，促进海南离岸金融市场建设与发展。

通过对海南建立离岸金融市场进行SWOT分析，笔者认为，海南已经具备建立离岸金融市场的条件且也具备能力应对发展出现的挑战。但是离岸金融市场的建立并不是一拍即成，急于求成反而适得其反，困难和挑战都在影响离岸金融市场能否顺利建成。当下海南省应抓住国际旅游岛建设、“一带一路”战略兴起、国家政策支持以及沪深津先行之列的宝贵经验等巨大机遇。充分利用本省具有的优势并发将其发挥到极致，深入了解所遇到的困难和将要面临的挑战，无论是困难还是挑战，逐一入手，找出解决方法并制定相应措施，化解困难，应对挑战。在万事俱备的情况下，找准时点，顺势建成特色的海南离岸金融市场。

表4 建立海南离岸金融市场的SWOT分析

优势	劣势
迅速增长的国民经济	税收优惠幅度小
区位优势突出和优越的自然环境	外汇政策的约束
金融风险防控上相对容易	专业人才不足
国际旅游岛建设带来的客源以及本土侨乡资源	业务品种单一
	中介服务机构种类少
机会	威胁
时机相对成熟	离岸金融市场隐藏一定的市场风险
沪深津以及全球离岸市场经验可借鉴	对监管当局的监管能力和货币政策的实施提出挑战
政策的支持	融更加自由化对海南经济产生冲击
“一带一路”带来的机遇	
我国政局稳定且经济平稳增长	

五、助推海南离岸金融市场建立政策建议

建立海南型的离岸金融市场受到税收优惠幅度小、外汇政策约束、专业人才不足、中介服务机构种类少以及离岸金融市场本身自带的风险等诸多因素的制约。因此应当采取一系列政策创新和切实措施，推动海南离岸金融市场建设。

（一）申请中央赋予政策配套支持并给予相应税收优惠

为更加顺畅地开展离岸金融业务，建立离岸金融市场，海南省应大力申请中央给予政策支持，建议国家相关监管部门批准有条件的大型国有商业银行海南省分行在琼开办离岸金融业务，加强各方面的联系与合作并借鉴国际离岸金融中心通行做法，划定一定范围区域先行先试。离岸金融市场的形成有两种形式，一是自然形成，二是政策的推动，在政策的推动下，税收优惠是建立离岸金融市场普遍采用的形式，综观国际各个离岸金融中心，税收优惠是一大特色。因此，应从省内实际出发，制定完善的税收优惠政策，尽量做到减免各种税收，吸引更多非居民、外资机构来琼办业务，促进离岸金融市场的发展。

（二）改善融资环境，引导相关机构进入

我国一些大型国有银行到今天还没有开展离岸金融业务的资格，中央政府一方面要引导已经获准开办离岸业务资格的中外金融机构、保险公司尽早在海南政策落地或设立分支机构，另一方面要通过良好投资环境吸引知名外资银行、保险、基金、信托、证券等金融机构在海南设立分支机构开展离岸金融业务。在条件可控的情况下借助“泛珠三角”论坛和中国香港、新加坡的国际金融中心地位，允许全国颁发牌照的省内金融机构对等开展包括与“金砖四国”中其它国家、亚州新兴经济体国家等多边离岸金融业务的国际交流与合作或者结成战略联盟，允许在琼、港澳台银行间开展跨境贷款业务试点，使资金实现跨区域流动和融合，助推离岸金融市场的发展。

（三）组建或引进相关金融机构和中介咨询服务机构

针对海南相关金融机构与中介服务机构缺乏的实际，海南应进一步加快相关服务业的开放程度，通过引进离岸中介咨询服务机构设立办事处，或者由海南省政府下属国资企业与其合资组建一家本地中介咨询服务公司的形式引进或组建离岸中介咨询服务机构。借助国内外专业的离岸中介咨询服务公司的信息优势，不但可推荐境外企业和个人来琼开办离岸金融业务，增加银行的离岸服务对象；还可以通过专业的中介咨询服务公司提供一系列相关的法律、税务等咨询服务及企业注册服务，帮

助境内外企业在境外或在海南离岸金融管辖区注册离岸公司，吸引这些离岸公司来琼开立离岸账户。带动离岸金融业务的发展，进而有利于海南离岸金融市场的建立。

（四）培养造就一批与离岸金融有关的高层次专业人才

针对海南开展离岸金融业务，建立离岸金融市场缺乏专业人才的实际，一是要培养一批掌握金融产品开发、定价、风险管理等核心金融技术，具备会计、法律、投资和信息技术等知识的复合型、专家型人才；二是造就一批具有国际视野和丰富国际经验、通晓国际金融规则、能够进行跨文化沟通、可以独立开展国际金融活动的国际化金融人才；三是通过与高校合作，从教育上专门培养离岸金融人才，教育从娃娃抓起，在任何时候都受用。

（五）金融开放与金融监管并存

离岸金融市场本就是高度自由化的市场，这在一定程度上需要宽松的金融环境，资本的进入与流出不至于存在层层阻碍。但是泰国金融危机的教训也在告诉我们，在金融开放下，监管必须跟上。由于离岸金融市场的存在，一项资金的简单流动都会涉及多个国家，这就要求完善的监管机构进行强化监管。海南建立离岸金融市场还处于试点阶段，任何监管一旦出现弊端，必将影响离岸金融市场的建立。因此，应采取谨慎性原则，结合国情、省情和国际惯例制定完善的监管体制与机制，稳健的金融监管是金融自由化的基础，是建立离岸金融市场的保障。

参考文献

[1] Hal Scott&. PhilipA. Wellons. International Finance [J]. The International Offshore and Financial Centers Handbook, 1997.

[2] Ronen Palan. The Emergence of An Offshore Economy [J]. Futures, 1998.

[3] 钟红．世界离岸金融市场的形成及利弊分析 [J]．国际金融，1995（5）.

[4] 杨福明．国际离岸金融市场建立的利弊、条件及启示 [J]．山

西财经学院学报，1996（4）：59－62.

［5］张韬．我国当前发展离岸金融市场可行性分析［D］．成都：西南财经大学，2009.

［6］Sharon Cobb,“The Emergence of An Offshore Economy”[J]. Futures,1998.

［7］Diamond. W. H，“The Changing Image of Offshore Centers”［J］．The International Offshore and Financial Centers Handbook，1994.

［8］刘冲．我国发展离岸金融市场的路径及模式选择研究［D］．乌鲁木齐：新疆财经大学，2009.

［9］乔桂明，车玉华．离岸金融发展模式分析及中国的当下选择［J］．苏州大学学报（哲学社会科学版），2014（6）.

［10］Mary . G. Zephirin，“Offshore Financial Centers：Parasites or Symbionts?”［J］．Working Paper，2002.

［11］Edmund M. A. Kwaw，“The Grey Areas of Eurocurrency Deposits and Placements”［M］．Dartmouth Publishing Company，2006.

［12］张帅梁．我国离岸金融监管法律制度存在的问题与对策［J］．兰州商学院学报，2010（4）：122－126.

［13］司彧钰．从离岸账户监管看离岸金融市场的监管问题［J］．云南社会科学，2013（2）：15－18.

［14］鲁国强．我国离岸金融市场监管模式的选择［J］．南方金融，2008（3）：36－38.

［15］罗国强．论离岸金融市场准入监管法制［J］．上海金融，2010（6）：51－55.

［16］张亚亚．我国离岸金融市场监管法律制度研究［D］．成都：西南政法大学，2012.

［17］姚杨．离岸金融市场监管法律问题研究［D］．北京：北京交通大学，2012.

［18］鲁斯琪，陈弦．海南发展离岸金融中心的优势及路径分析［J］．时代金融，2015（8）：59－60＋74.

［19］郭海雄．构建海南国际旅游岛离岸金融市场的思考［J］．区域

金融研究，2010（9）：54－58.

[20] 颜蕾，符瑞武．海南建立离岸金融市场模式及路径［J］．合作经济与科技，2010（24）：40－41.

[21] 林丹．关于海南创建离岸金融市场的对策分析［J］．市场周刊（理论研究），2013（1）：77－78.

[22] 中国人民银行海口中心支行课题组，曹协和．关于海南离岸金融业务试点的几点思考［J］．海南金融，2012（10）：21－24.

[23] 丁鹏．海南省离岸金融业务发展问题研究［D］．海口：海南大学，2013.

[24] 肖思智．海南省离岸金融业务发展研究［D］．海口：海南大学，2014.

[25] 张为群．进一步完善我国离岸金融市场的思考［J］．中国流通经济，2013（2）：124－128.

[26] 杨叠涵，陈瑛．全球离岸金融中心（OFCs）地理特征研究［J］．世界地理研究，2013（1）：97－104.

[27] 司彧钰．从离岸账户监管看离岸金融市场的监管问题［J］．云南社会科学，2013（2）：15－18.

[28] 陈少英，欧阳天健．我国离岸金融市场发展的税收法律制度建设研究［J］．东南学术，2014（6）：188－194.

[29] 俞若安．日本离岸金融市场发展经验及启示［J］．上海金融，2014（12）：91－93.

[30] 贺伟跃，刘芳雄．促进上海自贸区离岸金融业务发展的税收优惠政策刍议［J］．税务研究，2015（8）：69－74.

[31] 郭云钊，张鹏．全球离岸金融中心的发展［J］．中国金融，2012（15）：74－75.

[32] 曾之明，岳意定．人民币离岸金融中心发展模式及策略选择［J］．中南财经政法大学学报，2010（1）：56－61.

[33] 韩龙．论离岸金融法律问题的特殊性［J］．河北法学，2010（3）：24－31.

[34] 刘丹. 上海离岸金融市场建设的模式及路径研究 [J]. 宏观经济研究, 2010 (4): 32 - 37 + 79.

[35] 范健, 朱华友. 南海离岸金融中心构建模式选择与法律监管机制研究 [J]. 南京大学学报 (哲学. 人文科学. 社会科学版), 2014 (1): 70 - 81 + 158.

[36] 贺伟跃, 陈虎. 上海自贸区离岸金融业务税收政策初探 [J]. 税务研究, 2014 (9): 70 - 73.

[37] 乔桂明, 车玉华. 离岸金融发展模式分析及中国的当下选择 [J]. 苏州大学学报 (哲学社会科学版), 2014 (6).

[38] 闫海洲, 郑爽, 黄诗晖, 王安颖, 赵星印. 国际离岸金融市场发展对上海自贸区建设的借鉴意义 [J]. 上海经济研究, 2014 (10): 74 - 80.

[39] 熊鹭. 离岸金融税制比较 [J]. 中国金融, 2012 (17): 83 - 84.

[40] 卢季诺, 孟辰. 离岸金融市场建设的国际经验借鉴与启示 [J]. 价格理论与实践, 2016 (1): 126 - 128.

大力开发海洋资源　打造东方市现代海洋产业体系

孙　鹏

（海南大学经济与管理学院）

2013年，海南省出台了《关于加快建设海洋强省的决定》，提出提高海洋综合管理能力，创新海域海岛使用管理模式，加强海洋公共安全管理等重要举措。2015年2月9日，海南省代省长刘赐贵在海南“两会”上又进一步指出“海南是21世纪海上丝绸之路的重要战略支点，国家实施‘一带一路’战略，建设海洋强国，为海南提供了十分广阔的发展空间。”围绕海洋强国和海洋强省战略目标，大力构建现代海洋产业体系，积极推进海洋事业改革发展，破解海洋经济发展的制约“瓶颈”，将是“十三五”期间海南地区经济发展的核心要务。

东方市是海南省海洋大市，拥有得天独厚的海洋资源以及扎实稳固的海洋产业基础。但同时，东方市的海洋经济总量相对较小，产业集聚效应还不明显，科技创新能力还不强。为此，在海南大力推进海洋强省建设以及国际旅游岛建设的背景下，东方市应抓住这一宝贵机遇，大力开发海洋资源，并做好科学规划，统筹安排，构建现代海洋产业体系，实现“十三五”期间海洋经济的跨越式发展。

一、现代海洋产业体系及其内涵

海洋作为21世纪人类资源开发的又一片新天地，其经济价值、社会价值以及战略价值日趋提升，建设现代海洋产业体系成为为建设现代产业体系中的重要一环。现代海洋体系的概念应包括上述紧密相联的三个部分，即“一个核心、一个支撑、一个依托”。“一个核心”，是指以《海洋及相关产业分类》中的主要海洋产业（又称海洋经济核心层，包括海洋渔业、海洋油气业、海洋矿业、海洋制盐业、海洋船舶工业、海洋化工业、海洋生物医药业、海洋工程业、海水利用业、海滨电力业、海洋交通运输业、滨海旅游业）为主体产业群；“一个支撑”，即以《海洋及相关产业分类》中的海洋经济支持层里的部分产业（包括即海洋科研教育服务业，包括海洋科学研究、海洋教育、海洋地质勘查业、海洋技术服务业、海洋信息服务业、海洋保险与社会保障业、海洋环境保护业）为支撑；“一个依托”，是以政府海洋管理体制、海洋产业规划与产业政策、海洋建设项目融资环境、海洋法制环境、海洋资源与环境、海岸带基础设施、海洋文化环境等为产业发展环境为依托（如图 1 所示）。

二、东方市现代海洋产业体系建设的重点领域

我们认为，未来东方市现代海洋体系建设应围绕“三个加强、一个开拓”的总体方针展开。“三个加强”即加强东方市临港工业建设、加强现代海洋渔业建设、加强现代海洋服务业建设；“一个开拓”即开拓海洋战略新兴产业。具体包括：

（一）加强临港工业建设

依照东方市现有临港工业现状，应从以下几个方面加强建设：

（1）临海电力工业。积极以火力发电为核心，以临海光伏发电、海上风电等为辅助的临海电力工业体系，走节能、节水、降耗、低污染的发展途径。

（2）临海石化工业。发挥政府在促进地方经济发展方面的作用，充分利用集群理论提升地方区域经济竞争优势，优化有利于东方市石化工业发展的软硬环境，积极招商引资，加快石化项目建设，使石化工业成为东方市未来的支柱产业。

（3）海洋油气业。完善海洋油气开发设备，着力提高深海勘探开采

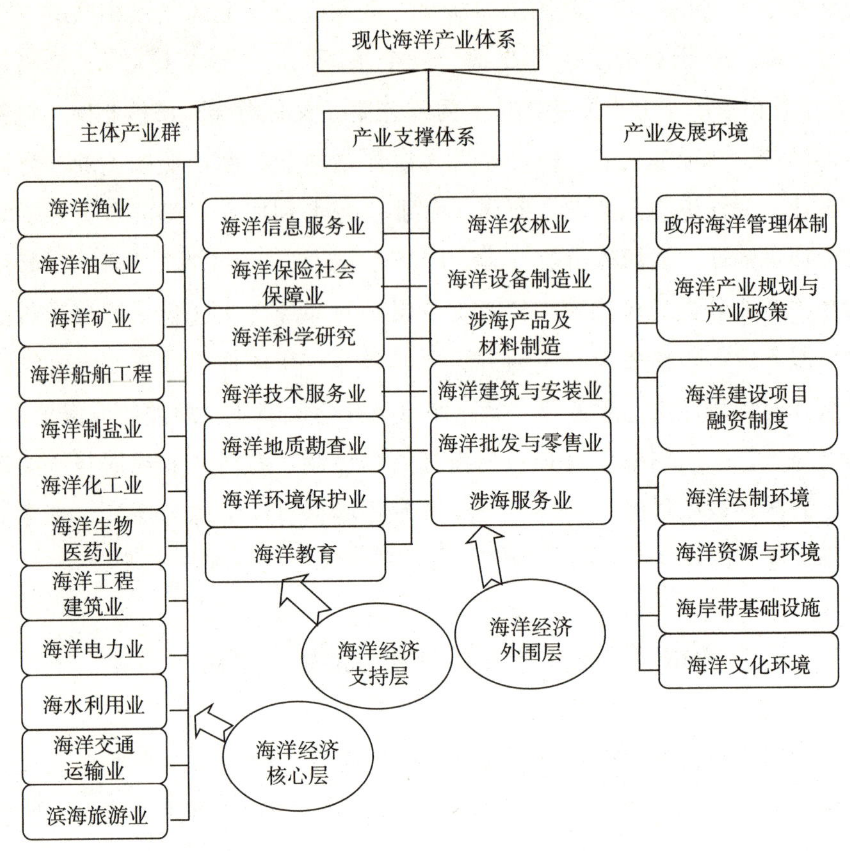

图1　现代海洋产业体系构成

技术水平，增强自营开采能力，勘探开发油气资源，发展油气加工业。启动具有高附加值的依托油气资源的大型能源项目，综合开发利用油气加工废弃物和副产品，延伸油气资源综合利用产业链。

（二）加强现代海洋服务业建设

东方市应着重以八所港为核心，以辖区海岸线资源为基础，打造集仓储物流、货运调配、配套服务、滨海旅游等为一体的现代海洋服务业体系。具体包括：

（1）海洋交通运输业。合理调整港口布局，提高八所港集、疏、运和仓储能力，重点建设煤炭、集装箱、陆岛滚装和客运等专业化码头。加强以北部湾区域主枢纽港为重点的集装箱运输系统和能源运输系统建设，积极发展现代港口物流业，培育一批专业化和综合性互相配套的现代物流中心以及大型物流企业集团，加快港口信息化建设和港口航运支持系统发展等。

（2）滨海旅游业。东方市拥有集大海与沙滩、岩石、林带等构成的热带海滨风光，具有成为全国较为优良的滨海旅游度假基地的发展潜质，应发挥这些滨海旅游资源，打造集休闲娱乐、科普教育和绿色生态为一体的生态旅游品牌。特别是应大力发展游艇旅游、海岛休闲探险旅游、风能发电观光和垂钓旅游等特色旅游，积极发展红树林、珊瑚礁和海草床等热带海洋风光旅游。开发海洋民俗旅游，凸显琼州（少数民族）海洋文化艺术和饮食文化特色，系统打造有东方特色的滨海旅游品牌。

（三）加强现代海洋渔业建设

从水产养殖、远洋捕捞以及水产品加工三个方面入手，打造东方市的现代海洋渔业体系。

（1）现代养殖业。推进现代渔业建设，做大做强水产养殖业，增强水产品国际竞争力。加大力度培育区域性主导产品，建设一批无公害养殖基地和水产品出口原料基地，形成优势水产品产业带。以深水大网箱、工厂化养殖方法为切入点，促进从传统水产养殖向现代工业化水产养殖方式转变。加强科技储备与开发，提高水产养殖技术的科技含量。倡导和鼓励间养、轮养、套养和混养等生态养殖模式，逐步推广采用养殖互净清洁生产工艺。强化水产苗种检验监测，加快水产种苗原良种场的建设。

（2）远洋渔业。大力发展远洋渔业，着重发展大洋性渔业，提高远洋渔业组织化水平和国际竞争力，形成高优化、产业化、现代化经营的新格局。

（3）水产品精深加工业。重点发展水产品精深加工业，提高加工增值水平，挖掘海洋渔业资源精深加工潜力，大力发展合成产品、海洋医药、功能保健产品和美容产品等，不断提高产品质量和品位。强化产品具备国家质量安全认证的品质，扶持建设一批具有区域领先水平的水产品加工企业，提高水产品加工业的总体素质和核心竞争力。

（四）开拓海洋战略新兴产业

战略新兴海洋产业是近些年逐渐涌现的海洋产业，其代表未来海洋产业的发展方向，随着海洋资源开发力度的提高，一些海洋战略新兴产业有望成为未来经济发展的支柱产业，因此应提前做好布局。为此，应从以下几个产业进行重点布局：

（1）海水综合利用业。制定鼓励和扶持海水综合利用业发展的政策，初步建立海水综合利用的政策法规体系、技术服务体系和监督管理体系，营造产业发展和基础研究的良好环境。力争在东方市创建国家级海水综合利用产业化基地，推进海水淡化和直接利用工作。建设滤膜法海水淡化技术装备生产基地，强化技术创新和转化能力，降低成本，使海水淡化水成为缺水地区和海岛的重要水源和以企业为主体的生产和生活用水。

（2）海洋生物制药业。重点发展海洋生物活性物质筛选技术，重视海洋微生物资源的研究开发，加强医用海洋动植物的养殖和栽培。利用海洋生物资源，重点开发具有自主知识产权的抗肿瘤药物、抗心脑血管疾病药物以及抗菌和抗病毒药物，努力开发技术含量高、市场容量大、经济效益好的海洋中成药，积极开发农用海洋生物制品、工业海洋生物制品和海洋保健品。

（3）海洋化工业。加强海洋化工系列产品的开发和精深加工技术的研究，推进产品的综合利用和技术革新，拓宽应用领域。加强盐场保护区建设，扶持海洋化工业发展。加快苦卤化工技术改造，发展提取钾、溴、镁、锂及深加工的高附加值海水化学资源利用技术，扩大化工生产，提高海水化学资源开发和利用水平。

（4）海洋新材料。规模化生产高强轻质无机非金属材料及新金属材料、海洋涂层与功能材料等，研制开发深海探测、钻井平台、深潜设备、特种船舶制造等所需的特种海洋材料。

（5）海洋环保与社会服务业。大力发展海洋环保产业、海水源利用节能产业，研究开发清洁生产、资源节约和环境友好的技术和产品。加强海洋预报、防灾减灾、救助打捞、渔业安全通信救助体系和海洋信息服务，重点建设以海洋生态与环境信息数据库、海洋资源与经济数据库、海洋管理信息数据库为基础的近海地区“数字海洋”服务体系，为现代海洋产业科学发展提供支撑。

三、保障东方市现代海洋产业体系建设的政策建议

根据上述建设现代海洋产业体系重点发展领域指导，我们提出以下几项政策建议，以助推东方海洋产业结构的调整与优化，促进东方现代海洋产业体系的建设。

（一）增强“大海洋观”意识，推动海洋产业一体化

所谓“大海洋”观念即综合利用和开发海洋资源的观念；统筹近海和远洋资源开发利用的观念；陆上土地与蓝色国土统一开发利用的观念；生态式开发利用海洋资源的观念。要实现海洋产业结构的优化升级，建设现代海洋产业体系，就必须增强“大海洋观”意识，着眼于海洋产业与陆上相关产业全局，探析各产业之间的关联性，继而有针对性的将各项产业有效的联合起来，进行资源配置、优势互补，形成海陆产业链，产生海陆各相关产业间的集聚效应。此外，统筹近海和远洋资源，整体把握各项海洋产业的协调发展，促进海洋产业一体化发展，最终助推各项海洋产业共赢发展。

（二）合理改造海洋传统产业，规划建设现代海洋产业

规划建设东方现代海洋产业，首先应合理改造传统产业，促进海洋支柱产业的建设，同时，也要加大科技投入，推动海洋新兴产业的发展。

（1）培育海洋支柱产业。海洋渔业是东方市海洋传统产业之一，在建设现代海洋产业体系过程中，应针对海洋渔业结构战略性调整和构建现代渔业产业体系的需要，通过大力发展现代养殖业，远洋渔业及水产品精深加工业等方式必须对其进行改造，使其发展成为东方海洋支柱产业。同样，作为海洋传统产业之一的海洋交通运输业，也是具有发展潜力的海洋支柱产业，应加强东方市八所港的集装箱运输系统和能源运输系统建设，引进开发进出港船舶调度引航系统和施工船舶监控系统等高科技系统，促使海洋交通运输业成为现代化海洋产业的支柱。同时，利

用丰富的石油资源，加之东方深水良港的优势以及相应完备的物流保障，应大力发展石油化工，把海洋油气业及石油化工产业也培育成东方的支柱产业。此外，东方拥有众多风景优美的海岸资源，应改造原有滨海旅游产业，促进东方滨海旅游业的现代化，推动东方滨海旅游发展成为东方海洋支柱产业。

（2）发展海洋新兴产业。东方的一些海洋新兴产业，如海洋药物、海洋化工等科技水平含量较高的产业发展相对缓慢，有些甚至还是空白；而相关海洋资源开发利用及深加工技术也相当滞后，严重影响东方海洋产业结构协调化和高度化的发展。因此，加大科技投入，积极推动海洋高新技术产业化，大力培育海洋新兴产业，对促进东方海洋产业结构优化意义重大。为此，政府应对海洋高新技术产业化给予政策上的支持，以优惠政策来扶持新兴海洋科技产业的发展，利用海洋高新技术，大力发展海水淡化与直接利用等海水综合利用业，海洋生物制造业、海洋化工业、海洋新材料等海洋新兴产业。

（三）科学调整海洋三次产业，优化升级海洋产业结构

目前，东方海洋产业大多以海洋渔业为主，而诸如高科技引领的海洋第二产业及滨海旅游业、海洋运输业等三次产业的比重不尽合理，影响到海洋产业的整体发展，因此，必须调整海洋三次产业的比重，协调发展海洋三次产业，促进海洋产业结构的优化升级。

东方市因濒临北部湾，拥有发展大量海洋产业得天独厚的资源优势，但由于经济技术等水平的限制，所以整个海洋三次产业的发展不够均衡，为了协调各产业之间的持续发展，必须加快调整海洋三次产业结构，处理好三次产业间的关系。本文认为，应当稳定发展第一产业，大力发展第二产业，重点加快发展第三产业，也即稳定发展海洋渔业；大力发展海洋油气业、海滨砂矿业、海洋盐业、海洋化工业、海洋生物医药业、海水综合利用业及海洋电力业等第二产业；重点加快滨海旅游、海上交通运输等相关服务产业的发展，提高其在三次产业中的比重，以优化海洋产业结构，促进海洋经济协调发展。

（四）转变海洋经济增长方式，提高海洋经济整体效益

东方海洋产业发展区域以浅海和近海为主，主要发展海洋渔业、海

洋旅游资源利用及港口资源利用等相关产业，总体上还处于粗放式发展阶段，且以单一资源开发利用及初级产品生产为主，产品精深加工水平不高，海洋产业整体经济效益偏低。

为此，应在东方进行涉海先进生产力优化布局，推进海洋经济发展方式转变和产业结构调整，由主要依靠海洋一次产业的带动向依靠第一、第二、第三产业协同带动转变；构建低消耗、高收益的合理的产业结构，由主要依靠增加物质资源消耗向主要依靠科技进步、劳动者素质提高、管理创新转变；大幅度提高海洋资源开发利用的广度和深度，逐步由粗放型开发向集约型、效益型开发利用转变，全面提高海洋经济整体效益和现代海洋产业的国际竞争力。

（五）加强保护海洋资源环境，促进海洋产业可持续发展

海洋资源是海洋产业发展的物质基础，海洋产业的发展要着眼于资源环境的可持续发展。伴随着人类进入海洋领域的活动愈加频繁、深入，一系列海洋资源环境生态问题日益凸显，严重制约东方海洋经济的发展。为此，相关部门应加强保护海洋资源环境，发展海洋循环经济，保障海洋产业的可持续发展。

首先，在加强海洋资源环境的保护方面，应做到以下几点：第一，加强海洋污染防治，开展重点海域环境污染容量评价和海洋功能区环境质量现状调查，逐步实行污染物排放总量和排放标准控制制度，严格执行排污许可制度。第二，加强海洋生态保护与建设，进一步完善海洋自然保护区的政策法规体系和规范管理，新建或升级海洋自然保护区，开展地方级海洋自然保护区示范点建设等。第三，加强海洋珍稀和濒危物种保护，增殖渔业资源，控制捕捞规模，加强对外来生物物种的管理，逐步实现对海洋生物资源的有效保护，促进海洋生物资源的可持续利用。此外，也应加强岸线资源保护以及海洋环境监测体系建设。

其次，在发展海洋循环经济方面，在保障人类要向海洋索取更多资源，供其发展利用的同时，也要积极优化海洋环境，不断提高海洋的生产力与自我更新能力，以满足人类日益增长的需求，具体如下：其一，完善海洋法律、法规体系和各种制度，使在遏制海洋环境污染，促进循

环经济发展方面有法可依、有章可循，实现资源、环境的有效配置。其二，通过构建资源节约和综合利用型产业结构进一步提高资源利用率，挖掘节能潜力，推进海洋循环经济的发展。其三，以科技兴海为本，加强海洋科技研发，发展海洋高新技术产业，提高海洋资源的开发和利用效率。

（六）加大科技投入和自主创新，提升海洋科技创新体系

建设东方现代海洋产业体系，必须重视对海洋产业的科技投入，加强海洋产业自主创新，完善海洋科技创新体系。其一，进行跨越式创新。东方地区整体技术水平严重落后于其他发达地区，这就决定了东方的技术创新只能是有选择、有重点的自主研发，必须在关键海洋领域掌握自主技术。其二，进行集群式创新。这主要是指通过推进海洋产业集群发展，实现海洋同一类型企业的集体创新和技术外溢，从而突破单个海产品企业创新资源不足的“瓶颈”制约。其三，进行协作整合式创新。企业是技术创新的主体，但在跨越式创新的条件下，单靠企业自身的创新力量是远远不够的，这就需要在政府的协调指导下，实现海洋类企业、大学及相关科研院所力量的整合，以协作的方式推进自主创新。

具体而言，相关部门应加大对海洋产业研发资金的投入，组织实施重大科技兴海项目，提高海洋生物、海洋油气勘探、海水利用和海洋监测等领域的科技创新水平，形成一批具有自主知识产权的海洋科技创新成果。同时，完善海洋科技创新体系促进产学研结合，积极培育一批科技型海洋龙头企业，支持发展多种形式的民营科技企业，建设若干个海洋科技开发示范和中试基地，促进科技成果产业化。此外，整合现有海洋科技教育力量，完善海洋科技与管理人才的培养机制，积极引进、培养海洋科技人才和海洋管理人才，逐步建立起一支“开放、流动、竞争、协作”的海洋人才队伍。通过以上科技投入的措施，完善科技创新体系，科学制订东方海洋新兴产业发展规划，培育重点扶持的产业，利用其产业链的集聚效应，带动整体产业的共同发展，促进现代海洋产业体系的形成与发展。

（七）提高海洋信息服务水平，完善海洋信息服务体系

在当今知识经济时代，信息的交流和获得已成为提升竞争力的关

键，现代海洋产业的发展迫切需要建立海洋综合信息系统，及时发布海洋产业发展的相关信息。海洋信息交流的畅通，有助于实现海洋开发技术和信息共享；有助于各海洋管理部门之间的信息交流和共享，提高管理的有效性；有助于同时通过政策、信息的公开化，提高海洋管理的透明度。

在东方，由于海洋信息系统不够完善，加之其内部体制的缺陷，致使海洋资料信息统一管理存在一定的缺陷，同时也影响了海洋资源等各方面资料、数据、信息的采集、存贮、加工再现，以及用户服务等系统性问题。信息收集及流通的滞后，会严重影响海洋企业及相关部门的决策，从而不利于海洋产业的发展。因此，为了促进海洋产业的持续发展及其现代化建设，应着力完善海洋信息系统的建设，提高海洋信息服务水平。加之海洋信息系统的复杂性和特殊性，应同时联合相关产业部门、环保部门、交通部门及信息发布机构等相关机构，组合其相应的职能，建立一个规范的海洋信息服务体系。并通过制定一系列标准和技术规范来统一各种技术流程和系统中以数字形式存在的信息，进一步完善并不断提高其装备技术能力，为现代海洋产业体系建设提供信息保障。

（八）创新经营和流通机制，改进海洋市场服务体系

要实现海洋产业现代化，必须大力推进产业经营机制创新，不断提高经营产业化水平。海洋产业具有高投入、高风险、产品鲜活易腐、市场与相关产业依赖性较大等特点，对产业化要求极高，其经营需要通过龙头企业、基地、市场、主导产品、中介组织等将产前、产中、产后各个环节有机地联系起来，解决好产业定位，发展区域特色养殖基地，培育具有区域化特色的产业带和产业群。因地制宜地选择切实可行的产业化经营模式，对于海洋产业的产业化发展是至关重要的。

要实现东方海洋产业现代化，必须大力推进流通体制创新，不断完善市场服务体系。培育和完善市场体系是海洋产业增产增收的有效途径。要努力搞活海洋产品市场流通，强化和规范水产批发交易市场建设，通过正确引导和调控，加快大型水产品批发交易市场的培育和建设，形成

以中心市场为主导，以专业市场为延伸，网络齐、功能全、交易灵活、高效统一的市场交易体系。要加强市场体系的规范化、法制化建设，依法加强对市场的监督管理，维持正常的竞争秩序，促进市场机制健康有序发展。

跋

国家主席习近平2013年底提出共同建设“丝绸之路经济带”和21世纪“海上丝绸之路”的倡议。2014年中央财经领导小组第八次会议上，习近平倡导成立亚洲基础设施投资银行和丝路基金，为“一带一路”沿线国家的基础设施建设提供资金支持。2014年亚太经合组织（APEC）领导人非正式会议期间，习近平多次提到亚太国家“互联互通”，并再次倡议打造连接太平洋两岸的“海上丝绸之路”。2015年博鳌亚洲论坛年会期间，中国政府发布《推动共建丝绸之路经济带和21世纪海上丝绸之路的愿景与行动》。建设“一带一路”，着力于加强与沿线国家的经济贸易合作与全方位关系；而建设21世纪“海上丝绸之路”，则意在探索中国—东盟经贸合作的新形式与新内容。

“海上丝绸之路”曾在中世纪盛极一时，起点在中国沿海地区，经东南亚、斯里兰卡、印度等地，抵达红海、地中海及非洲东海岸等地，是一条贯穿东西方的国际贸易海上货物贸易和运输线路。作为中国古代对外贸易的重要通道，“海上丝绸之路”的开辟推动了当时中国同东南亚乃至印度洋周边的海外贸易。“海上丝绸之路”对中国社会与经济的影响是多方面的。无论是丝织手工业生产规模的扩大和生产分工的细化，还是商品性农业、货币经济和城市市镇的发展，以及“华人下南洋”的海外移民潮流，都与这条海上线路密不可分。同时，在很长的一段历史时期，“海上丝绸之路”还承载中西文化交流的使命。“海上丝绸之路”固然重要，但却因中国历朝封建统治者对待海洋的保守态度而屡遭禁锢，长期停滞不前。此后，至民国时期，“海上丝绸之路”有所发展——当时中国出口商品以生丝和丝织品为主，其次为茶叶、水草类编织品，以及瓷器和烟叶等；进口商品以蔗糖和大米为大宗，五金类产品也持续增长。

改革开放以后，针对南海区域的国际贸易，中国政府的一贯立场是参与其中，积极倡导南海周边国家共同拓展多边贸易，推动地区合作，共同致力于构建南海区域安全稳定海上通道，维护国际贸易顺畅进行。特别是近年来，随着中国经济实力和对外贸易的不断增长，通向欧美等地的海上运输发展迅速。于是，横穿南海的海上运输线路日益繁忙，承担着愈加重要的运输任务。更重要的是，环南海诸国的产业结构和经济结构与中国存在极强的互补性——据测算，未来5～7年，中国与东盟的双方贸易总额或超过5万亿美元，新增双向投资额可达1500亿美元。中国与东盟诸国之间的贸易拓展和合作深化，或将会在该地区构建起统一的共同市场，形成与现在的北美自由贸易区、欧盟自由贸易区鼎足而立的全球三大自由贸易区。在经济全球化与区域一体化并存的今天，重启并建设内涵更为丰富、全面的“海上丝绸之路”，将带动与东亚、南亚、西亚各国在经济上的深层次合作，甚至能在一定程度上改变国际政治与经济的地缘格局。

海南省地处中国最南端，内靠粤港澳深华南经济圈地，外临东南亚地区，处于中国—东盟自由贸易区的地理中心位置。早在鸦片战争前期，海南与越南繁忙的大米贸易，便促进双方贸易发展，维护南海区域多边贸易正常化。作为“海上丝绸之路”的重要一站，海南省本应该在国际贸易中发挥重要作用。但一直以来，无论是运输自中国出口的纺织品，还是转口来自日韩的汽车电子产品，浩浩荡荡的远洋船队进入南海前的最后一站，要么靠岸广州，要么驻泊香港地区，极少选择停泊在环海南岛的港口。究其原因，广州开埠时间悠久，富有盛名船舶停靠其间，可获得大量物质补给；而香港地区拥有极为优良深水港且较先进的码头设备，并因其在历史上“海上丝绸之路”的重要地理位置，而逐渐演变成为当前远东地区国际贸易的重要转口口岸。于是，尽管海南岛扼守着“海上丝绸之路”的交通要道，却长期处于被忽视和边缘化的尴尬窘境。

作为中国最年轻的省份和最大的经济特区，海南完全可以以更为开放、包容的姿态，积极发展同“海上丝绸之路”沿线国家的友好关系，参与国际交流与合作。正所谓“时来天地皆同力”。国家层面重启21世纪新“海上丝绸之路”的韬略国策，不仅给海南带来难得的发展契机，更为海南经济腾飞提供了战略支点；十八届三中全会所提出的“加快同周边国家和区域基础设施互联互通建设，推进丝绸之路经济带、海上丝绸之路建设，形成全方位开放新格局”，更是进一步指明了未来努力的方向。布局于全岛的产业转型与经济升腾，绸缪于中国海洋发展战略的先行试验田，海南当前大有可为！

首先，海南省可凭借地处南疆海域、临近东南亚诸国的特殊地理位置，在中国—东盟贸易自由区的构建中发挥积极作用。转型升级传统支柱产业，调整优化产业结构，着力发展若干涉海产业；扩建洋浦临港工业区，以此为依托试点建设自由贸易区；如果条件成熟，亦可推动全省成为自由贸易区。同时，探索如何深化“博鳌论坛”对海南经济发展的直接作用，推动海南岛不断嵌入中国面向东南亚国家的对外贸易链条，并逐渐成为中国—东盟经贸合作的重要纽带。

其次，海南应当主动嵌入“海上丝绸之路”经济格局，环岛建设若干喂给港、补给站甚至枢纽港。一方面，在全岛新建或者扩建港口码头，提高主要港口的货运吞吐能力，拓展海上运输线路，并逐渐完善现代化的海运物流体系。另一方面，可依托主要货运港口，有选择、有重点地布局和建设若干临港经济区或产业园区，充分利用产业的集群化发展优势，夯实海南省的现代工业基础。另外，建议依托新建、扩建的港口和码头资源，发展船舶修理与制造业，让海南岛成为名副其实的“海上丝绸之路”驿站。

再次，海南可借力挖掘“海上丝绸之路”历史遗迹，落实“旅游立省”和“文化强省”方略。经权威考古考证，西沙、中沙、南沙群岛岛礁及附近海域是古代“海上丝绸之路”的必经之路，水下文物遗存丰富。海南可考虑在“海上丝绸之路”沿途岛礁周边划定省级物质文化遗产保护区，并跟紧水下考古工作进展，及时扩大保护区的覆盖范围。进一步，举全省之力做好国际舆论宣传工作，将古代“海上丝绸之路”以“人类海洋开发的典范”为主题，申请列入《世界文化遗产名录》。以申遗为抓手，挖掘海南岛屿文化与海洋文化的历史传承和深刻内涵，提高海南省的文化竞争力。同时，依托古代“海上丝绸之路”申遗，做足“海洋旅游文章”，策划“重走海上丝路”主题系列旅游活动。近途可开发以西沙、南沙诸岛为旅游地的精品短线旅游，远线可拓展辐射东南亚各国的豪华邮轮度假游。无疑，“海上丝绸之路”申遗及后续开发工作，将极大助力于海南“旅游立省”“文化强省”的发展战略。

最后，也是最重要的一点，海南应当利用“海上丝绸之路”重启之契机，以各种方式尽力扩展在南海区域的经济存在和文化存在，以和平方式确权南海争议海域及相关岛礁的归属，服务于中国经略南海周边、实现蓝色崛起的宏大战略。

毫无疑义，21世纪“海上丝绸之路”的重启和建设，给海南省带来历史性契机。以海南为经略南海的前沿阵地和桥头堡，维护南海的主权，保护南海资源；以国际旅游岛为国际文化交流窗口，传承“丝绸之路”伟大精神，搭建国际文化交流平台，推动与南海邻邦地区的文化交流、合作开发，造福南海区域的人民。不断地嵌入“海上丝绸之路”经济格局，发展涉海经济，不仅仅是推动海南省经济增长的需要，而且已成为捍卫中国海洋权益的紧要任务，成为中国海洋大国战略的重要组成部分。作为拥有最大海域的省份，海南有责任担负起国家海洋战略实施任务，并成为实践表率和示范样板。“一带一路”建设，海南大有可为，环北部湾大有可为！

在为进一步增强“海上丝绸之路”、海洋经济和南海问题的研究关注，在“中西部高校综合实力提升工程计划项目（海南大学）”等支持下，海南大学经济与管理学院海洋经济研究中心与海南省南海政策与法律研究中心，依托海南大学相关学科，共同承办了2015年“南海区域经济与科技合作高峰论坛暨海南大学海洋经济学术研讨会”，邀请到中国香港亚太研究中心、中国科学技术发展战略研究院、上海社会科学院、厦门大学、中山大学、暨南大学、四川大学、广东海洋大学、浙江海洋学院、海南大学、海南师范大学、琼州学院等10多所海内外高校和研究机构的70多位专家、学者汇聚一堂，围绕着“一带一路”国家战略、21世纪“海上丝绸之路”建设、海洋经济发展与南海资源开发等议题展开研讨。论坛共收到40余篇学术论文，部分成果已经陆续在《经济与管理研究》《国际经贸探索》《中国科技论坛》《海南大学学报（人文社会科学版）》《产经评论》《东南亚研究》《南海学刊》等期刊上发表。本书收集了此次学术论坛的部分成果，因选题和学科缘故，仅收录涉及经济、产业、政策等方面的研究论文，并考虑各位学者的研究论文首发学术期刊之初衷，本书的出版工作滞后于会议举办时间一年左右，出版之前征求了论文未正式发表的部分作者意见。此外，本书还收录了海南大学海洋经济研究中心骨干成员近几年来陆续完成的一些最新研究成果，大部分未在期刊正式发表，请引用者、转载者在援引本书资料过程中务请征求作者意见，并注明文献出处，以示对学者们研究工作的尊重。当然，囿于编者水平所限，本书编纂、结集过程中或许还还存在种种不足，请各位读者通过电子邮件与本书编写组联系（邮箱地址：lshijie@foxmail.com）。

特别说明的是，本书得到教育部“中西部高校综合实力提升工程计划项目（海南大学）”与2016年海南省特色重点学科建设项目的经费支持。本书从成稿、修改，到出版、面世，与中国经济出版社赵静宜编辑和她的出版团队的共同努力分不开。借此，向为本书的田野调研、内容研究、学术交流、出版发行等过程中提供帮助和支持的所有人致敬！

本书编者

2016年11月22日